图书在版编目（CIP）数据

中国时日：古人的月令礼仪与衣食娱乐 / 康里无忌编著. -- 北京：现代出版社，2025.3. -- ISBN 978-7-5231-1251-9

Ⅰ.K892.1

中国国家版本馆CIP数据核字第20257ZU201号

中国时日：古人的月令礼仪与衣食娱乐
ZHONGGUO SHIRI: GUREN DE YUELING LIYI YU YISHI YULE

著　　者	康里无忌　编著
责任编辑	姚冬霞
责任印制	贾子珍
出版发行	现代出版社
地　　址	北京市安定门外安华里504号
邮政编码	100011
电　　话	(010) 64267325
传　　真	(010) 64245264
网　　址	www.1980xd.com
印　　刷	北京瑞禾彩色印刷有限公司
开　　本	710mm×1000mm　1/16
印　　张	25
字　　数	370千字
版　　次	2025年4月第1版　2025年4月第1次印刷
书　　号	ISBN 978-7-5231-1251-9
定　　价	88.00元

版权所有，翻印必究；未经许可，不得转载

中国时日

古人的月令礼仪与衣食娱乐

康里无忌 编著

中国出版集团有限公司　现代出版社

序言

民俗，从狭义来说，是文化的遗留物，是民间文学、民间生活中的仪式、禁忌、祭祀等活动。广义上来说，它是由广大民众创造、践行和传承的生活文化，是一种约定俗成的生活方式。

但也正是因为民俗是一种生活方式，就像水溶于水，民俗不像戏曲、绘画、舞蹈那样具有相对独立性。

因为民俗关乎衣食住行和娱乐。逢年过节，不同节气，我们有不同的庆祝方式。我们还没有"民俗"的概念时，就已经是民俗的体验者，甚至同时是民俗的主体和载体。

虽然民俗根植于生活，但深究之，会发现它不仅仅是生活的表面，还有着更为深远的内核。民俗体现了人与人、人与社会、人与自然的关系。这种关系在不同时期，因生产方式、社会文化、价值观念和思维习惯，会产生微妙的变化。

放到具体内容里来说，民俗既有继承的方面，又有衍生的方面。因为地域环境，"三里不同风，五里不同俗"，不同地区的不同人群，会存在不同的习俗。比如关于中秋、小年的民俗谚语"男不拜月，女不祭灶"，并不是那么绝对。有时查阅史料，甚至会看到相悖的民俗。

站在此刻，在社会现代化的进程中，一些与民俗相关的表达有了新说法。有人说，"端午不能说'快乐'，只能说'安康'"；有人写信、写明信片，从"见字如晤"到"展信佳"，从"××亲启"到"$H_2\uparrow$"（氢气，谐音"亲启"）、"N_2O"（笑气，谐音"笑启"）等。

虽然这些表述仍有争议，但它们能爆火或成为潮流，一定是对现实的反映，符合某种大众需求。它们的存在，既在为旧时代送别，也在为新时代着色。至于是昙花一现,还是能经久流传,有待观察。不过可以确定的是,新风旧俗的递嬗,一定是渐进的,民俗的变迁、传统的更革,也一定是顺应天时、地利、人和的。

民俗就像一条河流,也许我们不能清楚地知道其源头究竟在多么遥远的地方,但其流经的路途中,衍生了无数分支,滋养了无数生命,甚至在我们看到的时而平静、时而汹涌的水面下,还有另一个不为人知的世界。

民俗中以时间为线索连续发展的,是岁时和节气,相关记载很多。2019年之前,我只了解一些大节的习俗,如立春、端午、中秋、冬至、年节等,偶尔在社交平台上分享。大节之所以是"大节",是因为它的传承性,由古至今,每到节日这天,不论身处何方、不管什么职业,人们不约而同地停止劳作,全身心地投入庆祝活动中,体验热闹的氛围,享受难得的自由,感受生命的活力与激情。

2020年,我开始进行系统性的学习,每日查阅民俗史料,进行摘抄、分析和解读,并在平台上分享。在整理史料的过程中,我发现,有些盛大的节日史料丰富,盛况依旧;有些节日因时过境迁,逐渐没落;还有些节日只存在于史料记载中,早已消亡。

这些节日像灿烂的烟火,曾承载人们的喜乐,照亮一个时空,如今只剩余烬,海市蜃楼般呈现在我的眼前,让我多少有些"今人不见古时月,今月曾经照古人"的感慨。

淘金一样每日整理史料,是个浩大的工程,2023年的最后一天才堪堪收尾。但是,史料浩如烟海,要"全面呈现"我国的传统民俗,本书还有很多进步的空间。虽然它并不完美,但也是我跟出版社尽最大努力献给大家的成果。

翻开此书,你可以看到普通的日子因人类的赋意而变得闪闪发光,古人是如此郑重地对待每一个节日,希望能穿越时空,点燃你对传统民俗的兴趣,也祝你拥有对生活的热爱,过好每一天。

目 录

后记	十二月	十一月	十月	九月	八月	七月	六月	五月	四月	三月	二月	正月	二十四节气
393	357	335	311	285	257	233	205	177	151	121	89	51	1

二十四节气

立春

大寒后十五日,斗指艮,为立春。立,始建也,春气始至,故谓之立也。(《孝经纬》)

迎春

三候　立春之日，东风解冻。又五日，蛰虫始振。又五日，鱼上冰。风不解冻，号令不行。蛰虫不振，阴奸阳。鱼不上冰，甲胄私藏。(《汲冢周书》)

祀青帝　每岁立春之日，祀青帝于东郊，帝宓羲配，勾芒、岁星、三辰、七宿从祀。(《旧唐书》)

祭勾芒之神　立春先一日，正官率僚属于东郊外祭勾芒之神，迎神及土牛至治仪门外，芒神位东，西向。土牛在西，南向。届期昧旦，各官朝服设酒果，行三献礼，各执彩仗，首领官击鼓三声，环鞭土牛三匝而退。(《深州总志》)

戴迎春髻　汉之迎春髻，立春日戴。(《月令辑要》)

戴彩燕，贴"宜春"　荆楚立春日，剪彩为燕以戴之。故欧阳诗"共喜钗头燕已来"，又王沂公帖云"彩燕迎春入鬓飞"。立春日，门庭楣上写"宜春"二字贴之，王诗云"宝字贴宜春"。(《遵生八笺》)

咬春　立春日，啖春饼、春菜，取红萝卜食之，曰"咬春"。前一日迎春东郊，有司例设宴呈杂伎，士女纵观。(《肃宁县志》)

卖春困　东风入律寒犹剧，多稼占祥雪欲成。(自注：云阴作雪弥旬，至开岁雪意愈浓，明日戌初立春，犹可为腊雪也。)郁垒自书诳腕力，屠苏不至叹人情。(自注：今岁无馈屠苏者。)呼卢院落哗新岁，(自注：乡俗岁夕聚博，谓之"试年庚"。)卖困儿童起五更。(自注：立春未明，相呼"卖春困"，亦旧俗也。)(宋·陆游《岁首书事二首·其一》)

夺春杖　立春日，食春饼、萝卜、细菜，曰"咬春""争春"。裂土牛泥以涂灶，曰"除蚁"。夺春杖，以育蚕，曰"蚕盛"。(《冀州志》)

土牛鞭春

◎土牛，泥土制牛，农历十二月出土牛除阴气，立春造土牛劝农耕，象征春耕开始。◎王曾（978—1038），字孝先。青州益都人。北宋名相、诗人，封沂国公。◎春杖，即春鞭，鞭打土牛的鞭子，以五彩丝缠之。

雨水

（立春）后又十五日，斗指寅，为雨水。雨，水中气也，言雪散为水矣。(《孝经纬》)

玉兰

三候　雨水之日，獭祭鱼。又五日，鸿雁来。又五日，草木萌动。獭不祭鱼，国多盗贼。鸿雁不来，远人不服。草木不萌动，果蔬不熟。(《汲冢周书》)

气首　五代之初，因唐之故，用《崇玄历》。至晋高祖时，司天监马重绩始更造新历，不复推古上元甲子冬至七曜之会，而起唐天宝十四载乙未（755）为上元，用正月雨水为气首。初，唐建中时，术者曹士苪始变古法，以显庆五年（660）为上元，雨水为岁首，号《符天历》。(《新五代史》)

占稻色　雨水节，烧干镬，以糯稻爆之，谓之"孛娄花""占稻色"。自早禾至晚稻，皆爆一握。各以器列，比竝分数，断高下，以番白多为胜。(《田家五行》)

赏花　雨水：一候菜花，二候杏花，三候李花。(《蠡海集》)

木荣　原《月山歌》：雨水之时，木始荣。(《月令辑要》)

接花　立春前后，接诸般针刺花（自有刺花一门），雨水后，木瓜上接（石南、软山木瓜、大木瓜、条木瓜、宣木瓜），樱桃上接（诸般桃、半杖红），木笔上接（木兰、辛夷），玉拂子上接（玉蝴蝶、琼花、八仙花），楂子上接（榅桲），野蔷薇上接（千叶黄蔷薇，并诸般刺花），榅桲上接（榠楂）。(《洛阳花木记》)

◎马重绩（880—944），字洞微，祖先为北方狄人，后定居太原。后唐庄宗时任大理司直，后晋高祖时迁司天监。天福四年（939）进《调元历》。◎孛娄花，宋范成大《上元纪吴中节物俳谐体三十二韵》句"捻粉团栾意，熬秅腷膊声"自注："炒糯谷以卜，俗名孛娄，北人号糯米花。"

惊蛰

雨水后十五日，斗指甲，为惊蛰。蛰者，蛰虫震起而出也。(《孝经纬》)

桃花

三候 惊蛰之日，桃始华。又五日，仓庚鸣。又五日，鹰化为鸠。桃不始华，是谓阳否。仓庚不鸣，臣不［从］主。鹰不化鸠，寇戎数起。(《汲冢周书》)

改惊蛰 《正义》云："太初以后，更改气名，以雨水为正月中，惊蛰为二月节，迄今不改。"改"启"为"惊"，盖避（汉）景帝（刘启）讳。(《困学纪闻》)

祀太岁诸神 （洪武）二年（1369），定以惊蛰、秋分日祀太岁诸神，以清明、霜降日祀岳渎诸神。(《月令辑要》)

祭社、祭龙 （句容县）二月惊蛰，祭社祈年，田家击锣鼓喧呶，以禳鼠雀。县令诣茅山祭龙。(《古今图书集成》)

旗纛之祭 旗纛之祭有四。其一，洪武元年，礼官奏："军行旗纛所当祭者，旗谓牙旗。黄帝出军诀曰：'牙旗者，将军之精，一军之形候。凡始竖牙，必祭以刚日。'纛，谓旗头也。《太白阴经》曰：'大将中营建纛。天子六军，故用六纛。牦牛尾为之，在左骓马首。'唐、宋及元皆有旗纛之祭。今宜立庙京师，春用惊蛰，秋用霜降日，遣官致祭。"乃命建庙于都督府治之后，以都督为献官，题主曰军牙之神、六纛之神。(《明史》)

以灰糁门 惊蛰日以灰糁门外，免虫蚁出。(《夜航船》)

头纲 岁分十馀纲，惟白茶与胜雪，自惊蛰前兴役，浃日乃成。飞骑疾驰，不出中春，已至京师，号为头纲；玉芽以下，即先后以次发，逮贡足时，夏过半矣。(《宣和北苑贡茶录》)

惊蛰闻雷米似泥 土俗，以惊蛰节日闻雷，主岁有秋。谚云："惊蛰闻雷米似泥。"若雷动未交惊蛰之前，则主岁歉。谚云："未蛰先雷，人吃狗食。"(《清嘉录》)

◎《汲冢周书》缺字，据《太平御览》补充。◎太初，汉武帝第七个年号，公元前104年至公元前101年。◎喧呶，形容声音嘈杂。◎禳，除祸。◎糁，撒落。◎兴役，运用大批人力。◎浃日，干支纪日称自甲至癸一周十日为"浃日"。

春分

（惊蛰）后十五日，斗指卯，为春分。分者，半也。当九十日之半也，故为之分。夏冬不言分者，天地间二气而已矣。阳生子，极于午，即其中分也。春为阳中，律夹钟，言万物孚甲钟类而出也。（《孝经纬》）

海棠

三候 春分之日，玄鸟至。又五日，雷乃发声。又五日，始电。玄鸟不至，妇人不［娠］。雷不发声，诸侯［失］民。不始电，君无威震。(《汲冢周书》)

日夜均、寒暑平 中春之月，阳在正东，阴在正西，谓之"春分"。春分者，阴阳相半也。故昼夜均而寒暑平。(《春秋繁露》)

同度量，平权衡 是月也，日夜分，则同度量，平权衡。因春分昼夜平则正之。同亦平也。丈尺曰"度"，斗斛曰"量"，称锤曰"权"，称上曰"衡"。(《礼记》)

鹖鴂鸣 鹖鴂，鸟名，关西曰"巧妇"，关东曰"鹖鴂"。春分鸣则众芳生，秋分鸣则众芳歇。(《渊鉴类函》)

祀青帝、伏羲、女娲 岁以春分日，祀青帝、伏羲氏、女娲氏，凡三位。坛上，南向西上。姜嫄、简狄位于坛之第二层，东向北上。前一日，未三刻，布神位，省牲器，陈御弓、矢弓、韣于上下神位之右。其斋戒奠玉币，进熟皆如大祀仪。青帝币玉皆用青，馀皆无玉。每位牲用羊一豕一。有司摄三献，司徒行事。礼毕，进胙倍于他祀之肉，进胙官佩弓矢，弓韣以进，上命后妃嫔御皆执弓矢东向而射。乃命以次饮福享胙。(《金史》)

启冰 季冬命藏冰，春分启之，以待供赐。(《宋史》)

采茶 蒙山有五顶，上有茶园，其中顶曰上清峰。昔有僧人病冷且久，遇一老父谓曰："蒙之中顶茶，当以春分之先后，多聚人力，俟雷发声，并手采择，三日而止。"(《本草纲目》)

诗咏 二气莫交争，春分雨处行。雨来看电影，云过听雷声。山色连天碧，林花向日明。梁间玄鸟语，欲似解人情。(唐·元稹《咏二十四气诗·春分二月中》)

◎《汲冢周书》缺字，据《太平御览》补充。◎韣，弓袋。

春分后十五日,斗指乙,为清明,万物至此皆洁齐而清明矣。(《孝经纬》)

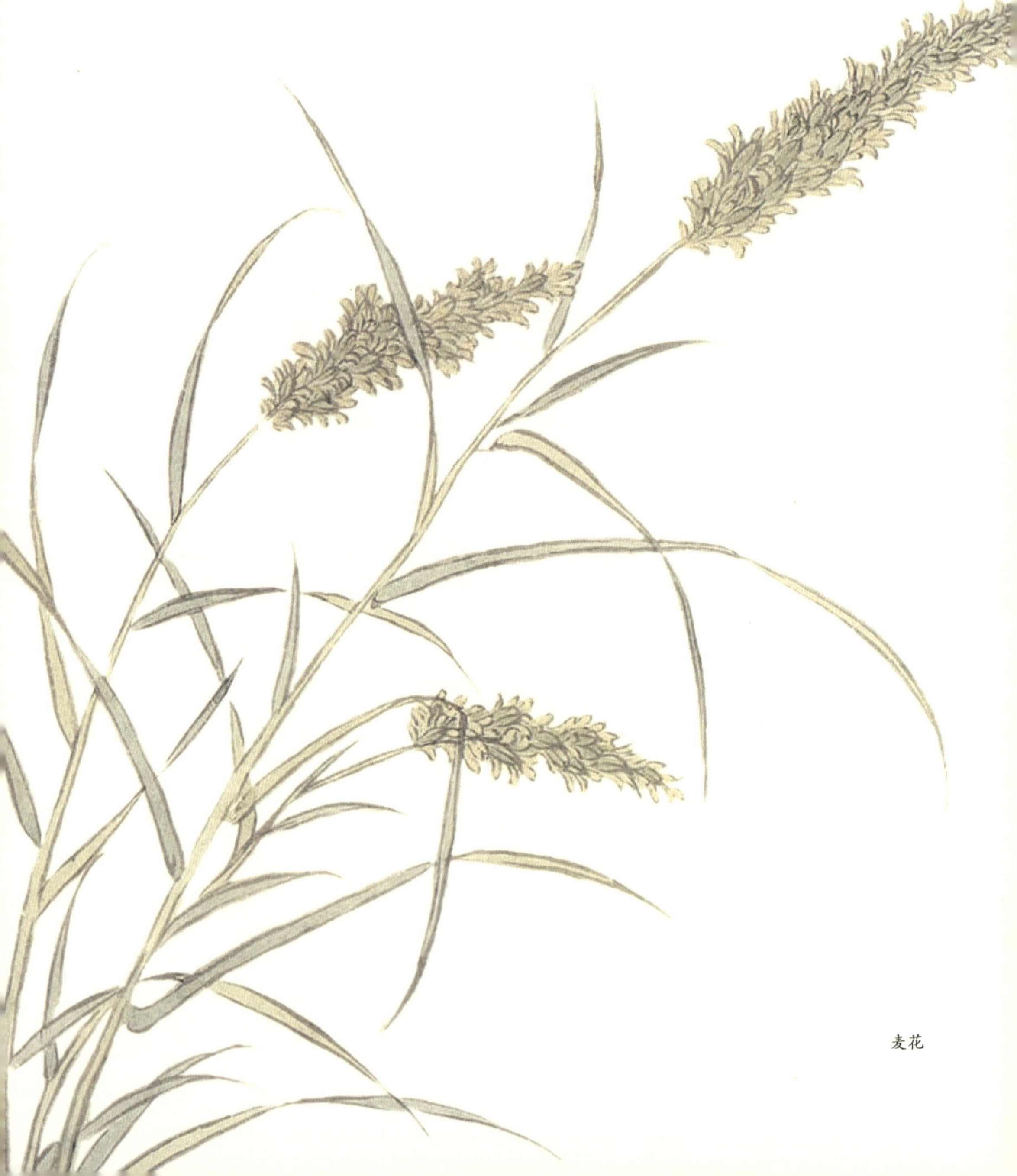

麦花

三候 清明之日，桐始华。又五日，田鼠化为鴽。又五日，虹始见。桐不华，岁有大寒。田鼠不化鴽，国多贪残。虹不见，妇人苞乱。（《汲冢周书》）

扫墓 三月清明日，男女扫墓，担提尊榼，轿马后挂楮锭，粲粲然满道也。拜者、酹者、哭者、为墓除草添土者，焚楮锭次，以纸钱置坟头。望中无纸钱，则孤坟矣。哭罢，不归也，趋芳树，择园圃，列坐尽醉。（《帝京景物略》）

饮酴醾酒 至清明，尚食，内园官小儿于殿前钻火，先得火者进上，赐绢三疋，椀一口。都人并在延恩门看人出城洒埽，车马喧闹。新进士则于月灯阁置打毬之宴，或赐宰臣以下酴醾酒。（《南部新书》）

野火米饭 （清明）是日，儿童对鹊巢支灶，敲火煮饭，名曰"野火米饭"。（《清嘉录》）

卖青团 市上卖青团、炉熟藕，为居人清明祀先之品。（《清嘉录》）

麦穗插髻 清明节，士女各以纸钱挂墓，备牲醴以祭先茔，谓之"扫墓"。妇女盛妆结伴出郊上墓，谓之"踏青"。归折麦穗插髻，以祓不祥。（《彰化县志》）

戴柳 清明，插新柳枝于门，妇人、小儿摘柳叶戴之，谚云："清明不戴柳，红颜成皓首。"妇女靓妆上坟，曰"踏青"。（《瑞金县志》）

花节 三月清明日及前二日，俱可祭扫坟墓，谓"上坟"，又谓之"花节"，市彩花，置酒宴会。（《元氏县志》）

寻芳 清明日，士女簪柳，为秋千戏。时杏、桃、李花俱开，挈榼具，就树下酌酒，曰"寻芳"。（《深泽县志》）

放纸鸢 清明扫墓，倾城男女，纷出四郊，提酌挈盒，轮毂相望。各携纸鸢线轴，祭扫毕，即于坟前施放较胜。（《帝京岁时纪胜》）

◎榼，盛酒的器具或食盒。◎楮锭，楮钱、纸锭。楮，纸的代称。◎粲粲然，鲜明的样子。◎疋即匹，四丈。◎酴醾酒，经几次复酿而成的甜米酒，也称重酿酒。◎月灯阁，唐佛阁，位于长安东南等驾坡。高台建筑，下临广场。

（清明）后十五日，斗指辰，为谷雨。言雨生百谷，物生清净明洁也。(《孝经纬》)

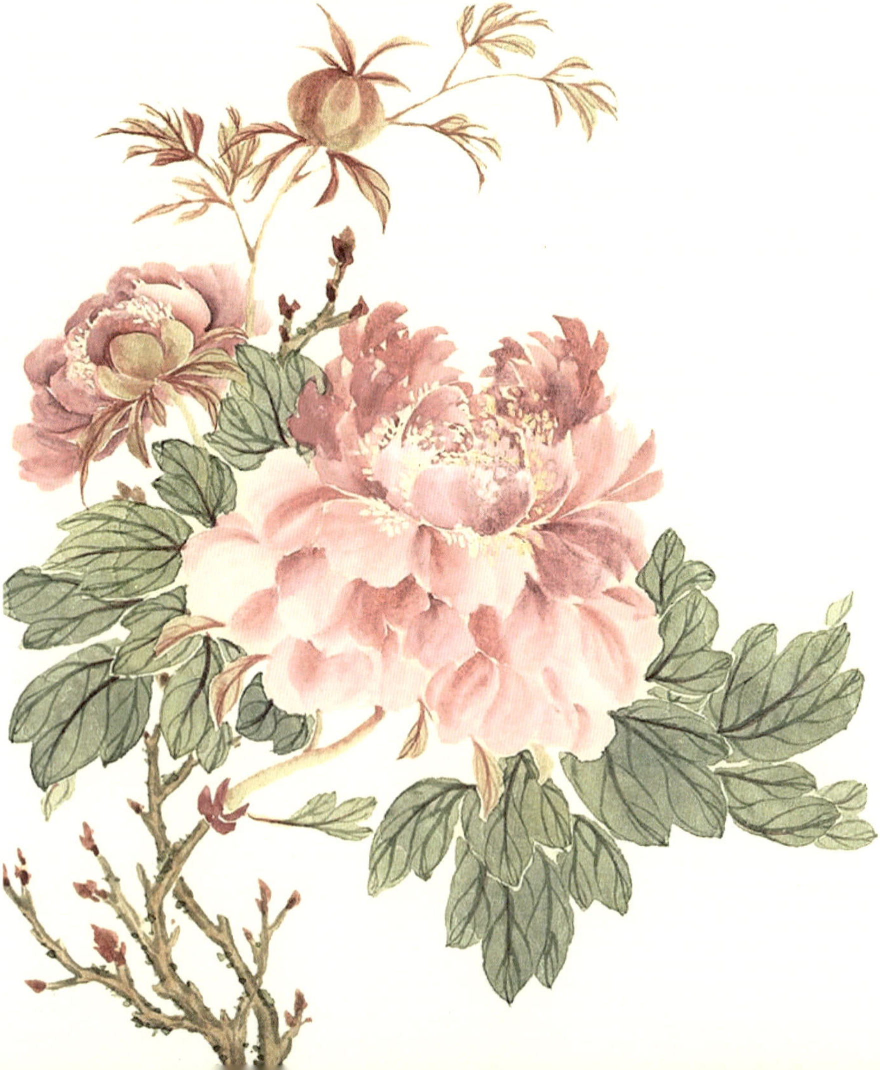

牡丹

三候 谷雨之日，萍始生。又五日，鸣鸠拂其羽。又五日，戴胜降于桑。萍不生，阴气愤盈。鸣鸠不拂其羽，国不治兵。戴胜不降于桑，政教不中。(《汲冢周书》)

祝雨 谷雨日，老渔祝雨，是日雨则鱼繁育。(《云梦县志》)

求嗣 谷雨，求嗣者多于是日礼神，取生育之义。(《泸溪县志》)

贴符 谷雨日，画五毒符，图蝎子、蜈蚣、蛇虺、蜂虿之状，各画一针刺之，刊布家户，以禳虫毒。(《清嘉录》)

牡丹厄 洛阳人谓谷雨为牡丹厄。(《清嘉录》)

撒谷种 谷雨撒谷种，燠蚕子，祀灶，采茶。(《孝丰县志》)

分菊 谷雨，分诸般菊，栽五色苋，种诸般鸡冠。(《说郛》)

采茶 三月谷雨前，采最嫩者一叶一枪（芽），摊干为白毫。谷雨后叶渐粗，另造作青庄、红庄二种。青者用锅烧热，入叶炒之，乘热搓揉，炭火焙干，泡色淡而香，味较胜。红者用篾垫曝太阳中，即搓挪成条，晒干，泡汁深红，可以货卖。(《泸溪县志》)

汤社茗战 谷雨前后，为和凝汤社，双井白茅，湖州紫笋，扫臼涤铛，征泉选火。以王濛为品司，卢仝为执权，李赞皇为博士，陆鸿渐为都统。聊消渴吻，敢讳水淫，差取婴汤，以供茗战。(《小窗幽记》)

春雨新耕

◎蛇虺，泛指蛇类。◎和凝汤社，《清异录》："和凝在朝，率同列递日以茶相饮，味劣者有罚，号为汤社。" ◎王濛，东晋时期人，精通茶道。◎卢仝，唐代诗人，号玉川子，有诗作《茶歌》。◎李赞皇，即李德裕，唐代赵州赞皇人，擅长品茶鉴水。◎陆鸿渐，即陆羽，唐代竟陵人，后世称为"茶圣""茶仙"，著《茶经》。◎婴汤，茶水刚煮沸时的嫩汤。

谷雨后十五日,斗指巽,为立夏,物至此时皆假大也。(《孝经纬》)

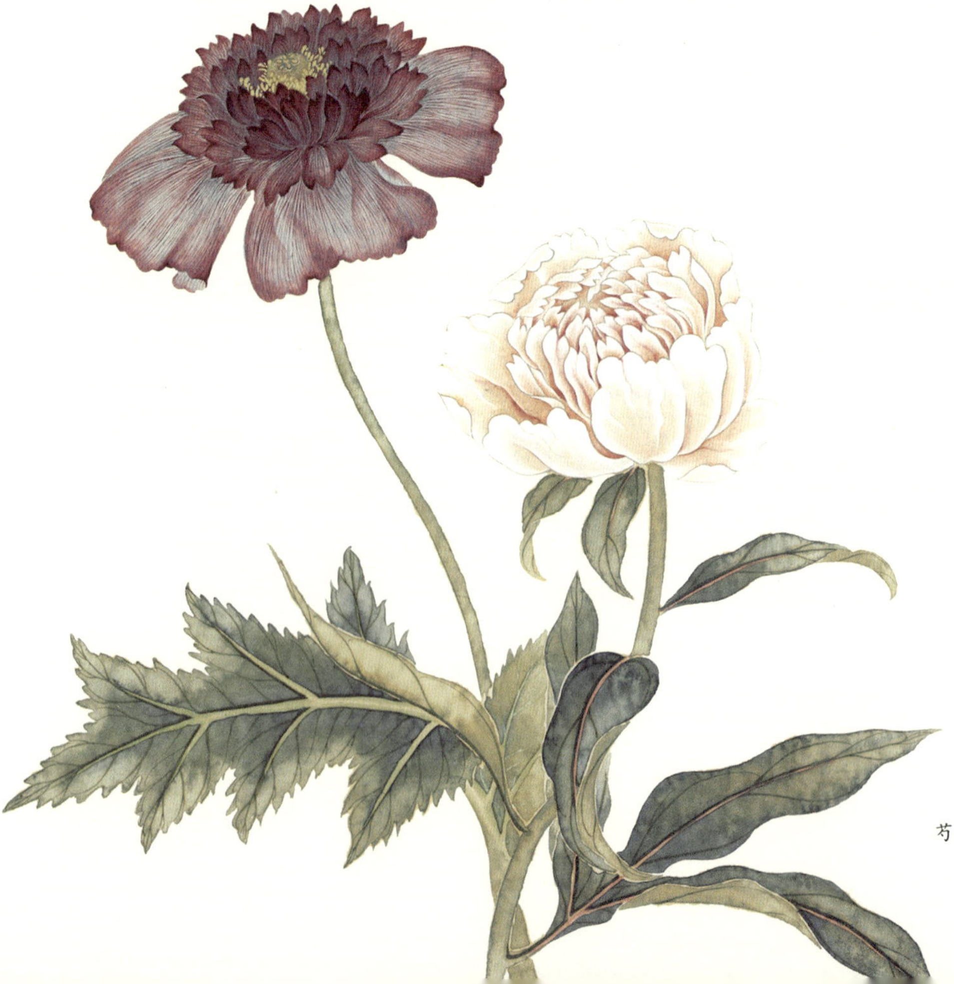

芍药

三候 立夏之日，蝼蝈鸣。又五日，蚯蚓出。又五日，王瓜生。蝼蝈不鸣，水潦淫漫，蚯蚓不出，嬖夺后。王瓜不生，困于百姓。(《汲冢周书》)

祭赤帝 立夏日迎夏于南郊，祭赤帝。(《旧唐书》)

祀灶 (四月)立夏日，祀灶，以火德王也。(《乌程县志》)

启冰 立夏日，启冰，赐文武大臣。(《日下旧闻考》)

七家米 立夏日，合七家茶米食之，云不病暑。(《无锡县志》)

七家茶 立夏之日，人家各烹新茶，配以诸色细果，馈送亲戚比邻，谓之"七家茶"。富室竞侈，果皆雕刻，饰以金箔。而香汤名目，若茉莉、林檎、蔷薇、桂蕊、丁檀、苏杏，盛以哥汝瓷瓯，仅供一啜而已。(《西湖游览志》)

百花香露 采百花蕊头，甑蒸之，香气馥郁，曰"非烟香"。流下香水贮用，谓之"百花香露"。儿童绕邻乞米，拔篱笋，寸断之，杂煮作"百家饭"，老幼分啖，云可一夏无疾。(《节序同风录·立夏》)

醉夏 (台州府)立夏，各拭面为薄饼，裹肉菹，啖之，谓之"醉夏"。(《浙江通志》)

试葛衣 立夏之日，男女各试葛衣，乞邻家麦为饭，云解疰夏之疾。(《嘉定县志》)

西浦节 在城西北五里蟠龙冈石岩下。山如一巨螺壳覆山麓，左右双湫，混混夹出。左湫自明湖由罗藏山泮流而来，名燕窝塘，四时常清，挠之不浊。右湫自滇池海宝山下泮流而出，四时常浊，澄之不清。两湫合流，并纳诸小溪成沼，不涸不溢，灌溉田亩。暮春初辰日，太守率属致祭。立夏日，游人如蚁，为西浦节。(《澄江府志》)

厌祟 立夏日，插皂荚枝、红花于户，以厌祟，围灰墙脚避蛇。(《云南通志》)

称人 立夏称人，余八十八斤，成儿四十一斤，娴女三十五斤，赞儿十五斤，平姬七十六斤。(《澄斋日记》)

◎林檎，又名花红、沙果。落叶小乔木，叶卵形或椭圆形，花淡红色。果实卵形或近球形，黄绿色带微红。◎疰夏，中医学名词，指夏季身倦、体热、食少等症。◎皂荚，也称皂角，落叶乔木，枝干上有刺，开淡黄色花，结荚果。

小满

（立夏）后十五日，斗指巳，为小满。小满者，言物长于此，小得盈满也。（《孝经纬》）

鸢尾

三候 小满之日，苦菜秀。又五日，靡草死。又五日，小暑至。苦菜不秀，贤人潜伏。靡草不死，国纵盗贼。小暑不至，是谓阴慝。(《汲冢周书》)

动三车 春末夏初，浸谷种。小满动油车、丝车、水车，谓之"动三车"。(《平湖县志》)

煮茧缫丝 小满乍来，蚕妇煮茧，治车缫丝，昼夜操作。(《清嘉录》)

青梅黄 青梅，过小满黄。蚕，过小满则无丝。蜀葵，过小满则长。(《说郛》)

枇杷黄 调剂阴晴作好年，麦寒豆暖两周旋。枇杷黄后杨梅紫，正是农家小满天。(清·王泰偕《吴门竹枝词四首·其四·小满》)

收腌芥菜 小满前收腌芥菜，可交新。(《夜航船》)

栽秧 小满前后，农各栽秧。谚曰："手执秧苗插野田，低头便见水中天。六根清净方成稻，退步原来是向前。"(《陕西通志》)

龙骨水车

◎苦菜，越年生菊科植物。春夏间开花。茎空，叶呈锯形，有白汁。

芒种

小满后十五日,斗指丙,为芒种……曰芒种者,言有芒之谷可播种也。(《孝经纬》)

栀子

三候 芒种之日，螳螂生。又五日，䴗始鸣。又五日，反舌无声。螳螂不生，是谓阴息。䴗不始鸣，令奸壅逼，反舌有声，佞人在侧。（《汲冢周书》）

"芒"音"亡" "芒种"二字，见《周礼》。"种"之陇反，"芒"当音"亡"，谓种之有芒者，麦也。今读"芒"为"忙"，"种"去声，非矣。（《新安文献志》）

"种"音"肿" 芒种，知陇反，音肿，今人呼去声，宜误解其义而不觉耳。《周礼·稻人》："泽草所生，种（去声）之芒种。"注云："芒种，稻麦也。"郭璞《江赋》："播匪艺之芒种，挺自然之嘉蔬。"注云："艺，树也。芒种，稻麦也。"观此二则，其义了然。又《懒真子录》云："襄邓之间多隐君子，尝记陕州夏县士人乐举明远尝云：'二十四气，其名皆可解，独小满芒种说者不一。'仆因问之，明远曰：'皆为麦也。小满四月中，谓麦之气至此方小满而未熟也。芒种五月节种，该数类之种，谓种之有芒者麦也，至是当熟矣。'"玉按，此解芒种义甚明，但专指麦言，非也。予谓芒种为五月节，麦至是而熟可收，稻过是而不可艺，古人以此二字名节，所以告农候之早晚也。迈种音众，俗误呼上声。芒种音肿，俗误呼去声，二弊正相反，故连类录之。（《订讹杂录》）

发黄梅 芒种前后，乡村各具牲酒祀土谷神，谓之"发黄梅"，各聚饮而后插青。（《月令辑要》）

占卜 晴明主丰。一云："芒种宜雨则须迟。"谚云："雨芒种头，河鱼泪流。雨芒种脚，捉鱼不着。"谚云："芒种端午前，处处有荒田。"主无秧。（《卜岁恒言》）

插瑞香 凡插之者，带花，则虽易活，而落花叶生复死。但于芒种日折其枝，枝下破开，用大麦一粒置于其中，并用乱发缠之，插于土中，但勿令见日，日加以水浇灌之，无不活矣。试之果验。（《癸辛杂识·插瑞香法》）

（芒种）后十五日，斗指午，为夏至……夏至者，言万物于此假大而极至也。(《孝经纬》)

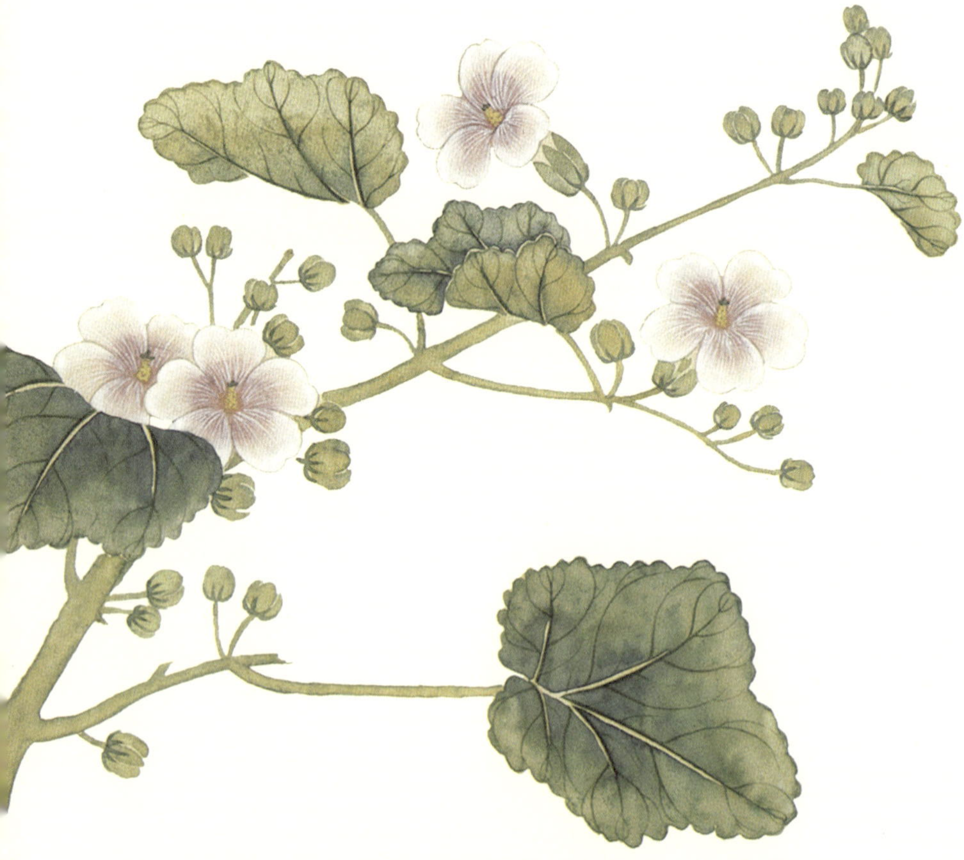

木槿

三候 夏至之日,鹿角解。又五日,蜩始鸣。又五日,半夏生。鹿角不解,兵革不息。蜩不鸣,贵臣放逸。半夏不生,民多厉疾。(《汲冢周书》)

祭始影星 女星傍一小星,名"始影"。妇女于夏至夜候而祭之,得好颜色。(《琅嬛记》)

祭田婆 (东阳县)夏至,凡治田者,不论多少,必具酒肉,祭土谷之神。束草立标,插诸田间,就而祭之,为祭田婆。盖麦秋既登,稻禾方茂,义兼祈报矣。(《月令辑要》)

猫鼻煖 猫,目睛暮圆,及午竖敛如綖,其鼻端常冷,唯夏至一日煖。(《酉阳杂俎》)

夏至饭 夏至用蚕豆、小麦煮饭,名"夏至饭"。戒坐户槛,云犯得注夏之疾。(《清嘉录》)

夏至面 冬至郊天令节,百官呈递贺表。民间不为节,惟食馄饨而已。与夏至之食面同。故京师谚曰:"冬至馄饨,夏至面。"(《燕京岁时记》)

戴马齿苋 夏至戴长命菜,即马齿苋也。(《月令辑要》)

着五彩 夏至着五彩,辟兵,题曰"游光"。游光,厉鬼也。知其名者,无瘟疾。(《渊鉴类函》)

进粉囊 夏至年年进粉囊,时新花样尽涂黄。中官领得牛鱼鳔,散入诸宫作佛妆。(《全史宫词》)

朝节 夏至之日,俗谓之"朝节",妇人进彩扇,以粉脂囊相赠遗。(《辽史》)

数六 贴"六六消暑图",其画二幅,前六三十六日,后六三十六日,共七十二方,计日勾之,勾尽而暑退矣,名曰"数六"。(《节序同风录·夏至》)

百鹿图(局部)

夏至后十五日，斗指午，为小暑。（《孝经纬》）

茉莉

三候 小暑之日,温风至。又五日,蟋蟀居壁。又五日,鹰乃学习。温风不至,国无宽教,蟋蟀不居壁,急恒之暴。鹰不学习,不备戎盗。(《汲冢周书》)

小暑雨 小暑六月节,有雨,主久雨。谚云:"小暑日,雨落,黄梅颠倒转。"(《卜岁恒言》)

甜瓜熟 甜瓜有绿有黄,小暑后方熟,即邵平所种五色子母瓜也。(《月令辑要》)

小获 夏至磔鸡,御蛊毒。农再播种,曰"挽禾"。小暑小获,大暑则大获。随获随莳,皆及百日而收。(《南越笔记》)

种绿豆 绿豆圆小如球,绿豆必小暑方种,未及小暑而种,则其苗蔓延数尺,结荚甚稀。若过期至于处暑,则随时开花结荚,颗粒亦少。(《天工开物》)

甜瓜

◎磔鸡,杀鸡挂于门以除不祥。

大暑

（小暑）后十五日，斗指未，为大暑。小大者，就极热之中分为大小，初后为小，望后为大也。（《孝经纬》）

荷花

三候 大暑之日，腐草化为萤。又五日，土润溽暑。又五日，大雨时行。腐草不化为萤，谷实鲜落。土润不溽暑，物不应罚。大雨不时行，国无恩泽。(《汲冢周书》)

刈稻 其粒圆白而稃黄，大暑可刈，其色难变，不宜于酿酒，谓之"秋风糯"，可以代粳而输租，又谓之"瞒官糯"，松江谓之"冷粒糯"。(《居家必备·稻品》)

万物茂育怀任 夏至之后，大暑隆，万物茂育怀任，王者恐明不知贤不肖，分明白黑，于时寒为贼，故王者辅以赏赐之事，然后夏草木不霜，火炎上也。(《春秋繁露》)

作清风饭 （唐）宝历元年（825），内出清风饭制度，赐御庖，令造进。法用水晶饭、龙睛粉、龙脑末、牛酪浆，调事毕，入金提缸，垂下冰池，待其冷透，供进，惟大暑方作。(《清异录》)

宴饮 （孙）权大暑时，尝于船中宴饮，于船楼上值雷雨，权以盖自覆，又命覆基，馀人不得也。(《三国志》)

罢营造，赐衫履 （宋太祖乾德元年，963年）六月……壬辰，以大暑，罢京城营造，赐工匠衫履。(《资治通鉴后编》)

大暑船 同治时，临海县民以频岁有疠，过大暑不瘳，乃为送船之会。船与常舶无异，用具如桌椅床榻衾枕，食物如鸡豚鱼虾，甚且刀矛枪炮之足以备盗者亦有之。别有盛米之袋，小仅可受一升，而数以万计，皆村民所施也。大暑前数日，建道场，至大暑送之，俗呼为"大暑船"。夜有海盗遇之，以为贾人船也，向之放炮，大暑船亦放炮御之，至天明始知，大惊而去。(《清稗类钞》)

立秋

大暑后十五日,斗指坤,为立秋。秋者,揫也,物于此而揫敛也。(《孝经纬》)

凤仙

三候 立秋之日，凉风至。又五日，白露降。又五日，寒蝉鸣。凉风不至，无严政。白露不降，民多邪病。寒蝉不鸣，人皆力争。(《汲冢周书》)

迎秋 立秋之日，天子亲帅三公、九卿、诸侯、大夫以迎秋于西郊。还反，赏军，帅武人于朝。(《礼记》)

占凉燠 土俗又以立秋时之朝夜占凉燠，谚云："朝立秋，㵿飕飕；夜立秋，热㶳㶳。"自是以后，或有时仍酷热不可耐者，谓之"秋老虎"。(《清嘉录》)

咬秋 立秋之时食瓜，曰"咬秋"，可免腹泻。(《津门杂记》)

戴楸叶 立秋之日，戴楸叶，吃莲蓬、藕，晒伏姜，赏茉莉、栀子、兰、芙蓉等花。先帝爱鲜莲子汤，又好用鲜西瓜种微加盐焙用之。(《酌中志》)

熬楸叶膏 立秋，太阳未升，采楸叶熬膏，搽疮疡，立愈，名"楸叶膏"。熬法以叶多方稠。(《遵生八笺》)

挂蒺藜 立秋，户挂蒺藜，云蚊不入户。或曰中元将至，而鬼畏之。(《永平府志》)

标秋纸 立秋日，农家将青竹夹云马纸符，遍插田畔，名"标秋纸"。醵钱作青苗斋，即古者方社遗意。(《崇明县志》)

复秤轻重 家户以大秤权人轻重，至立秋日又秤之，以验夏中之肥瘠。(《清嘉录》)

调琴会 招韵士集桐阴，鼓琴为调琴会。(《节序同风录·立秋》)

秋爽来学 京师小儿懒于嗜学，严寒则歇冬，盛暑则歇夏，故学堂于立秋日大书"秋爽来学"。(《帝京岁时纪胜》)

◎挈，收敛，聚集。

处暑

（立秋）后十五日，斗指申，为处暑，言渎暑将退伏而潜处也。（《孝经纬》）

玉簪

三候 处暑之日，鹰乃祭鸟。又五日，天地始肃。又五日，禾乃登。鹰不祭鸟，师旅无功。天地不肃，君臣乃［懈］。农不登谷，暖气为灾。（《汲冢周书》）

暑气将止 处，上声，止也，息也。谓暑气将于此时止息之也。（《夜航船》）

宜雨 又以处暑日宜雨，谚云："处暑若还天不雨，纵然结实也难收。"（《清嘉录》）

忌雷 立秋日忌雷，又处暑日更忌，为风潮之验。谚云："处暑一声雷，秕谷两三堆。"（《无锡县志》）

苗行根、绽穗 处暑，苗行根、绽穗，苦旱。（《嘉兴府志》）

收早谷 处暑收早谷，至霜降收晚谷、糯谷。（《泰顺县志》）

龙眼熟 龙眼，二月著花，处暑后乃熟。一名荔奴。实如弹丸，壳黄肉白，味甘美。（《开平县志》）

种牡丹子、芍药 七月节，种木瓜，压软条桧；处暑，种牡丹子，种诸般芍药。（《说郛》）

薅芍药 《种树书》：菜圃中种芍药最盛。原《修整》：春间止留正蕊，去其小苞，则花肥大，新栽者，止留一二蕊，一二年后得地气可留四五，然亦不可太多，开时扶以竹，则花不倾倒，有雨，遮以箔则耐久。花既落，亟薅其蒂，盘屈枝条以线缚之使不离散，则脉下归于根，冬间频浇大粪，明年花繁而色润，处暑前后，平土薅去，来年必茂，冬日宜护，忌浇水。（《广群芳谱》）

诗咏 向来鹰祭鸟，渐觉白藏深。叶下空惊吹，天高不见心。气收禾黍熟，风静草虫吟。缓酌樽中酒，容调膝上琴。（唐·元稹《咏廿四气诗·处暑七月中》）

◎《汲冢周书》缺字，据《太平御览》补充。

白露

处暑后十五日,斗指庚,为白露。阴气渐重,露凝而白也。(《孝经纬》)

月季

三候　白露之日，鸿雁来。又五日，玄鸟归。又五日，群鸟养羞。鸿雁不来，远人背畔。玄鸟不归，室家离散。群鸟不养羞，下臣骄慢。(《汲冢周书》)

蓼风　仲秋白露节，盲风至。秦人谓蓼风为"盲风"。(《月令章句》)

寒蝉鸣　凉风至，白露降，寒蝉鸣。(《礼记》)

白鹤鸣　白鹤性警，至八月白露降，流于草叶上，滴滴有声，即鸣。(《渊鉴类函》)

双鹤

上墓　清明、白露二节，牲醴上墓，有祠则祭于祠，饮福颁胙。(《顺昌县志》)

登棉　白露八月节，登棉……秋分为八月中，纳禾，剥枣，种麦，女始织。(《阳信县志》)

斗蟋蟀　白露前后，驯养蟋蟀，以为赌斗之乐，谓之"秋兴"，俗名"斗赚绩"。(《清嘉录》)

出边围猎　将军衙门向派捕鲜佐领一员，于每年白露节前后出边，小雪回围。贡品例进狍鹿、冻鸭、野鸡等物。贡品进城，鱼行亦遂添无限生意矣。(《沈阳百咏》序)

笼鹭　鹭，一名春锄，步于浅水，好自<u>低昂</u>，故曰"春锄"也。色雪白，顶上有丝，<u>毿毿</u>然。长尺馀，欲取鱼则弭之。山阴濒水人家多畜之，皆驯不去。惟白露一日笼之，不然飞去。(《月令辑要》)

◎低昂，起伏，升降。◎毿毿，垂拂纷披貌。

秋分

（白露）后十五日，斗指酉，为秋分。阴生于午，极于亥，故酉其中分也。（《孝经纬》）

桂花

三候 秋分之日，雷始收声。又五日，蛰虫坯户。又五日，水始涸。雷不始收声，诸侯淫佚。蛰虫不坯户，[民]靡有赖。水不始涸，甲虫为害。(《汲冢周书》)

昼夜均而寒暑平 中秋之月，阳在正西，阴在正东，谓之"秋分"。秋分者，阴阳相半也。故昼夜均而寒暑平，阳日损而随阴，阴日益而鸿。(《春秋繁露》)

龙入川 龙，鳞虫之长，能幽能明，能小能巨，能短能长，春分而登天，秋分而入川。(《后汉书》)

夕月 春分朝日，则青纱朝服，青舄；秋分夕月，则白纱朝服，缃舄；俱冠五梁进贤冠。(《隋书》)

享寿星 小祀九：仲春祀马祖，仲夏享先牧，仲秋祭马社，仲冬祭马步，季夏土王日祀中雷，立秋后辰日祀灵星，秋分享寿星，立冬后亥日祠司中、司命、司人、司禄，孟冬祭司寒。(《宋史》)

秋报 秋分，万宝告成，收获后，各村设油食，鼓吹，祀农神，谓之"秋报"。(《陵川县志》)

放假 天祺、天贶节、人日、中和、二社、上巳、端午、三伏、七夕、授衣、重九、四立、春秋分及每旬假各一日。(《宋史》)

采水花 今人于春、秋分夜半时，汲井水满大瓮中，封闭七日，发视则有水花生于瓮面，如轻冰，可采以为药。(《梦溪笔谈》)

赐绢 (唐)宪宗(李纯)念其忠荩，诸昆仲子侄皆居职秩，仍诏每年给绢二千匹，春秋分给。(《旧唐书》)

秋判 秋分则申严百刑，斩杀必当，无留有罪，无或枉桡。此并顺上天行肃杀之令也。(《资治通鉴后编》)

◎《汲冢周书》缺字，据《太平御览》补充。◎夕月，帝王祭月之礼。◎朝日，帝王祭日之礼。◎忠荩，忠诚。

寒露

秋分后十五日,斗指辛,为寒露,谓露冷寒而将欲凝结矣。(《孝经纬》)

菊花

三候 寒露之日，鸿雁来宾。又五日，爵入大水，化为蛤。又五日，菊有黄华。鸿雁不来，小民不服。爵不入大水，失时之极。菊无黄华，土不稼穑。(《汲冢周书》)

鸿雁来宾 鸿雁，寒露来宾，至长溪止，及春北向。(《淳熙三山志》)

晚谷刈尽 大抵立秋后始收早谷，经处暑、白露、秋分至寒露前后，晚谷亦已刈获殆尽矣。(《桐柏县志》)

露气转寒 九月寒露为节者，九月之时，露气转寒，故谓之"寒露节"。霜降为中，露变为霜。故以霜降为中。(《三礼义宗》)

正阴云出 寒露，正阴云出，如冠缨。(《古微书》)

刈荍 寒露九月节，刈菽……霜降九月中，刈荞。(《阳信县志》)

诗咏 寒露惊秋晚，朝看菊渐黄。千家风扫叶，万里雁随阳。化蛤悲群鸟，收田畏早霜。因知松柏志，冬夏色苍苍。(唐·元稹《咏廿四气诗·寒露九月节》)

秋雁

霜降

（寒露）后十五日，斗指戌，为霜降，气肃露凝结而为霜矣。（《孝经纬》）

木芙蓉

三候 霜降之日，豺乃祭兽。又五日，草木黄落。又五日，蛰虫咸俯。豺不祭兽，爪牙不良。草木不黄落，是谓愆阳。蛰虫不咸俯，民多流亡。（《汲冢周书》）

祭旗纛之神 霜降之日，帅府致祭旗纛之神。因而张列军器，以金鼓导之，绕街迎赛，谓之扬兵。旗帜、刀戟、弓矢、斧钺、盔甲之属，种种精明。有飙骑数十，飞辔往来，逞弄解数，如双燕绰水、二鬼争环、隔肚穿针、枯松倒挂、魁星踢斗、夜叉探海、八蛮进宝、四女呈妖、六臂哪吒、二仙传道、圯桥进履、玉女穿梭、担水救火、踏梯望月之属，穷态极变，难以殚名。腾跃上下，不离鞍镫之间。犹猿猱之寄木也。（《西湖游览志》）

讲武校阅 直省讲武，则以督、抚、提、镇为阃帅，岁季秋霜降日，校阅演武场。先期立军幕，届日黎明，将士擐甲列阵，中建大纛，阃帅率将士行礼。军门鼓吹，节钺前导，遍阅行阵，还登将台。升帐，中军上行阵图式，请令合操。遂麾旗，声炮三、鸣角、击鼓。军中闻鼓声前进，鸣金则止。行阵发枪如京营制。阅毕，试材官将士骑射，申明赏罚，犒劳军士。（《清史稿》）

鲈鱼鲙 然作鲈鱼鲙，须九月霜降之时。收鲈鱼三尺以下者，作干鲙浸渍，讫，布裹沥水，令尽散，置盘内，取香柔花叶相间，细切和鲙拨，令调匀。霜后鲈鱼肉白如雪，不腥。所谓"金齑玉鲙"，东南之佳味也。（《大业拾遗》）

录重囚 霜降录重囚，会五府、九卿、科道官共录之。矜疑者戍边，有词者调所司再问，比律者监候。（《明史》）

拒霜花开 拒霜花，树丛生，叶大而其花甚红，九月霜降时开，故名"拒霜"。（《锦绣万花谷》）

霜花秋艺

立冬

霜降后十五日，斗指乾为立冬。冬者，终也，浊物皆收藏也。（《孝经纬》）

山茶

三候 立冬之日，水始冰。又五日，地始冻。又五日，雉入大水，化为蜃。水不冰，是谓阴负。地不冻，咎征之咎。雉不入大水，国多淫妇。（《汲冢周书》）

雀入水为蛤 立冬，不周风至，水始冰，荞麦生，雀入水为蛤。（《太平御览》）

迎冬 立冬之日，天子亲帅三公、九卿、大夫，以迎冬于北郊。还，乃赏死事，存孤寡。（《淮南子》）

祀神州地、天神太乙 立冬日，朝廷差官祀神州地、天神太乙。（《梦粱录》）

沐浴 立冬日，以各色香草及菊花、金银花，煎汤沐浴，谓之"扫疥"。（《西湖游览志》）

进千重袜 唐制，立冬日，进千重袜，其法以罗帛十馀，层锦夹络之。（《清异录》）

暖帽、暖耳 魏文帝始赐百官立冬暖帽。今赐百官暖耳，本此。（《夜航船》）

避火灾 立冬，各街市皆出墟坡买卖，以避火灾。（《石城县志》）

斗香 松下陈古鼎宣炉，焚檀、降、沈、苏、栈、生、黄熟、牙速、伽南、安息、唵叭、脑片、宫制各种名香，集幽人为试香会，比试优劣，曰"斗香"。制法、焚法、器具皆载《香谱》……取干杨花铺研槽不冻，名曰"文房春风膏"……食饾馇，乃蜜糖拌炒面，脱印，炉食。又作饧糖酥片千层，切为小段，缠以白麻屑，曰"酥糖"，今有董家酥……试薰笼，烘焙衣衾。（《节序同风录·立冬》）

斜倚薰笼

小雪

（立冬）后十五日，斗指亥，为小雪。天地积阴，温则为雨，寒则为雪。时言小者，寒未深而雪未大也。(《孝经纬》)

梅花

三候 小雪之日，虹藏不见。又五日，天气上腾，地气下降。又五日，闭塞而成冬。虹不藏，妇不专一。天气不上腾，地气不下降，君臣相嫉。不闭塞而成冬，母后淫佚。(《汲冢周书》)

冻大河 小雪冻大河，大雪冻小河。(《祁县志》)

安设缸盖 缸中铁屉缘防冻，门外毡棚为坐更。小雪传呼惊蛰撤，顺时防卫重皇城。(自注：宫殿前大铜铁缸，小雪后安设缸盖，盖中置铁屉炽炭火融冰。惊蛰撤去。又坐更处安设毡棚，其设与撤之时令，亦如之。)(夏仁虎《清宫词》)

安设毡棚 一各宫坐更处，每岁小雪节，宫殿监傅营造司首领太监等安设毡棚，至开年惊蛰节撤去。(《国朝宫史》)

诗咏 莫怪虹无影，如今小雪时。阴阳依上下，寒暑喜分离。满月光天汉，长风响树枝。横琴对渌醅，犹自敛愁眉。(唐·元稹《咏廿四气诗·小雪十月中》)

东风小雪

大雪

小雪后十五日，斗指壬，为大雪。言积阴为雪，至此栗烈而大矣。（《孝经纬》）

水仙

三候 大雪之日，鹖鸟不鸣。又五日，虎始交。又五日，荔挺生。鹖鸟鸣□□□（缺字），虎不始交[，将帅不和]，荔挺不生，卿士专权。(《汲冢周书》)

节衣始裘 大雪十一月，节衣始裘。(《阳信县志》)

栽菊 凡要菊盛、花大，更无别法。十一月大小雪中，分盆边旺苗栽之，如未发苗，有青叶头白芽者，种之，遮霜雪，要见日色，开春花自盛。(《广群芳谱》)

诗咏 积阴成大雪，看处乱霏霏。玉管鸣寒夜，披书晓绛帷。黄钟随气改，鹖鸟不鸣时。何限苍生类，依依惜暮晖。(唐·元稹《咏廿四气诗·大雪十一月节》)

江天暮雪

◎《汲冢周书》缺字，据《太平御览》补充。

冬至

（大雪）后十五日，斗指子，为冬至。阴极而阳始至，日南至，渐长至也。（《孝经纬》）

瑞香

三候 冬至之日，蚯蚓结。又五日，麋角解。又五日，水泉动。蚯蚓不结，君政不行。麋角不解，兵甲不藏。水泉不动。阴不承阳。（《汲冢周书》）

亚岁 冬至谓之"亚岁"，官府民间各相庆贺，一如元日之仪。吴中最盛，故有"肥冬瘦年"之说。春粢糕以祀先祖，妇女献鞋袜于尊长，亦古人履长之义也。（《西湖游览志》）

豆腐节 冬至即冬节……各村学校于是日拜献先师。学生备豆腐来献，献毕群饮，俗呼为"豆腐节"。（《虞乡县志》）

粘米圆 冬至，粉米为圆，祀先，又粘门楹间，取其圆以达阳气，民间不相贺。（《福州府志》）

煖炉出猎 十一月冬至，隆师，逆女，煖炉出猎。（《河间府志》）

穿阳生补子蟒衣 冬至节，宫眷内臣皆穿阳生补子蟒衣。室中多挂绵羊太子画贴。司马（礼）监刷印九九消寒诗图。（《明宫史》）

日长一线 魏晋宫中女工刺绣，以线揆日长短，冬至后比常添一线之功，故曰"日长一线"。（《夜航船》）

九九之歌 日冬至，画素梅一枝，为瓣八十有一，日染一瓣，瓣尽而九九出，则春深矣。曰"九九消寒图"。有直作圈九丛，丛九圈者，刻而市之。附以九九之歌，述其寒燠之候。歌曰："一九二九，相唤不出手；三九二十七，篱头吹觱篥；四九三十六，夜眠如露宿；五九四十五，家家堆盐虎；六九五十四，口中呵暖气；七九六十三，行人把衣单；八九七十二，猫狗寻阴地；九九八十一，穷汉受罪毕。才要伸脚睡，蚊虫獦蚤出。"（《帝京景物略》）

消寒图 儿时见先大夫于冬至日，绘梅花一幅，花凡八十一瓣，每日以朱涂一瓣，九画而毕以纪历，谓之"九九消寒图"。事殊雅趣。后阅清人笔记，高宗于冬至日，飞白书"亭前垂柳珍重待春风"九字，字皆九画，亦日以朱涂一画，九画而毕。昔日帝王风流，亦殊不减。（《岁华忆语》）

◎隆师，带礼物看望老师。◎逆女，迎接女儿归宁。◎阳生补子蟒衣，补子，明清官服上标志品级的徽饰，以金线及彩丝绣成，文官绣鸟，武官绣兽，缀于前胸及后背。蟒衣即"蟒袍"，袍上绣蟒。阳生补子蟒衣即补子上绣表示冬至阳生景象的官服。

小寒

冬至后十五日，斗指癸，为小寒。阳极阴生，乃为寒，今月初寒尚少也。(《孝经纬》)

兰花

三候 小寒之日，雁北向。又五日，鹊始巢。又五日，雉始鸲。雁不北向，民不怀主。鹊不始巢，国不宁。雉不始雏，国大水。(《汲冢周书》)

寒气犹未极也 小寒为节者，亦形于大寒，故谓之"小"，言时寒气犹未极也。(《月令辑要》)

取水造丹丸 寒露、冬至、小寒、大寒四节，及腊日水，(主治)宜浸造滋补五脏及痰火积聚、虫毒诸丹丸，并煮酿药酒，与雪水同功。(《本草纲目》)

风雪损畜 十二月，大小寒，多风雪，损畜。(《古今图书集成》)

花信风起 花信风与寒食雨前后稍异。寒食雨自冬至起至清明前一日，合七气得三个月零十五日。花信风自小寒起至谷雨，合八气得四个月。每气管十五日，每五日一候，计八气，分得二十四候，每候以一花之风信应之。(《书肆说铃》)

腊雪

大寒

（小寒）后十五日，斗指丑，为大寒，至此栗烈极矣。（《孝经纬》）

山礬

三候 大寒之日，鸡始乳。又五日，鸷鸟厉。又五日，水泽腹坚。鸡不始乳，淫女乱男。鸷鸟不厉，国不除兵。水泽不腹坚。言乃不从。（《汲冢周书》）

恤民 季冬之月，正居小寒、大寒时候，若此月雨雪连绵，以细民不易，朝廷赐关会给散军民赁钱，公私放免不徵。（《梦粱录》）

焚辟寒香丹 辟寒香丹，丹国所出。汉武时入贡，每至大寒，于室焚之，暖气翕然，自外而入，人皆减衣。（《述异记》）

百工辍役 大寒十二月中，新衣服，积菜薪，百工辍役。（《阳信县志》）

挖土增灶 大寒节后，邑人争向龙山挖土增灶。（《尤溪县志》）

回汤武库 腊日家宴，作腊四方，用种种轻细，不拘名品，治之如大豆，加以汤液滋味，盖时人以为节馔。遂与老室儿女辈，举饮食中以杂味为之者，间记于册。季冬既大寒，可以停食物，家家多方鸠集羊、豕、牛、鹿、兔、鸽、鱼、鹅百珍之众，预期十日而办造，至正旦日方成，以品目多者为上，用制汤饼，盛筵而荐之，名"回汤武库"。大概秦、陇盛行。（《清异录》）

里闾馈岁

正 月

孟春之月，鱼上冰

正月孟春，亦曰孟阳、孟陬、上春、初春、开春、发春、献春、首春、首岁、初岁、开岁、发岁、献岁、肇岁、芳岁。（《纂要》）

十二月月令图·一月

正月

———

古人云："善正月，恶五月。"正月是很好的一个月份，可以说是诸事皆宜，百无禁忌。

正月也是节日最多、民俗最多的一个月，其中元宵节是比较盛大且综合儒、释、道三教元素的一个节日，也是我个人很喜欢的一个节日。

从色彩上说，元宵节光明和乐、璀璨辉煌，是独特的属于夜晚的"魔法"时刻，拥有光与暗、黑与白交织出的大型光影艺术。从民俗上来说，家家张灯、户户结彩；舞鬼闹伞，燃灯祈福。少年挟箫鼓，朱衣鬼面；少女夜蛾游，白衣翠鬟；壮夫弄火毬，通宵达旦；淑女走百病，祭床祀蚕。

夜深人静，可以向在厕中惨死的美妾问卜吉凶，还能点着小灯，去当拾捡遗簪堕珥、散钱碎银的"扫春郎"……鱼龙夜舞，花爆杂燃，酒筵歌乐，金鼓达旦。不管人、鬼、神何种身份，不管儒、释、道哪种信仰，不分彼此，不分你我，整个世界欢娱与禁忌共存，极尽繁华、极尽喧嚣。

灯映月，月照灯，比起天上的星星，这种人造的、近距离的、带着温度的一盏盏灯火，影影绰绰、光怪陆离，驳杂出一个由真实的烟火气构筑的红尘世界，透露着别样的迷离、浪漫、辉煌、灿烂。

除了元宵节，鼠嫁日也是一个很特别的节日。

众所周知，老鼠在历史上，一直是有害动物，"过街老鼠，人人喊打"，确实，因为老鼠干扰人类的生产生活，经常遭受人类打击。所以"鼠"字头上顶着一个"臼"，意为"屡遭打击，总是击而不破，打而不尽"。

不相爱只相杀的人鼠关系，会在"鼠嫁日"改善，家家户户准备糕饵、饴糖等物，散置偏僻处，为鼠女添妆送嫁。老鼠当然给人类带来很多困扰，但这个世界并不是只为了满足人类的需求而创造的。专门发展出这样一个节日，哪怕原因可能是避免鼠耗，我都觉得很可爱，也体现了古人敬畏生命、敬畏自然的哲学观。

春气温柔　正月建寅，律中太簇。鸡雉孳尾，招摇生聚，少阳解冻。其气温柔，逆之则寒。(《说郛》)

草木萌芽　正月元鸟至，种粟米，草木萌芽，(隆安县)人民采竹，木取苷茅，以备水堰。(《古今图书集成》)

桃李吐花　岭以南气候别于中国，而山海之间亦复大同之异。普负山而近于海，大约山气易聚，常日皆暄，海气易散，遇风则凉……桃李吐花，多在正月，草木萌动，多在十二月。(《普宁县志》)

香会　正月，城市郊村延僧道建斋。先，社首以红笺帖"上元祈安""天官赐福"于各家门面，因以敛钱，名为"香会"。醮毕，迎神置饮，坐次以齿，无贵贱，乡人饮酒之遗意也。(《海澄县志》)

织布酿酒　孟春之月，命女工趋织布，典馈酿春酒。是月教牛，修农具，筑墙园，开沟渠，修蚕室，整屋漏，织蚕箔。(《农政全书》)

赏心乐事　正月：岁节家宴，立春日春盘，人日煎饼会，玉照堂赏梅，天街观灯，诸馆赏灯，丛奎阁山茶，湖山寻梅，揽月桥看新柳，安闲堂扫雪。(《武林旧事·张约斋赏心乐事并序》)

天灯照瑞

◎建寅，指夏历正月。◎律中太簇，十二律阳律第二律，十二律配十二月，太簇配正月。◎社首，祭祀活动的首领。

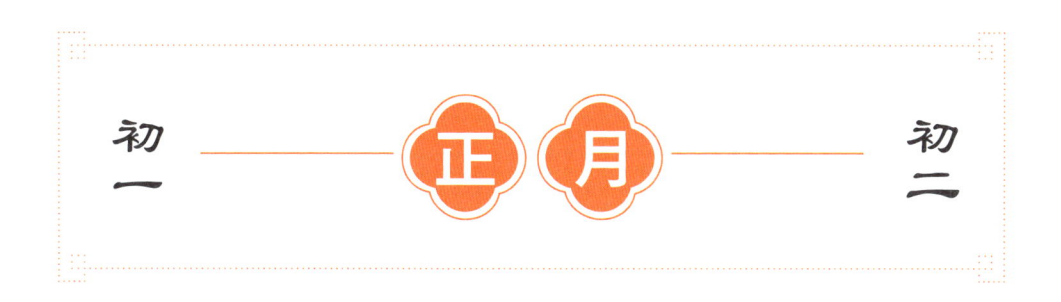

正日　正月一日，七十二候之初，三百六旬之始，是谓"正日"。(《月令辑要》)

拜天地万神　正月元旦，迎祀灶神，钉桃符，上书一"𮆉"字，挂钟馗以辟一年之祟。家长率长幼拜天地万神，诣本境土地五谷之神，以祈一年之福。或诵经咒，完毕，方礼拜新年。寅时饮屠苏酒、马齿苋，以祛一年不正之气。(《遵生八笺》)

祀神祀先　正月岁首，祀神，祀先，贺尊长，更相贺岁。礼受业师，逆女归宁馈节。(《济宁州志》)

敬礼祖先　元旦，敬礼祖先，具槟榔蒌叶，断甘蔗尺许，供奉牌位前，如此三日。相拜亦各备槟榔蒌叶，以供茶具。(《普宁县志略》)

诣庙拜送　元旦合家拜庆，礼与他方略同，从寅夜即起，诣各庙拜送香纸，道路络绎不绝，姻族椒酒相邀。(《泰州志》)

祀城隍神　(武进县)烧城隍庙香、八庙香，俗好祀城隍神，元旦尤甚。早暮，人争趋如堵墙，香烟蔽翳如雾，次及八庙神。八庙者，元帝、后稷、吴季子、汉寿亭侯、张睢、阳陈、司徒晏公及五显之神也。(《古今图书集成》)

戚里交相拜　春正月元旦，五鼓起，拜神祇祖先，烧爆竹。卑幼于亲长及执友相厚者，各携果酒致敬为欢。戚里交相拜，如数日乃已。(《阳江县志》)

响岁、贺春　岁时春正旦，五更，具牲醴香烛，迎祭神祇、祭祖先。儿童放纸炮，谓之"响岁"。亲朋各诣门交拜，或即留饮，曰"贺春"。(《冀州志》)

旺相、行春　正月朔日，官府望阙遥贺，礼毕，即盛服诣衙门，往来交庆。民间则设奠于祠堂，次拜家长，为椒柏之酒，以待亲戚邻里。以春饼为上供，热栗炭于堂中，谓之"旺相"。贴青龙于左壁，谓之"行春"。插芝麻梗于檐头，谓之"节节高"。签柏枝于柿饼，以大橘承之，谓之"百事大吉"。(《西湖游览志》)

照庭火 北方庄家，正月元旦夜，束高长草把烧之，名"照庭火"。伺烧将过，看向何方倒，所向之方，其年必熟。(《月令辑要》)

焚草验丰歉 至于岁时伏腊如元旦，则先期设牲馔于中庭，夜半焚草，以验四方丰歉。跌蚕椽三声，以示整动丝蚕之意。晨兴，燃香烛，拜家神、祖先，贺尊长亲朋，一日乃已。(《盂县志》)

饮春酒 正月元日，绅士民厥明兴，列香烛，拜祷于天地、君、亲师、社令、司户、田祖、井灶之神，洒扫祠宇，设牲醴，陈果品，以祀其祖考。男女以次拜于尊长，次出拜其宗族，亲朋拜贺。主人款宾，先设果酒，继用鸡豚杂品，会于碗内。每宾一器着酒于中而食之，谓之"酴酥"。后置酒食，迭相邀饮，曰"春酒"。(《重庆府涪州志》)

煮饽饽 每届初一，于子初后焚香接神，燃爆竹以致敬，连霄达巷，络绎不休。接神之后，自王公以及百官，均应入朝朝贺。朝贺已毕，走谒亲友，谓之"道新喜"。亲者登堂，疏者投刺而已。貂裘蟒服，道路纷驰，真有车如流水马如游龙之盛，诚太平之景象也。是日，无论贫富贵贱，皆以白面作角而食之，谓之"煮饽饽"，举国皆然，无不同也。富贵之家，暗以金银小锞及宝石等藏之饽饽中，以卜顺利。家人食得者，则终岁大吉。(《燕京岁时记》)

啜五味粥 元旦夙兴，焚香拜天。次五祀祖先，少者各拜尊长，燃长寿灯，啜五味粥，以祈五福。旋诣戚党拜贺。(《天台县志》)

造丝鹅、蜡燕、粉荔枝 洛阳人家，正旦造丝鹅、蜡燕、粉荔枝。(《渊鉴类函》)

造五辛盘 《风土记》曰：元日造五辛盘。正月元日，五薰炼形。注：五辛所以发五藏之气，即大蒜、小蒜、韭菜、云台、胡荽是也。庄子所谓春正月饮酒茹葱，以通五藏也。又《食医心镜》曰：食五辛以辟厉气。敷于散，出葛洪《炼化篇》，方用柏子仁、麻仁、细辛、干姜、附子等分为散，井华水服之。(《荆楚岁时记》)

插桃符 (元日)有挂鸡于户，悬苇索于其上，插桃符于旁，百鬼畏之。(《荆楚岁时记》)

戴松枝 (武进县)(元日)载松柏枝，剪松柏小枝如花朵，渍以青绿，绕以红丝，微下垂之，如落索，妇人载髻上取益寿。(《古今图书集成》)

戴闹蛾 自岁暮正旦，咸头戴闹蛾，乃乌金纸裁成，画颜色装就者。亦有用草

正月 ◆

万户桃符

椒盘馈问

57

虫蝴蝶者，或簪于首，以应节景。仍有真正小葫芦如豌豆大者，名曰"草里金"，二枚可值二三两不等，皆贵尚焉。(《酌中志》)

带岁钱 正月元旦，夙兴栉沐盥漱，少长礼神祈年及祭先。世无贵贱，姻友投刺互拜，曰"拜年"也。童稚御新衣，带结金钱简简，曰"带岁钱"也。诣所亲，必出辛盘互欢洽，曰"春头彩"也。士子无远近，盛服入文庙谒先师，视泮水晶光，朝山爽色，为一年文昌嘉会。(《海澄县志》)

秤水评岁 岁朝……农家则凌晨起，观风云，以卜水旱疾疫，又取瓦瓶汲净水，秤之。以日当月，一日一易水，秤至十二日，以评一岁。若此日水重，则是月有水，极有效验。(《昆山县志》)

百戏 (周)明帝武成二年（560）正月朔旦，会群臣于紫极殿，始用百戏。(周)宣帝即位，广召杂伎、增修百戏、鱼龙漫衍之伎，常陈殿前。(《隋书》)

彩幡游塔 正月元日，郡人晓持小彩幡，游安福寺塔，粘之盈柱，若鳞次然，以为厌禳，惩咸平之乱也。塔上燃灯，梵呗交作，僧徒骈集。太守诣塔前张宴，晚登塔眺望焉。(《岁华纪丽谱》)

关扑 正月一日年节，开封府放关扑三日。士庶自早互相庆贺，坊巷以食物、动使、果实、柴炭之类，歌叫关扑，如马行潘楼街，州东宋门外、州西梁门外、踊路、州北封丘门外及州南一带，结彩棚，铺陈冠梳、珠翠、头面、衣著、花朵、领抹、靴鞋、玩好之类，间列舞场歌馆，车马交驰。向晚，贵家妇女纵赏关赌，入场观看，入市店饮宴，惯习成风，不相笑讶。至寒食、冬至三日，亦如此。小民虽贫者，亦须新洁衣服，把酒相酬尔。(《东京梦华录》)

击鼓 (正月)一日至三日，禁扫除，室中小儿竞击金鼓为乐。(《松江府志》)

登山览胜 (江山县)正月元日，贺岁三日乃已。遇晴霁，携榼登山览胜。(《古今图书集成》)

游观行乐 赵伯符为豫州刺史，立义楼，每至元日、人日、七月半，乃于楼上作乐。楼下男女，盛饰游观行乐。(《渊鉴类函》)

含云寺会 元日至七日于含云寺中开会，少长云集，笙歌盈耳。(《将乐县志》)

开门爆仗 岁朝开门放爆仗三声，云辟疫疠，谓之"开门爆仗"。(《清嘉录》)

正月 ◆

太平春市图（局部）

开年　正月（初二日）以牲醴祀神，曰"开年"。先祭灶神，曰"接灶君"，谓灶君于小除夕上天奏报人家善恶，是日归也。接灶君以早为贵，开年后合家宴叙，铺户更欢呼畅饮。（《四会县志》）

亚祭　正月二日，（茂州）民家设香烛牲醴，祀和合、利市神及土地，谓之"亚祭"。（《古今图书集成》）

上冢　州人坟茔尽在四郊，岁节之二三日，华门大姓率携家拜扫，虽贫贱市贩，亦盛服靓妆，竞出城闉，东西北郊之外，冠盖填塞。故自节内酒亭食肆，凡诸阛阓之家，垂帷下箔，优游歌笑，至开假乃止。（《淳熙三山志·上冢》）

看掷石　（正月）二日，烧香东岳庙，走新亭之古岸港口之教场头，看掷石相戏。先是一日，卯者、角者当垒敌小石，且进且却，互有趋避。后诸恶少转相仿效，分垒布阵，各数百人，观者如堵。年来斯风不禁自止，是还淳之一端也。（《海澄县志》）

踏青　（正月）二日，自城中及乡村有踏青之游，长少皆衣冠出游园林山寺，词人墨客，多挈榼展席，择胜处吟赏，抵暮乃归。儿童竞采桃李菜花持归，为新年之瑞，名曰"踏青草"。（《兴化府莆田县志》）

宴会　（正月）二日，（太守）出东郊，早宴移忠寺（旧名牌楼院），晚宴大慈寺。清献公记云："宴罢，妓以新词送，自宋公祁始，盖临邛周之纯善为歌词，尝作茶词授妓，首度之以奉公，后因之。"（《岁华纪丽谱》）

点灯张乐　咸通十年（869）正月二日，街坊点灯张乐，昼夜喧闐，盖大中承平之馀风。由此言之，唐时放灯不独上元也。（《岁华纪丽谱》）

◎鬼死为聻，贴"聻"字起于中唐。◎归宁，回家省亲。多指已嫁女子回娘家看望父母。◎粉荔枝，以粉制成荔枝状作为节日食品。◎五辛盘，用葱韭等五种味辛辣的菜蔬置盘中供食。◎泮水，学宫前的水池，形如半月。◎阛阓，指民间。◎垂帷下箔，用苇子做成的帘子。◎宋公祁，宋祁（998—1061），北宋文学家，"红杏尚书"。◎喧闐，声音大。

正月

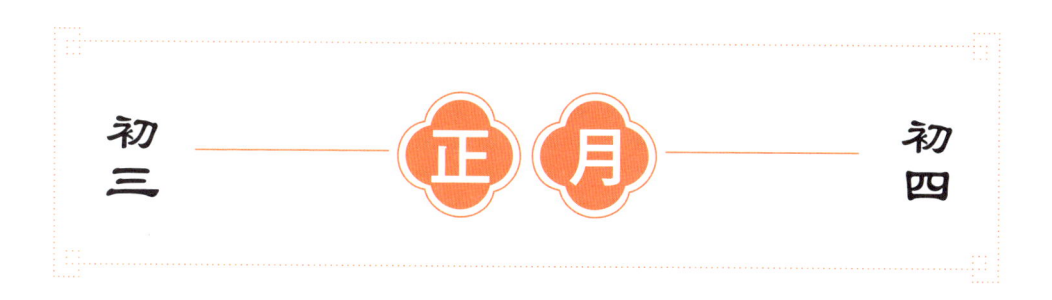

初三 —— 正月 —— 初四

迎女儿节 朔三，迎女儿节，婿及甥登堂礼拜，设席十日，姻亲相馈，送酒肴等物，名曰"送拾掇"。(《黄县志》)

互赠糕饼、橘子 （乳源县）正月初三日，妇女以糕饼、橘子相馈。初五日，各祀门神焚除夕，张挂门钱。谚云："火烧门神纸，孩童习细业，大人做生理。"（《古今图书集成》）

择吉迎喜神 （汾州府永宁州）正月初三、四、五等日，择吉迎喜神。（《古今图书集成》）

游神 （江西万安县）游神在下乡，自正月初三起，将本坊福主康王神，并有儿郎着五色花衣，头戴披巾，执旌旗抬神，每日游于境内各祠上，划船三次，唱凯歌，夜轮值各堂。（《古今图书集成》）

祭司门之神 春元旦鸡鸣，肃衣冠，焚香然（燃）烛拜天，谒祖先及尊属，各叙拜。次明出贺亲友或相投刺，罢市燕饮，剪色纸为花，谓之"彩胜"，悬于户外献岁。三日，祭司门之神，焚彩胜，然后开市。（《巢县志》）

小年朝、送穷 （正月）初三日小年朝，不扫地、不乞火、不汲水，与岁朝同。案，《岁时琐事》：正月三日为小年朝，仍烧松棚于围炉中。《远平志》：正月三日，人多扫积尘于箕，并加敝帚，委诸歧路，以送穷。然各方风俗不同。（《清嘉录》）

———

接灶 （正月）四日，设粉饵祀灶，曰"接灶"。（《嘉定县志》）

接神飓 台湾风信与他海殊异。风大而烈者为飓，又甚者为台……飓之名以时而异，正月初四日曰"接神飓"，初九日曰"玉皇飓"，十三日曰"关帝飓"，廿九

日曰"乌狗飓"。(《香祖笔记》)

迎神下天 （正月）四日之夜，各设菓酒诸神之前，俗谓"迎神下天"。(《揭阳县志》)

开基节 （宋徽宗）政和三年（1113）……正月四日，有太祖神御之州府宫殿行香，为"开基节"。(《宋史》)

灶王爷　　　　　　　　　灶王奶奶

◎粉饵，米粉制作的食品。

正月

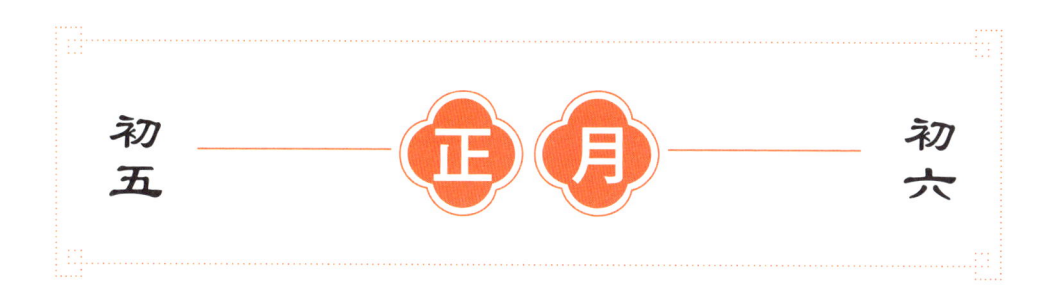

初五 —— 正月 —— 初六

求财 蔡云《吴歈》云："五日财源五日求，一年心愿一时酬。隄防别处迎神早，隔夜匆匆抢路头。"（《清嘉录·正月》）

送穷 正月五日，剪纸人送掷门外，谓之"送穷"。（《陕西通志》）

女不用针 正月五日，居家不出，饭不食米，女不用针，并将一日至五日积土，于是早黎明扫送，俗谓"送穷土"。（《永和县志》）

毋得鞭牛 （正月）五日，戒家僮，毋得鞭詈牛，且以饭食之，亦重农之意。（《太湖县志》）

蚕市 （正月）五日，五门蚕市，盖蚕丛氏始为之，俗往往呼为蚕丛。太守即门外张宴。（《岁华纪丽谱》）

烧田蚕 （正月）五日内，田间束刍于木末，飏以绯帛。夜击金鼓而焚之，侑以祀词，曰"烧田蚕"，盖祈年也。（《石门县志》）

定光佛诞日 （正月）初六日，（杭州府）南山法相寺古定光佛诞日，士民争往祷之，有摩佛顶至踵，谓可以得子者。（《古今图书集成》）

爆六甲 （正月）五日，妇女以色纸装男女形，黎明置灰土中，送五穷。六日，爆黑豆，投水瓮内辟毒，曰"爆六甲"。（《阳曲县志》）

归宁、开市 至初六日，则王妃贵主以及宦官等，冠帔往来，互相道贺。新婚女子亦于当日归宁，而诸商亦渐次开张贸易矣。（《燕京岁时记》）

◎詈，责骂。◎束刍，捆草成束。◎绯帛，茜草初染，尚未经使用洗涤之丝织物。

正月　初七　初八

薰天　人日：凡正月之日，一鸡、二狗、三豕、四羊、五马、六牛，七日为人。其占，晴为祥，阴为灾。俗煎饼食于庭中，谓之"薰天"。（《辽史》）

修斋　正月七日，天地水三官检校之日，可修斋。（《三元品戒经》）

炙地　（正月）七日，女不用针、不纺线、不磨碾、不食米，并于各门前煨糠堆，地内亦煨之，俗名"炙地"。（《永和县志》）

剪彩人　正月七日为人日。以七种菜为羹，剪彩为人，或镂金箔为人，以贴屏风，亦戴之头鬓。（《荆楚岁时记》）

戴华胜　贾充《典戒》曰："人日造华胜相遗，像瑞图金胜之形，又像西王母戴胜也。"刘臻妻陈氏《进见仪》曰："正月七日，上人胜于人。"（《艺文类聚》）

斫果树　正月七日，小儿鸣锣鼓驱疫，用刀斫果树，令冬多生。夜请厕姑问时事，掷杂果于室隅以饲鼠。（《灊山县志》）

逸事：梅花妆　（南朝）宋武帝女寿阳公主人日卧于含章殿檐下，梅花落公主额上，成五出花，拂之不去。皇后留之，看得几时，经三日，洗之乃落。宫女奇其异，竞效之，今梅花妆是也。（《太平御览》）

群星下界　正月八日，俗谓群星下界之辰，间有设香纸，然（燃）灯以祭星者。（《昌平州志》）

顺星　初八日，黄昏之后，以纸蘸油，燃灯一百零八盏，焚香而祀之，谓之"顺星"。（《燕京岁时记》）

佛会　佞佛者，有头八佛、二八佛之会，以正月八日，次以十八日，俱会于附

近寺院,而岳庙尤盛。(《海宁县志》)

粉糁寒具 (正月)初八九日至十八日,人家用粉糁寒具相馈遗,遍市鬻之,以五花帚为号。(《月令辑要》)

打燥 谷日,天气清明之夜,仍装童骑,佐以灯爆金鼓,迎于城隍庙、县堂及各街道以祈谷,谓之"打燥"。(《嵊县志》)

观测水位 吴下田家以正月八日夜,立一竿于平地,月初出,有影即量之,据其长短,移于水面,就桥柱画痕记之,梅雨水涨,必到所记之处。(《谭苑醍醐》)

灯市 灯市在东华门,王府街东,崇文街西,亘二里许,自正月初八日起,至十八日而罢。(《月令辑要》)

长宁节 (宋)仁宗以正月八日为皇太后长宁节,诏定长宁节上寿仪,太后垂帘崇政殿,百官及契丹使,班庭下,宰臣以下进奉上寿,阁门使于殿上,帘外立侍,百官再拜,宰臣升殿,跪进酒,帘外内臣跪承以入。宰臣奏曰:"长宁节,臣等不胜欢忻,谨上千万岁寿。"复降再拜,三称万岁。内臣承旨,宣曰:"得公等寿酒,与公等同喜。"咸再拜。宰臣升殿,内侍出帘外,跪授虚盏。宰臣跪受降,再拜,舞蹈三,称万岁。内侍承旨,宣群臣升殿,再拜,升,陈进奉物。当殿廷通事舍人称宰臣以下,进奉,客省使殿上,喝进奉。出内谒者,监进第二盏,赐酒三行。侍中奏礼毕,皆再拜,舞蹈。太后还内。百官诣内东门,拜表称贺。其外命妇旧入内者,即入内上寿,不入内者,进表。内侍引内命妇上寿,次引外命妇,如百官仪,次日大宴。(《宋史》)

◎粉糁寒具,油炸的面食。◎谷日,即正月初八,《广东通志》载:"正月八日为谷日,晴为祥,雨为灾。"

正月 初九 — 初十

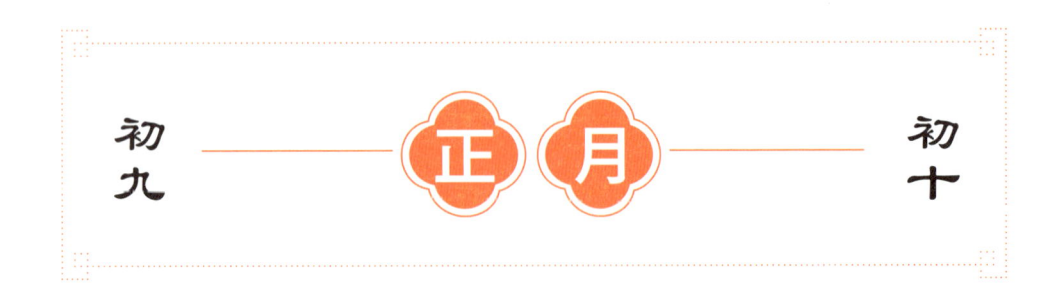

天日 （正月）九日为天日，兴福寺僧斋天，邑人多早起，往观之。(《常昭合志》)

天旦试灯 元宵，俗称初九日为"天旦"，于是日五鼓试灯。自是连夜张花灯、竞花炮，笙歌彻夜，至二十二日乃止。里社建醮祈年。(《将乐县志》)

上九 （茂州）（正月）九日子时分，设香烛拜天地，谓之"上九"。(《古今图书集成》)

玉帝诞辰 玉帝生于正月初九日者，阳数始于一，而极于九，原始要终也。(《蠡海集》)

炙穀皮 （正月）九日，炙穀皮于阈，以祛灾。十二日不然（燃）灯，然（燃）则鼠啮衣。(《同州府志》)

贺老鼠嫁女 （正月）初十日，以面饼置墙根，名曰"贺老鼠嫁女"。(《平遥县志》)

祈蚕功 （正月）十日，炊面象茧，以祈蚕功。(《滋阳县志》)

十子日 （正月）十日，俗谓"十子日"。不动碓硙，恐伤岁稼。(《元氏县志》)

吃汤圆 自初九日之后，即有耍灯市，买灯，吃元宵。其制法：用糯米细面，内用核桃仁、白糖为果馅，洒水滚成，如核桃大，即江南所称"汤圆"者。(《酌中志》)

饮灯酒 元夕，城市张灯，年前生子，必送花灯于祖堂庙观。初十、十一晚开

灯，十六晚散灯。各邀亲友聚饮，谓之"饮灯酒"。好事子弟连日装灯色故事，沿门庆演，竟夕始散。(《阳江县志》)

放灯 元夕自初十日放灯，至十六夜乃已。神祠、家庙或用鳌山运傀儡，张灯烛，剪彩为花，备极工巧。别有往来行乐善歌曲者，自为侪伍。张灯如雨盖，名曰"闹伞"。(《漳浦县志》)

斗胜 上元前后五日，街市张灯狮火，社伙甚多，谓之"斗胜"。(《保安州志》)

车填灯市

◎建醮，僧道设坛为亡魂祈祷。
◎碓硙，舂米和磨粉用具。◎鳌山，堆成巨鳌形状的灯山。◎侪伍，做伙伴，与同列。

正月 十一 — 十二

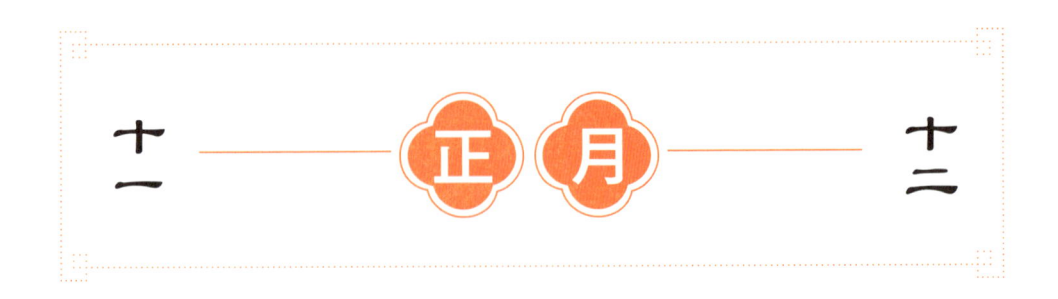

入乡塾 （浦城县）献岁十日后，子弟入乡塾。（《古今图书集成》）

灯市 （京师）至每岁正月十一日起，至十八日止，则在东华门外，迤逦极东，陈设十馀里，谓之"灯市"。凡天下瑰奇钜丽之观，毕集于是，视庙中又盛矣。（《五杂俎》）

逸事：赐假、放灯 永乐七年（1409）正月十一日，钦奉太宗文皇帝圣旨："太祖开基创业，平定天下，四十余年，礼乐政令，都已备具。朕即位以来，务遵成法，如今风调雨顺，军民乐业，今年上元节正月十一日至二十日，这几日官人每都与节假，著他闲暇休息，不奏事；有要紧的事，明白写了封进来。民间放灯，从他饮酒作乐快活，兵马司都不禁，夜巡著不要搅扰生事，永为定例。恁官人每更要用心守著太祖皇帝法度，爱恤军民，永保富贵，共享太平。钦此。"（《万历野获编》）

逸事：后蜀归降 初，昶在蜀专务奢靡，为七宝溺器，他物称是。每岁除，命学士为词，题桃符，置寝门左右。末年，学士幸寅逊撰词，昶以其非工，自命笔题云："新年纳余庆，嘉节号长春。"以其年正月十一日降，太祖命吕余庆知成都府，而"长春"乃圣节名也。又昶袭位后，民质钱取息者，将徙居，必署其门曰："召主收赎。"周世宗平淮甸，克关南，即议讨蜀而未果，至太祖乃平之。（《宋史》）

云开节 岳州自元正献岁，邻里以饮宴相庆，至十二日罢，谓其日为"云开节"。（《岳阳风土记》）

躲鼠 （正月）十二日，妇女出聚门首，谓之"躲鼠"，不然恐啮衣物。（《元氏县志》）

正月 ◆

弃宿饭 岁暮，家家具有肴蔌，谓为宿岁之储，以入新年也。相聚酣歌，名为"送岁"。留宿饭，至新年十二，则弃于街衢，以为去故取新，除贫取富，陶朱公、倚顿，此事无辍。又留此饭，须惊蛰雷鸣，掷之屋上，令雷声远。（《太平御览》）

逸事：赐百官假十日 又宣德二年（1427）正月十二日，钦奉宣宗皇帝敕谕文武群臣："朕恭膺天命，嗣承大位，仰惟祖宗创建守成之艰，夙夕兢惕，一遵成宪，以抚天下。赖上天垂佑，海宇清平，雨旸时若，年谷遂成，嘉与臣等，共享太平之乐。今岁维新，上元届节，特赐百官假十日，凡有机务重事，封进来闻。在京军民，如故事张灯饮酒为乐，五城兵马弛夜禁，但戒饬官员军民人等，不许因而生事，违者罪之，永为定例。钦此。"（《万历野获编》）

皓月街灯

◎肴蔌，鱼肉与菜蔬。

正月 十三 — 十四

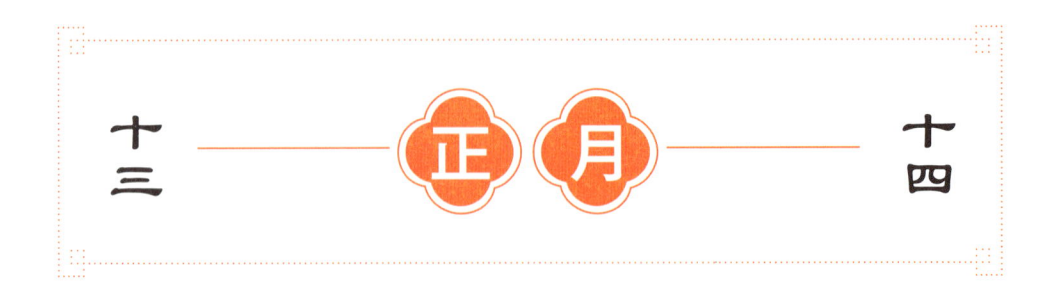

迎社神 凡乡落自（正月）十三至十六夜，同社者轮迎社神于家，或踹竹马，或肖狮象，或滚球灯、妆神像、扮杂戏，震以锣鼓，和以喧号。群饮毕，返社神于庙。盖《周礼》逐疫遗意。(《池州府志》)

建醮 （正月）十三日，州城及普舍城，建醮祝国，祈年禳灾，张社，会十五日毕傩。(《新兴州志》)

喂寒鸦 （正月）十三日，以米面茶洒（撒）屋上食寒鸦，祈其不害豆田也。(《平遥县志》)

诣吉祥庵 府志载：刘猛将军庙有五，一在阊门外江村桥西，一在盘门营内，一在横塘，一在洞庭山杨湾。其在中街路宋仙洲巷者，俗称"大猛将"堂，即吉祥庵也。吴县旧志：十三日诣吉祥庵，谒刘猛将，燃巨烛如杯棬，至半月始灭。(《清嘉录》)

散灯 正月十三日，家以小盏一百八枚，夜燃之，遍散井灶、门户、砧石，曰"散灯"。其聚如萤，散如星。富者灯四夕，贫者灯一夕止，又甚贫者无。(《燕京岁时记》)

设面灯 （城武县）正月十五日蒸面茧，前后三夕设面灯，置户牖、几榻、罂釜间。(《古今图书集成》)

金吾弛禁、开市燃灯 元宗正月十五前后二夜，金吾弛禁，开市燃灯，永为式。上元五夜灯之始北宋也。乾德五年（967），太祖诏曰："朝廷无事，年谷屡登。上元可增十七十八两夜。"上元六夜灯之始南宋也。理宗淳祐三年（1243），请预放元宵。自十三日起，巷陌桥道皆编竹张灯。而上元十夜灯则始明太祖，初建南都，盛为彩楼，招来天下富商，放灯十日。是上元灯节，历代有加，竟以繁华为观，美而耗蠹物力，浸成汰俗，不无太甚。招邑僻处负海，放灯三日。街市相对挂彩，绳缀繁灯其下，谓之"过街灯"。庭中设宴，放筒花、瓶花，大小不一，杂以火炮起火，谓之"放散花"。市肆巷口则居民敛钱，架烟火放之，谓之"放大架花"。又有好事者陈百戏，鸣锣鼓为节，嬉游竟夜。（《招远县志》）

放灯 闽俗……尤重元宵，十三日始放灯，数步一立表，一表辄数灯。家联户缀，灿若贯珠，如是者至下弦犹不肯撤。有司禁之，缙绅先生不平，见颜色。是月也，一郡之民皆若狂。（《闽部疏》）

———

设祭 俗重十四夜，祖先五祀皆设祭。有向卜及召紫姑者，于是夜占休咎。（《天台县志》）

抖晦气 正月十四日，东岳城隍、二郎、花园等庙，各有消灾会，轮年司值，摆列筵席，结彩为亮阁，装扮故事，用旗鼓迎于街市。庙中则僧道斋醮诵经，城乡妇女约伴游观，谓之"抖晦气"。（《武义县志》）

遣白虎 （会稽县）正月十四日，用巫人以牲醴祀白虎之神，祭毕，以红绿线钉画虎于门，谓之"遣白虎"。（《浙江通志》）

种田 上元晚，泡豆十二粒于水中，次早验豆之燥湿，以占岁之旱潦。前一日用灰敷地，置谷于中，往来布种，以为多穫，名曰"种田"。（《安肃县志》）

燃水灯 （明太祖）洪武五年（1372）正月十四日，敕近臣于秦淮河燃水灯万枝。十五日夜半竣事，随有佛光五道，从东北贯月烛天，良久乃已。（《月令辑要》）

试灯 元夜，通衢及寺庙张灯为乐。自十四日始为试灯，十五日为正灯，十六日为残灯。每夜举放花炬，男女群游，谓之"走百病"。且以绳跳跃为戏，谓之"跳百索"。其郊坰村落，率编竹为河流九曲之形，谓之"黄河灯"。老稚嬉游其间，必随湾旋转，否则迷不得出。（《昌平州志》）

设宴 宋开宝二年（969），命明年上元放灯三夜，自是岁以为常。十四、十五、十六三日，皆早宴大慈寺，晚宴五门楼。甲夜，观山棚变灯，其敛散之迟速，惟太守意也。如繁杂绮罗，街道灯火之盛，以昭觉寺为最。又为钱灯会，会始

岁华纪胜·元夜

于张公咏，盖灯夕二都监戎服分巡，以察奸盗。既罢，故作宴以劳焉。通判主之，就宣诏亭或涵虚亭。(《岁华纪丽谱》)

逸事：**童子诣羿**　嫦娥奔月之后，羿昼夜思维，正月十四夜，有童子诣宫曰："夫人知君怀思，无从得降。明日乃月圆之候，君宜用米粉作丸，团团如月，置室西北方，呼夫人名，三夕可降耳。"如期果降。(《月令辑要》)

逸事：**诸国使观灯宴饮**　(宋)真宗景德元年（1004）正月十四日，赐大食、三佛齐、蒲端诸国进奉使缗钱，令观灯宴饮。(《宋史》)

◎《怡庵杂录》载，宋景定四年（1263），旱蝗，宋淮南、淮东、浙西制置使刘琦，因驱蝗，理宗封为"扬威侯""天曹猛将之神"。◎罂釜，存米粟贮水酒的容器。◎缙绅先生，古代担任文书或管理职事的人。
◎旱潦，久未降雨和雨水过多两种天灾。◎张咏（946—1015），字复之，号乖崖，谥号忠定，濮州鄄城人。宋真宗时官至礼部尚书，太宗、真宗两朝名臣，以治蜀著称。◎戎服，军服。◎缗钱，用绳穿连成串的钱。

十五 —— 正月 —— 十六

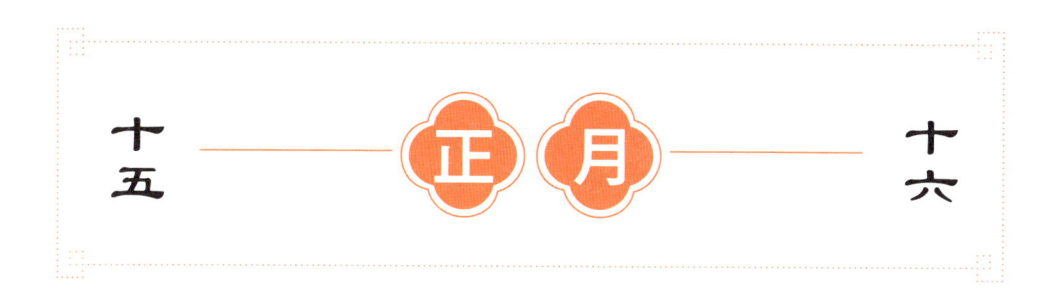

上元诞日 （杭州府）正月十五日传为上元诞日,天官赐福之辰。民间多斋素诵经,匍匐至吴山礼拜者,几拥塞不得行。(《古今图书集成》)

迎城隍 元夕,初十放灯至十六夜止。神祠结彩棚燦花灯,居室亦随丰俭置灯,金凫玉鹭,各出其巧,又缚灯如飞盖状,管弦歌曲,邀游行乐,谓之"闹伞"。好事者复为龙灯、鲤灯之属,向有吉祥事家盘旋歌舞,以为庆贺。是日,里长迎城隍,各行铺装束戏队为之前导,游行城内外,入衙宇及绅旧家,迎毕,设醮于庙,以祈福。(《漳平县志》)

祭火神 （马邑县）上元,张灯于大门外,垒土为台,架炭其上而燃之。间有作烟花火树以供神庙者。武职衙门于是夜举放火炮,祭火神。(《古今图书集成》)

择日开学、开操 （商州）正月十五日,有司行乡饮酒礼,儒学择吉日开学,士民亦送子读书,州择日开操。(《古今图书集成》)

元夕节物 元夕节物,妇人皆戴珠翠、闹蛾、玉梅、雪柳、菩提叶、灯毬、销金合、蝉貂袖、项帕,而衣多尚白,盖月下所宜也。游手浮浪辈,则以白纸为大蝉,谓之"夜蛾"。(《武林旧事》)

接坑三姑娘 望(十五日)夕迎紫姑,俗称"接坑三姑娘",问终岁之休咎。案刘敬叔《异苑》,紫姑姓何名媚,字丽娘,莱阳人,寿阳李景之妾,不容于嫡,常役以秽事,于正月十五日感激而死。故世人以是日作其形,夜于厕间或猪阑边迎之,祝曰:"子胥不在,曹姑归去,小姑可出",戏提猪觉重者则是神来,可占众事。(《清嘉录》)

涂金折枝蜻蜓 后唐宫人或网获蜻蜓,爱其翠薄,遂以描金笔涂翅,作小折枝花子,金线笼贮养之。尔后上元,卖花者取象为之,售于游女。(《清异录》)

系龙须线 元夕闹花灯,扮台阁铁翘驳脚故事,金鼓喧阗,笙歌嘹亮,少年子弟鲜衣彩服，擎龙舞狮，所到人家俱送酒肴、银钱。取龙须线系小儿带上，云无疾病。又取龙灯内残炬照床下，云产贵子。灯事毕，燌龙收其首，悬之梁上。如里人有未举子者，亲友备酒榼送花灯，慰贺得子。后主人设宴酬谢。未举送至三稔止。外舅亦有赠婿者。（《直隶南雄州志》）

穿灯景补子 （正月）十五日曰"上元"，亦曰"元宵"，内臣宫眷皆穿灯景补子蟒衣。（《酌中志》）

跑灯马、除虚耗、散路灯 十五日，夜置火树，箫鼓喧阗，游人往来不辍，儿童骑竹马灯，沿街驰骤，谓之"跑灯马"。以黍面蒸为小灯数百盏，凡灶陉、井臼、户霤、阶栏各置一盏，谓之"除虚耗"。以油拌糠秕，外包以纸，燃之若灯，散置街巷衢路两旁，望之点点若星，谓之"散路灯"。（《新河县志》）

宁灯 元宵为粘糕面茧，俗为乞蚕。及元宵圆，以献祖先，馈亲友，唯新亲为盛。佐以衣物、酒果、花火、灯烛之属，谓之"宁灯"，贫富有差。富贵家盛举花灯，招宾朋集饮，馀皆门悬灯火，以面作灯盏，逐室燃之。乡村或结鳌山，击社鼓，扮神鬼像，谓之"闹元宵"。次日男女出游，曰"游百病"。（《咸宁县志》）

菊花灯 菊花灯最工，独盛于双庙。与元宵鼓繁音急拍，为宁邑三绝之二。今菊花灯制法，亦罕传矣。人家粉圆相饷，名"灯圆"。（《海宁县志》）

时汤 （常德府）上元，各家以椒为汤，入齑菜徽果诸物，人至而饮之，谓之"时汤"。（《古今图书集成》）

食玉梁糕 洛阳人家，正月十五日，造火蛾儿，食玉梁糕。（《云仙杂记》）

作面窝鸡子 （洪洞县）元宵，作面窝鸡子大者十二，以象十二月，每窝标记某月，用甑蒸之，视水多寡有无，以稽是月水旱，和元宵荐先。（《古今图书集成》）

喫十五 元宵是日，家家请婿并女，谓之"喫十五"，送灯油，谓之"添油"。（《凤翔县志》）

较武艺 元宵，街市接竹棚悬灯，或于冲衢架鳌山，各社庙赛神，以鼓乐剧戏为供，陈设古器，奇巧相角，等慈寺月台上，里中少年于月下较武，聚观如市。贵游好事者放烟火争胜。（《上虞县志》）

灯愿 （封川县）元宵，里闾祠庙剪楮为灯，极其纤巧，每盏可值银三四两。观毕即以焚之。来年再醵金以置，谓之"灯愿"。（《古今图书集成》）

斗烟火 元宵自一夜至五夜，看斗烟火。其斗也，断竹而实火，曰"响莱"。喷可数丈，裹纸杖而实火，曰"飞鼠"。鼠飞无声色，触人衣始炽，愈扑愈焰，愈遁愈逐。斗者相其势靡影乱，则纵烟奔突，害比焚牛，着头目衣冠皆焦烂。上客竟夜达旦，哄声烟色，雾留尘笼。人不得趋，路不得辨。（《海澄县志》）

赏灯 元夕赏灯张乐，星桥火树，有古风焉。次夕携游，爆竹插香于道，相传可以祛疾。（《云南通志》）

烧畲 灯夕各举火，园内大呼"逐虫"。南山一带多野火，谓之"烧畲"。（《龙阳县志》）

偷青 （文昌县）元夕偷青，偷者以受詈为祥，失者以不詈为吉。（《古今图书集成》）

赏节钱 正旦、元宵诸令节，俱赏节钱。（《明史》）

扯藤 （遂溪县）元宵，各街市社庙作纸船遣灾，乡落亦然。更有兴"扯藤"一事，为他处所无而遂独有者。先为嘉靖年修学宫，昇栋柱，民间分东西部，以大藤系木，呵许而致之，先到者赏，后沿之以藤对扯，以角胜负。官府或为银花以赏之，遂以成俗。每至元宵扯藤，远近士女走集来观，阗溢城市。（《古今图书集成》）

走百病 元夕放灯二日，亲友各类集夜饮，爆竹火树，震眩耳目，常至宵分。自开年至于是日，神庙相继奏剧者不绝，男女奔赴。有疾者诣马经历坟，以艾灼石龟。又结伴夜过文庙、泮池桥，或悬木通衢，高丈馀，为天桥，相率过之，谓之"走百病"。靓妆袨服，络绎不绝。惟秉礼之家则不出。（《郏县志》）

走桥 京师旧俗，妇女多以元宵一夜出游，名"走桥"。摸正阳门门钉，以袚除不祥，亦名"走百病"。（《词苑丛谈》）

传柑 上元夜登楼，贵戚例有黄柑相遗，谓之"传柑"。东坡有扈从端门观灯诗云："老病行穿万马群，九衢人散月纷纷。归来一盏残灯在，犹有传柑遗细君。"盖谓此也。（《增修诗话总龟》）

斗歌 上元设灯树彩花，高七八尺，妇女度桥投块，谓之"度厄"。或相携以归，谓之"宜畜"。儿童以秋千为戏，斗畲歌焉，善者为胜。（《潮州府志》）

打竹簇 魏氏旧俗，以正月十五日夜为打竹簇之戏，有能中者，即时赏帛。（《北齐书》）

走桥摸钉

九曲灯棚

拔河 拔河，古谓之"牵钩"。襄汉风俗，常以正月望日为之。相传楚将伐吴，以为教战。梁简文临雍部，禁之而不能绝。古用篾缆，今民则以大麻绠长四五十丈，两头分系小索数百条挂于前，分二朋，两相齐挽，当大绠之中，立大旗为界，震鼓叫噪，使相牵引，以却者为胜，就者为输，名曰"拔河"。(《封氏闻见记》)

登高 （隋）高祖正月十五日，与近臣登高时，（元）胄下直上，令驰召之，谓胄曰："公与外人登高，未若就朕胜也。"赐宴极欢。(《月令辑要》)

夜游 唐朝正月十五夜，许三夜夜行，其寺观街巷，灯明若昼，山棚高百馀尺，神龙以后，复加严饰，士女无不夜游，车马塞路，有足不蹑地，浮行数十步者。(《渊类鉴函》)

探春宴 都人士女每至正月半后，各乘车跨马，供帐于园圃或郊野中，为探春之宴。(《开元天宝遗事》)

猜灯谜 元宵前二日，官府弛禁，纵民偕乐，寺观各垂彩带，悬诸花灯，街市结松棚，悬华灯，放诸火药。人家食粉圆。好事者结灯社，出各体灯谜，人聚而测之，谚曰"打虎"。更有龙灯、花鼓、杂伎、斗巧、箫鼓、歌谣之声，喧阗彻旦。竟四夕，乃焚灯。(《高邮州志》)

黄河九曲灯 上元节，张灯三夜，或作黄河九曲灯，共灯三百六十盏；或作混元一气灯，共灯五百盏。又有灯山，以席为高楼，约三四丈，中以木作架，安小灯数千盏，排列佛神等像，或作"天下太平""民安物阜"等字。更设放烟火，扮演戏文，陈设供佛神。寺庙例有灯官，从元旦后，即经地方官委署本城及永宁各一员置后隶，以共设施。上任出示冠带，舆马出入列杖鸣锣。(《延庆州志》)

问庖神 （正月）十六日，诣福地寺观游观，曰"走百病"。是夜祭灶响卜，曰"问庖神"。(《冀州志》)

祀蚕姑 （正月）十六日，阖郡士民办香诣太昊陵奠献，观者因而为市，亦有过桥者，谓之"走百病"，或蒸面茧以祀蚕姑。又于正月上旬占日干坐子，知岁丰歉。(《陈州志》)

卜丰歉 （正月）十六日，走百病，灯时，候风色，卜菽麦丰歉。乡村装杂剧祈

年。此后农家择母仓日照方向，祭牛马王神，饷耕牛，名曰"试犁"。(《福山县志》)

弥陀寺大会 （元宵）次日，北郊弥陀寺大会，男妇游春，竟日方旋。(《西乡县志》)

耗磨日 正月十六日谓之"耗磨日"，人皆饮酒，官司不令开库。(《夜航船》)

捣虚耗 （正月）十六日，夜半用杵遍杵宅院，谓之"捣虚耗"。是日置酒宴亲，放花炮庆元宵。(《元氏县志》)

艾灸柏树 上元设脯糟果醴，悬灯于门，外列炉焰，名曰"人火"。有范土像人物者，中空吐焰，光彩腾灼，鼓吹喧阗，士女踏灯嬉游。丙夜，即曲坊隘巷，亦暖如春融，溶铁汁高洒，散星点成虹，迸落空中，火树银花，炫照都市。自十四日起曰"试灯"，至十六日止。十六日，乡城男女拥趋厉坛，以艾灸柏树，祈祛疾，今易为先农坛，货农器成市。高平则趋金峰山灸石佛。(《泽州府志》)

走三桥 （正月）十六夜，谓"鼠纳妇"。爆秫米作花，遍置屋壁隙间。女伴相携，出迎春门，游集贤里，曰"走三桥"，谓安定、集贤、云路三桥也。祝孕者密携桥甓以归，或请厕姑以卜休咎。(《如皋县志》)

团圆茶 （正月）十五日夜，结彩张灯，炮竹火树远近相接，谓之"闹元宵"。十六日出游，名曰"走百病"。吃馄饨汤，谓之"团圆茶"。相见为礼，如元旦之仪。是日母氏迎女归宁。(《襄城县志》)

扫春郎 （正月十六日）五更人静，有点小灯照街，拾取遗簪堕钿者，有持箕寻扫瓜子皮、爆花纸，筛检尘屑，觅散钱碎银者，名曰"扫春郎"。(《节序同风录》)

讲训读律 （石首县）正月十六日，县令率所属，出米市街至乡约所，命十二里乡耆讲训读律，以化愚顽，并书善恶姓名于约所，以示劝戒，每月俱于是日约讲。(《古今图书集成》)

◎节物，应节的物品。◎爃，火烧。◎灶陉，灶边突出部分。◎户雷，大门之内承屋檐水的地方。◎火蛾儿，舞动的彩灯。◎醵金，集资，凑钱。◎偷青，偷窃未黄熟的谷麦。◎舁，抬。◎元胄(？—604)，洛阳人，鲜卑人，隋朝将领。◎神龙，武周皇帝武则天和唐中宗李显的年号，705年至707年。◎供帐，陈设供宴会用的帷帐、用具、饮食等物。亦谓举行宴会。

◎响卜，除夕偷听他人的谈话，以占卜吉凶。◎母仓，吉神，指五行当旺所生者。◎脯糟，干肉和干粮。◎果醴，甜酒。◎厉坛，祭无祀鬼神的坛。◎乡耆，乡里中年高德劭的人。

十七 — 正月 — 十八

守灯 （正月）十七日，张灯于家，留亲燕饮，不游街市，曰"守灯"。（《节序同风录》）

针刺日 （正月）十七日，女红俱停针指，俗谓"针刺日"。（《平阴县志》）

刺蚰蜒 （正月）十七日，妇作针指（菁），名曰"刺蚰蜒"。（《平遥县志》）

大人七日 （正月）十七日，俗谓之"大人七日"，夜亦不篝灯。（《招远县志》）

买两夜灯 （正月）十七、十八，有张灯者，谓之"买两夜灯"。正月十九日为天穿，以红缕系煎饼饵，置屋上，谓之"天穿"。正月未日夜，芦苣火照井祠中，则百鬼走。（《宝庆府志》）

逸事：始置武举 长安二年（702）（正月十七日乙酉），始置武举（每年准明经进士，例送），其制有长垛马射、步射、平射、筒射，又有马枪、翘关、负重身材之选。翘关长丈七尺，径三寸半，凡十举后，手持关距，出处无过一尺；负重者，负米五斛，行二十步：皆为中第，亦以乡饮酒礼送兵部。（《玉海》）

———

上元节 宋嘉祐间，正月十八日上元节，上御宣德门，召诸色艺人，各进技艺，赐与银绢。内有妇人裸体相扑者，亦被赏赍。夫妇人相扑，有何可乐？且上有天子，下有万民，后妃侍傍，臣僚纵观，而使妇人裸戏于前，何以隆礼法、示四方乎？余初疑此，或偶尔为之。后阅司马温公劄子，有此一议，乃知此戏原置乐籍中。又民间街市，亦以此聚众为戏，不知始于何时，有此不美之俗也。（《疑耀》）

元宵最后一天 （罗源县）正月十二至十八夜为元宵，各家及门首设灯，艳丽相竞，各境神祠盛陈珍玩，笙乐通宵，士民游玩仍择吉，各迎境神装扮故事。夜则

各家装灯遍绕各境，谓驱邪祈福。(《古今图书集成》)

踏青 白鹤山，(怀集)县西南五十里，常有白鹤栖止。山上有二石，如鹤手，微撼之即动，乡人祷雨于上，辄应。山下有珠投石，又名"诸仙石"，有古岩，时腾云气，水自西流东。正月十八日，四方游人接踵，俗谓"踏青"。(《梧州府志》)

出灯 乾清门进换联安灯，并安设两廊暨甬道石栏上灯。是夕暨元旦、正月十一、十四、十五、十六等日俱上灯，至正月十八日出灯。(《国朝宫史》)

逸事：达阳气 天宝六载(747)正月十八日，诏重门夜开，以达阳气。(《月令辑要》)

逸事：开封府两夜灯 国朝故事，三元张灯。(宋)太祖乾德五年(967)正月甲辰，诏曰："上元张灯，旧止三夜。今朝廷无事，区宇乂安，方当年谷之丰登，宜纵士民之行乐。"其令开封府更放十七、十八两夜灯。后遂为例。(《燕翼贻谋录》)

燕九嬉春

◎针指，针线活。◎翘关，单手举起城门上的大木六栓。
◎重门，宫门。

十九　正月　二十

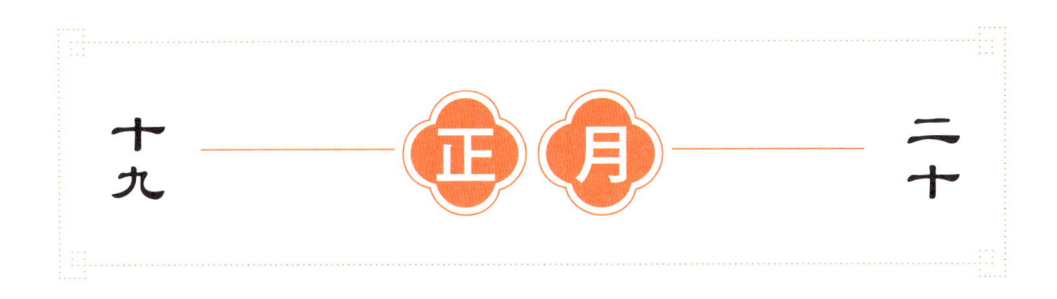

探春　都城自过收灯，贵游巨室皆争先出郊，谓之"探春"，至禁烟为最盛。龙舟十馀，彩旗叠鼓，交午曼衍，粲如织锦。内有曾经宣唤者，则锦衣花帽，以自别于众。京尹为立赏格，竞渡争标，内珰贵客，赏犒无筭。都人士女，两堤骈集，几无置足地。水面画楫，栉比如鳞，亦无行舟之路。歌谨箫吹之声，振动远近。若游之次第，则先南而后北，至午则尽入西泠桥里湖，其外几无一舸矣。弁阳老人有词云："看画船尽入西泠，闲却半湖春色。"（《西湖游览志》）

天机籁败　（正月）十九日，仙姬大会，俗讹为"天机籁败"，各悬蒜于门，谓之"辟邪恶"。烙糯粉为大圆块，加针线其上，谓之"补天穿"。（《花县志》）

燕九　（正月）十九日，名"燕九"是也。都城之西南有白云观者，云是胜国时，邱真人成道处。此日僧道辐辏，凡圣溷襍，勋戚内臣凡好黄白之术者，咸游此访丹诀焉。（《酌中志》）

耍燕九　（正月）十九日，集（京西）白云观，曰"耍燕九"，弹射走马焉。（《帝京景物略》）

添仓　新正念日前夕，各家以粱黍为屑作饼，虔祀仓官，名曰"补天穿"，俗曰"添仓"。咸于室隅邃处燃灯，名曰"照鼠嫁"。（《阳城县志》）

天穿日　江东俗称正月二十日为"天穿日"，以红缕系煎饼饵置屋上，曰"补天穿"。相传女娲氏以是日补天故也。（《渊鉴类函》）

小天仓　（正月）二十日，俗谓"小天仓"。是夜各户仓房燃灯，曰"照虚耗"。二十五日谓"老天仓"，各家燃灯如前。（《左云县志稿》）

禁鬼 博罗之俗，正月二十日以桃枝插门，童稚则以桃叶为佩，曰禁鬼也。（《南越笔记》）

第一学期开学 每年以正月二十日开学，至小暑节散学，为第一学期。立秋后六日开学，至十二月十五日散学，为第二学期。（《清史稿》）

吃煎饼 （洪洞县）正月二十日，请婿女吃煎饼。（《古今图书集成》）

穿耳 正月二十日，穿孩女耳。又烙麦饼献天，谓之"补天"。晦夜，断灯，禁语，谓之"避鼠嫁"。自元日至是日，妇女皆忌女工不举。（《重修岐山县志》）

伏羲女娲

◎辐辏，人或物聚集，像车辐集中于车毂。

正月

二十一 — 正月 — 二十二

穿天节 襄阳正月二十一日,谓之"穿天节",云交甫解佩之日,郡中移会汉水之滨,倾城自万山泛彩舟而下。妇女于滩中求小白石有孔可穿者,以色丝贯悬插于首,以为得子之祥。(《鸡肋编》)

天地穿日 楚俗以嬉游为事。《襄沔记》:"岁以正月二十一日、二十二日,谓之'天地穿日',移市于城北津弄珠滩。"按,《南都赋》云:"游女弄珠于汉皋之曲。"(《庄靖集·弄珠滩》)

女不用针 (正月)二十二日,女不用针。月晦,夜不张灯,为鼠忌。(《太平县志》)

逸事:沈复、芸娘结婚 至乾隆庚子(1780)正月二十二日,花烛之夕,见瘦怯身材依然如昔。头巾既揭,相视嫣然。合卺后,并肩夜膳,余暗于案下握其腕,暖尖滑腻,胸中不觉怦怦作跳。让之食,适逢斋期,已数年矣。暗计吃斋之初,正余出痘之期,因笑谓曰:"今我光鲜无恙,姊可从此开戒否?"芸笑之以目,点之以首。(《浮生六记》)

◎合卺,古时婚礼仪式。◎出痘,出水痘。

正月 二十三 二十四

祀佛 郃阳以(正月)二十三日祀佛,剪纸人贴门上,禁不得食米,或三四日,惧病疳。(《同州府志》)

不食米 (正月)二十三日,置煎饼屋上补天,是日仍不得食米。(《朝邑县志》)

财神会 (正月)二十三日,财神会,延僧于三皇庙诵经,街巷张灯,如元宵间,亦放花火。(《隰州志》)

祈嗣 (正月)二十三日,倾城男妇,往百子庙(一在紫清宫后,一在兴教寺东)祈嗣。是夕,然(燃)树灯,放花爆。(《白水县志》)

蚕市 (正月)二十三日,圣寿寺前蚕市,张公咏始即寺为会,使民鬻农器,太守先诣寺之都安王祠奠献,然后就宴。旧出万里桥,登乐俗园亭。今则早宴祥符寺,晚宴信相院。(《岁华纪丽谱》)

逸事:观酺 (大中祥符七年,1014年)正月……二十三日,御奉元均庆楼观酺,从臣与坐,宴父老于楼下,设山车百戏,听民纵观。(《玉海》)

逸事:制曲 (唐)延载元年(694)正月二十三日,(武后)制《越古长年乐》一曲。(《旧唐书》)

诗咏:记梦 东来一舸横天上,御风而行无点浪。有人野服帽高檐,宛如赤壁图中样。举手疾声呼先生,为我心孔开聪明。鲲然一笑若相语,乞得聪明不如鲁。(宋·洪咨夔《正月二十四日早梦乞聪明于东坡》)

◎酺,聚会欢饮。◎山车,一种有棚的车。◎百戏,古代乐舞杂技的总称。

二十五　正月　二十六

填仓日 （正月）二十五日为"填仓日"。黎明，罗灰末于院中，画地作囤，置诸谷少许于内，为丰登兆，名曰"打囤"。是日煎糕食之以祛虫，击梁以祛鼠，贴蝎符以辟蝎。（《惠民县志》）

老添仓 （正月）二十日，用灰画窖置五谷于中，明晨收入仓内，谓之"小添仓"。二十五日同上，谓之"老添仓"。是月，亲友置酒，酬酢弥月不绝，谓之"年酒"。（《元氏县志》）

祭天仓 （正月）二十五日，祭天仓，用杂粮为团供。（《邢台县志》）

逸事：减税 （唐大历八年，773年）正月二十五日，敕："青苗地头钱，天下每亩率十五文。以京师烦剧，先加至三十文，自今已后，宜准诸州，每亩十五文。"（《旧唐书》）

逸事：金世宗获头鹅 大定四年（1164）正月二十五日辛亥，获头鹅，遣使荐山陵，自是岁以为常。（《金史》）

耍禁 （正月）二十六日为禁日，妇人停针线，相约出游，曰"耍禁"。（《四会县志》）

◎酬酢，宾主互相敬酒。◎青苗地头钱，唐后期土地附加税。◎头鹅，辽、金的皇帝春天狩猎时最初捕得的大天鹅。◎荐山陵，荐享陵寝。

正月 二十七 · 二十八

诗咏：赠红梅 喜闻环佩响然臻，笑语芬芳绝世尘。林壑荒凉无所有，殷勤送似一枝春。（宋·徐瑞《正月廿七，月湾来访，折千叶红梅一枝为赠》）

保寿侯诞日 （正月）二十八日，俗传为保寿侯诞日。出笮桥门，即侯祠奠拜。次诣净众寺邠国杜丞相祠奠拜，毕事，会食。晚宴大智院。（《岁华纪丽谱》）

诗咏：见燕子 社日今年定几时，元宵过了燕先归。一双贴水娇无奈，不肯平飞故仄飞。（宋·杨万里《峡外见燕子二首·其一》）

春燕

◎笮桥门，即夷里桥，在今四川成都西南。◎邠国杜丞相，邠国公社悰，司徒杜佑之孙、诗人杜牧的从兄。

窈九 正月二十九日，杂饴果煮糜哺之，俗云食之却病。谢在杭：是日谓之"窈九"，以天气常窈晦然也。按，《方言》亦云"孝九"，相传目莲以是日供母，非是。《天中记》：是日谓之"穷九"。《四时宝鉴》：高阳氏之子好衣敝食糜，是日死，世作糜粥破衣，祝于巷，曰"除贫"。此乃其遗俗也。（《福州府志》）

送穷 池阳风俗，以正月二十九日为穷九，扫除屋室尘秽，投之水中，谓之"送穷"。（《海录碎事》）

满库日 （正月）三十日为"满库日"，早布钱于中堂，以砖压之，用朱判封字于上，凡五处，谓之"镇库砖"，晚收钱箧中。（《节序同风录》）

后九 （正月）晦日（三十日）称为"后九"，取五谷和蔬菜为糜，相馈食之，田家味也。（《福州府志》）

掷黑豆驱虫 （正月）晦日，掷黑豆驱虫，或用灶灰撒墙下。（《蒲城县志》）

酺聚饮食 元日至于月晦，并为酺聚饮食，士女泛舟，或临水宴会，行乐饮酒。按，每月皆有弦、望、晦、朔，以正月初年，时俗重之，以为节也。（《荆楚岁时记》）

◎高阳氏，即颛顼，黄帝之孙，昌意之子，号高阳氏，尧之三代祖，舜之七代祖。

二月

仲春之月,桃始华

二月仲春,亦曰仲阳。(《纂要》)

十二月月令图·二月

二月

一

二月是"色""香""味"俱全的一个月份。

二月时之"色",在于丁香紫、寿带黄、杏花红、梨花白……"田园碎白满野,时间桃红,缤纷可喜",到下旬时,"踯躅始放,梨花未残,海棠、金爵,尽以樊圃,山花野卉,多不可名,真令人应接不暇",所谓"万紫千红总是春"莫过于此。

二月之"香",在于各种花香。尽管花朝节的日期有二月初二、二月十二、二月十五之说,但总归是在二月,蜂围蝶阵,花香弥漫。

其中,二月十五"大花朝"是个大节,有佛教色彩,是释迦涅槃之日,寺庙办涅槃会、吃涅槃兜等;有道教色彩,是太上老君生日、老子生日,道观举道会;还有非常丰富的民间色彩,如为百花庆生、重视农耕蚕桑、求子等。

二月之"味",在于草木勃发,各种独属于春天的味道。光是二月二龙抬头,就有春饼、龙鳞饼、龙须面、野茵陈苗饼、鲤鱼猪脯、撑腰糕、蓬糕、薰虫儿、桃花鲊等美食,花朝节还有各色花糕、花酒。

早期的春饼比较朴素,发展到晚清,就比较"豪华"了。《王府生活实录》里记载的春饼也叫"春盘",把各种卤味切成细丝、装在大瓷盒里。卤味有清酱肉、熏肚花、酱肘子、香肠、熏鸡、烤鸭、熏肚片、小肚等。

春盘中还有一味叫"南味杂拌儿",是用熏鸡丝、小肚丝、火腿丝、香肠丝、葡萄干等用香糟、料酒、白糖、酱油掺杂而成的菜品。除此之外,还有素烹掐菜、肉丝炒韭黄、肉丝炒菠菜粉丝、摊黄菜;冷菜有箅子鸡拌黄瓜丝,炝青蛤;热菜有清炒虾仁、炸面鱼浇汁等。把这些食物卷在薄饼里叫"龙鳞饼"。如果是卷鲜芥菜丝则叫"吃龙须"。

另外,二月时韭菜、香椿也发出嫩叶嫩芽,这些春天的味道,是蕴养了一个冬天的精华,也是春天给予我们的慷慨馈赠。

天门 卯，冒也。二月，万物冒地而出，象开门之形。故二月为天门。(《月令辑要》)

仓庚鸣 仓庚，黄鸟而黑章。齐人谓之"抟黍"，秦人谓之"黄栗流"，幽冀谓之"黄鸟"、一名"黄鹏留"，或谓之"黄栗留"。一名"黄莺"……二月而鸣。(《尔雅翼》)

春花放 闽中大都气暖，春花皆先时放，方二月下旬，已见踯躅。每肩舆行山径中，乔松灌木互相掩映，绿波外扬，丹崖内耸。鹧鸪啼昼，画眉弄舌，殊不知巾车为苦……汀人多种李，二月时，田园碎白满野，时间红桃，缤纷可喜。入延境绝不见李，而特多李花。尤壮雅，殊令人寄情。(《闽部疏》)

祭司寒神 隋初因周制……季冬藏冰，仲春开冰，并黑牡秬黍于冰室，祭司寒神。开冰加以桃弧棘矢。(《隋书》)

献羔祭韭 辛酉，令有司以二月开冰，献羔祭韭。(《续资治通鉴长编》)

立高禖祠 仲春之月，立高禖祠于城南，祀以特牲。(《后汉书》)

王鲔鱼 河阳出王鲔鱼，即今黄鱼，形如豕，口与目皆在腹下。每春二月出于石穴，逆河面上，人乃取之，今绝无。(《怀庆府志》)

桃花鲊 (二月)是月也，分菊花、牡丹。凡花木之窖藏者，开隙放风。清明之前，收藏貂鼠帽套，领狐狸等皮衣，食河豚，饮芦芽汤以解热。各家煮过夏之酒，此时吃鲊，名曰"桃花鲊"。(《明宫史》)

黄精果 仲春深采根，九蒸九暴，捣如饴，可作果食。又细切一石，水二石五升，煮去苦味，漉入绢袋压汁，澄之，再煎如膏，以炒黑豆、黄米作饼，约二寸大，客至可供二枚。又采苗，可为菜茹。隋羊公服法：芝草之精也，一名"仙人余粮"，其补益可知矣。(《山家清供·黄精果附饼茹》)

北塘香灯 香灯，他邑未有也。岁二月，无定日，巨舰百十艘无定数，乃苏人之武当山进香者，蠲吉启行，至北塘，谓之"齐帮"，毕集焉。其来以鸣锣为号，自南而东而北，声振林木。邑人士及大家宅眷闻声，遂空国出其灯，贯索于高樯之首，各扎灯架，或四方，或八角，空其中而悬于旁，灯灯相续，联属而下，如贯珠，如星桥。(《锡山景物略》)

放纸鸢 (二月)放纸鸢，病者以此为祷。(《馀姚县志》)

二月 ◆

演戏 仲春祀先祖,坊乡多演戏。谚曰:"孟月灯,仲月戏。"(《潮州府志》)

春酒听莺

◎黑章,黑色花纹。◎黑牡秬黍,黑黍。◎司寒神,传说的冬神。◎桃弧棘矢,桃木制的弓,棘枝做的箭。◎高禖,求子之神,媒神。◎特牲,祭礼或宾礼只用一种牲畜。

二月

初一

祭日 仲春月一日，人家陈设香烛祭日。二日，为龙抬头，间有用灰撒地，谓之"引龙"，家家食煎焯之物，名曰"燻虫"。(《昌平州志》)

坊保 二月朔日，邑人备花烛、酒果、殽馔，享神集福。礼毕，剧饮，极欢而罢，俗名"坊保"。(《都昌县志》)

作福 （仙游县）二月朔夜，或十家或二十家，立醮坛悬灯张乐，无异元宵，谓之"作福"。(《古今图书集成》)

太阳糕 二月初一日，市人以米麦团成小饼，五枚一层，上贯以寸馀小鸡，谓之"太阳糕"。都人祭日者，买而供之，三五具不等。(《燕京岁时记》)

中和节 二月一日，谓之"中和节"，唐人最重，今惟作假，及进单罗御服，百官服单罗公裳而已。(《武林旧事》)

献生子、斗百草、进农书 二月朔，谓之"中和节"，民间尚以青囊盛百谷瓜果子种，互相遗送，为献生子。禁中宫女以百草斗戏，百宫进农书，以示务本。(《梦粱录》)

止杵日 二月一、二、三日，止杵曰，俱五谷。有山耗，惊蛰宜寒，否则稼损。(《新田县志》)

初二

龙抬头 二月二日，古之"中和节"也，今人呼为"龙抬头"。是日食饼者谓之"龙鳞饼"，食面者谓之"龙须面"。闺中停止针线，恐伤龙目也。(《燕京岁时记》)

祀文昌帝君 二月二日，俗名"龙抬头日"，农家向井引龙，绅士祀文昌帝君，作煎饼熏虫，五更时敲房梁，避蝎蛇等毒。(《良乡县志》)

二月

祭泗水神 （兖州府）泗水神庙在泗水县东五十里，有司岁以二月二日致祭。（《月令辑要》）

土地神诞日 （西宁县）二月二日，俗谓土地神诞日，纠会敛银，置神衣火炮等，诣庙醮奠。（《古今图书集成》）

僧道设醮 （瑞安县）二月二日，各庙延僧道设醮，奉神沿门洒净，旌旗亭阁，靡丽奇巧，夜张花灯，送神还庙，光如繁星。（《古今图书集成》）

开庙门 二月二日……都人呼是日为"龙抬头"，今俗称同之。农家于是日祭献龙王，会饮庙，曰"开庙门"。（《马邑县志》）

上工日 （二月）初二日，东作兴，俗谓"上工日"。田家雇佣工之人，俱此日执役之始，故名"上工"。（《农政全书》）

扶龙头 二月二日，各村疃社地醵钱献牲，谓之"扶龙头"。（《云中郡志》）

野茵陈苗饼 淮扬人二月二日采野茵陈苗，和粉面作饼食之，以为节物。（《月令辑要》）

小龙尾 二月二日，燻虫，小儿用彩帛剪小方作串佩之，名"小龙尾"。（《福山县志》）

薰虫儿 二月二日，曰"龙抬头"，因荐韭之馀，家各为荤素饼馅，以油烹而食之，曰"薰虫儿"。谓引龙以出，且使百虫伏藏也。（《宛平县志》）

插蓬叶、食撑腰糕 （二月）初二日，土地神生日，家家设祀，士女皆摘蓬叶簪于首，云辟头风。谚云："蓬开先百草，戴了春不老。"是日为踏青节，下瓜茄菜种，又留年糕食之，名"撑腰糕"，令人不腰痛。（《乌程县志》）

稚子蓄发 二月二日，俗称"龙抬头"，稚子蓄发，贫者冠巾发。（《淮安府志》）

宜五谷 （齐河县）二月二日，家家庭内以豆萁灰作廪圈，谓其"宜五谷"。（《古今图书集成》）

取灰围仓 二月二日，龙抬头，取灰围仓，囤于院中，以兆谷登。如风不吹灰飞，即为瑞应。（《萧县志》）

开素 二月二日，以灶灰围宅墙下，辟除百虫，具鲤鱼、猪脯馈新嫁女，曰"开素"。（《赵州志》）

占丰年 二月二日，复为之纳五谷于中央，覆以甓，占丰年也。（《淄川县志》）

采荠菜梗 二月初二日或清明日，五更不语，采荠菜梗，阴干，作点灯处踢灯杖，诸虫永不入灯盏内。(《居家必用事类全集》)

迎富 宕渠之地，每岁二月二日，郡人从太守出郊，谓之"迎富"。梧州容县有迎富亭，亦以此日为节。又取乞邻子，谓之"迎富日"。(《月令采奇》)

竞渡 二月二日，始开西园，纵郡人游观，谓之"开龙口"(谓卧龙山也)。府帅领客观竞渡。异时竞渡有争进攘夺之患，自史魏公浩为帅，虽设银杯彩帛，不问胜负，均以予之。自是为例。儿童歌《青梅》，声调宛转，大抵如巴峡《竹枝》之类。(《绍兴府志》)

游江 二月二日踏青节。初，郡人游赏，散在四郊。张公咏以为不若聚之为乐，乃以是日出万里桥，为彩舫数十艘，与宾僚分乘之，歌吹前导，号"小游江"，盖指浣花为大游江也。士女骈集，观者如堵。晚宴于宝历寺，公为诗，有曰："春游千万家，美人颜如花。三三两两映花立，飘飘似欲乘烟霞。"(《岁华纪丽谱》)

挑菜御宴 （二月）二日，宫中排办挑菜御宴。先是，内苑预备朱绿花斛，下以罗帛作小卷，书品目于上，系以红丝，上植生菜、荠花诸品。俟宴酬乐作，自中殿以次，各以金篦挑之。后妃、皇子、贵主、婕妤及都知等，皆有赏无罚。以次每斛十号，五红字为赏，五黑字为罚。上赏则成号真珠、玉杯、金器、北珠、篦环、珠翠、领抹，次亦铤银、酒器、冠镯、翠花、缎帛、龙涎、御扇、笔墨、官窑、定器之类。罚则舞唱、吟诗、念佛、饮冷水、吃生姜之类。用此以资戏笑。王宫贵邸，亦多效之。(《武林旧事》)

春菜挑香

◎醮坛，道士祭神的坛场。◎杵臼，春捣粮食的工具。◎纠会，合会，旧时民间信用互助方式。发起者纠集多人，约定按时每人每次出钱若干，轮流由一人总得。◎洒净，洒香水以净物之仪式。◎荐韭，古代以韭献祭。◎踢灯，即剔灯，挑起灯芯，剔除余烬，使灯更亮。◎金篦，古代妇女一种金质首饰，亦可用以梳发。

二月

初三 —— 二月 —— 初四

祈年 （仙居县）二月三日，各迎城隍暨合殿神于境，以祈年。张灯作乐如元宵。神各有属，不相混。（《古今图书集成》）

文昌诞 二月三日，士庶咸庆文昌诞。是月，（景东）内城乡延道士高醮，行古傩礼，扎龙船，装方相，以逐疫。（《云南通志》）

咬蝇子 （二月）三日早，取元旦所作黄米，大磨，和烧黑豆啖之，谓之"咬蝇子"。（《延绥镇志》）

游龙泉 二月三日，会城游龙泉观，还憩石嘴庄，为临江之饮，歌咏为乐。各郡于其胜地效修禊事。（《云南通志》）

逸事：请圣寿节 庚戌，文武百僚上表，请以二月四日降诞日为圣寿节，从之。（《旧五代史》）

逸事：大射仪 乾道二年（1166）二月四日，车驾幸玉津园，皇帝（宋孝宗赵昚）射讫，次命皇太子，次庆王，次恭王，次管军臣僚等射，如是者三。每射四发，帝前后四中的。（《宋史》）

◎车驾，帝王所乘的车，亦用为帝王的代称。◎玉津园，五代周显德中置，北宋皇家四大名园之一，位于东京城南南薰门外御街两侧，又称南御苑，夹道分为东、西两园。◎中的，射中箭靶的中心。

二月　初五｜初六

太上庆生斋　二月五日，修太上庆生斋。（《月令辑要》）

文昌会　二月五日，相传为文昌神诞。金陵文化最盛，尤重科名，文人学子，先期纠约醵金治具，届日假园林佳处同修祀事，曰"文昌会"。中座供文昌像，肴果纷陈，香花馥郁，群彦咸集，推已发甲科者主祭。一时衣冠跄跻，炮竹喧阗，甚盛会也。礼毕饮胙，往往列席十余，豪则酒兵拇战，揭翠飞花；雅则分咏拈题，敲诗射覆；甚或猜春灯、斗叶子、敲诗谜。文讌之乐，无所不用其极。往年祀事，多在余家，以群从众多，骏奔自足。忆光绪初年（1875），先伯司寇公方予告归，提命风雅，自主祭席。夜间朋辈欢饮极酣，某君醉后，龃龉几至用武。先司寇公闻之哂曰："此'武昌会'也。"自科举后，此举遂废。（《岁华忆语》）

逸事：赐酺　去冬，有诏京师赐酺五日，以二月五日为始。于是久旱，右仆射张齐贤言："宴乐，阳事也。甫经上元，又将酺饮，恐非所以答天意。请俟雨足，乃如诏旨。"从之。（《续资治通鉴长编》）

柴棍会　柴棍会：二月初六日，集中竹竿、柴棍、农具及一切日用品于城坊售之，故名。（《崇安县新志》）

◎治具，备办酒食。◎发甲科者，指登甲科的人。◎跄跻，行走有礼，多而整齐。◎拇战，猜拳。两人同时出一手，各猜两人所伸手指合计的数目，以决胜负。◎飞花，指飞花令，饮酒助兴的游戏之一，输者罚酒。◎射覆，东西覆于物下让人猜，或行酒令时用字句暗指事物让人猜。◎文讌，赋诗论文的宴会。◎骏奔，急速奔走。◎张齐贤（942—1014），字师亮。曹州冤句（今山东菏泽）人，后徙居洛阳（今属河南），北宋名臣。

二月

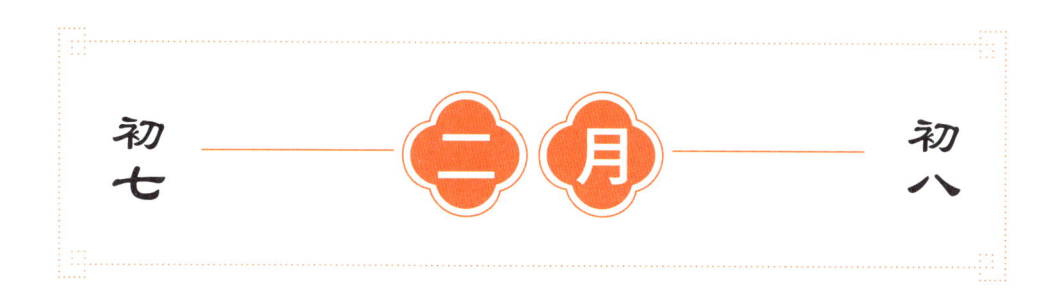

初七 —— 二月 —— **初八**

赛神会　繁昌则于二月初六、七、八日，城中出赛神会，彩衣盛饰，罡行禹步，牙纛前驱，铙吹后拥，尽三日始罢。费亦不赀，大约与当涂之脸神、芜湖之辇会相埒云。(《太平府志》)

松花会　二月八日，贾人就湘山寺内，货农具、鬻器物，舟车辐辏，肩摩背接，随意所需，无一不获，优乐填耳，尘埃蔽日，名曰"松花会"。(《全州志》)

张大帝诞日　二月八日，张大帝生日前后，必有风雨，极准，俗谓"请客送客雨"。(《田家五行》)

桐川张王生辰　二月八日为桐川张王生辰，震山行宫朝拜极盛，百戏竞集，如绯绿社（杂剧）、齐云社（蹴球）、遏云社（唱赚）、同文社（耍词）、角社（相扑）、清音社（清乐）、锦标社（射弩）、锦体社（花绣）、英略社（使棒）、雄辩社（小说）、翠锦社（行院）、绘革社（影戏）、净发社（梳剃）、律华社（吟叫）、云机社（撮弄）。而七宝、马二会为最。玉山宝带，尺璧寸珠，璀璨夺目，而天骥龙媒，绒鞯宝辔，竞赏神骏。好奇者至剪毛为花草、人物。厨行果局，穷极肴核之珍。有所谓意思作者，悉以通草罗帛，雕饰为楼台故事之类，饰以珠翠，极其精致，一盘至值数万，然皆浮靡无用之物，不过资一玩耳。奇禽则红鹦、白雀，水族则银蟹、金龟，高丽、华山之奇松，交、广海峤之异卉，不可缕数，莫非动心骇目之观也。(《武林旧事》)

祀张大帝　祠山张大帝，张秉，武陵人……广德州横山有庙，《志》云生西汉末，游苕霅之间。夫人李氏亦有昭妃庙，至今香火甚盛。以二月八日生辰，先一日必多风，后一日必多雨。俗人相传，以为神请其夫人之小姨饮酒，故加以风雨，欲视其足也,可谓渎神矣。然至今此日风雨甚验,亦异事也。又有埋藏之异,是日土人杀牛祀之,坎其庭中,以所祭牛牲及器皿数百瘗于坎中。明日发视之,空坎一无所有。(《吴兴备志》)

迎神社会　(河阳县)二月初八日为迎神社会。先是正月内,城外各村设会,轮流迎请诸神毕,首东门迎诸神于会所,设醮三日。四门轮递迎请之期,用锦彩装演马匹,名曰"神马"。并台阁故事,备极美丽。夕则比户张灯,笙歌彩舞,以供游人玩乐,相沿已久。俗传祈年丰稔,历有明验。(《古今图书集成》)

迎佛　比至京师,则敕大府假法驾半仗,以为前导,诏省、台、院官以及百司庶府,并服<u>银鼠质孙</u>。用每岁二月八日迎佛,威仪往迓,且命礼部尚书、郎中专督迎接。及其卒而归葬舍利,又命百官出郭祭钱。(《元史》)

春郊社鼓

◎银鼠,银鼠皮。◎质孙,元代节日、庆典和御赐服饰。

二月

初九 — 二月 — 初十

栽荷花 荷花，有粉红、白二色。喜日，有香。每年二月九日可栽。用羊粪为妙。（《药圃同春》）

诗咏：海棠花下醉 李焘云："成都施氏园海棠方盛，觅酒径醉，时二月九日。"诗云："染根着色谢天公，破睡犹禁一再风。为此径须浮大白，老夫元自爱深红。"（《蜀中广记》）

汲水洗额 二月十二日，花朝。前二日，各家俱浚井，女汲取井水洗额，云可免疾病。（《中山传信录》）

诗咏：得蟹 年年收稻卖江蟹，二月得从何处来。满腹红膏肥似髓，贮盘青壳大于杯。定知有口能嘘沫，休信无心便畏雷。幸与陆机还往熟，每分吴味不嫌猜。（宋·梅尧臣《二月十日吴正仲遗活蟹》）

逸事：陨石坠落 顺治十三年（1656）二月初十日午时，宁陵县忽有响声自东北来，黑气如斗，光芒甚异，坠落城中民家。其形如石，重二斤十四两。见总督李尚书（荫祖）报疏。（《池北偶谈》）

螃蟹

二月 十一—十二

诗咏：见桃花 鸣鸠天色半晴阴，竹屋松窗老寸心。闭户不知春早晚，桃花红浅柳青深。(金·高士谈《二月十一日见桃花》)

逸事：宋太宗设宴 （宋）太平兴国二年（977）二月十一日，宴两浙进奉使、契丹国信使及李煜、刘铱、禁军都指挥使以上于崇德殿，不举乐，酒七行而罢。契丹遣使贺登极也。(《宋史》)

逸事：沈正侯访袁枚 （乾隆五十四年）己酉（1789）二月十一日，余平昼无事，翻阅近人诗集。正看青阳沈正侯诗，未三页，阍者来报，正侯与僧亦苇到矣。余为惊喜，信文章之真有神也。沈呈新作。余爱其《贵池道中》云："云遮山入梦，风急鸟移家。贪睡每教儿应客，好吟且听妇持家。"《登摄山》云："谁云摄山高？我道不如客。我立最高峰，比山高一尺。"《听琴》云："花含帘外笑，鸟歇树头音。"不料别来七年，诗之进境如此。(《随园诗话》)

宋时花朝 攸俗有花朝祭。考唐代洛阳以二月二日为花朝，宋时东京以二月十二日为花朝，今以二月十五日为花朝。(《攸县志》)

食撑腰糕 二月十二日花朝，群卉遍系红彩，家食年糕，可免腰疼，谓之"撑腰糕"。(《青浦县志》)

扑蝶会 东京，二月十二日曰花朝，为扑蝶会。(《格致镜原》)

赏红 （二月）十二日为百花生日，闺中女郎剪五色彩缯，黏花枝上，谓之"赏红"。虎邱花神庙击牲献乐，以祝仙诞，谓之"花朝"。蔡云《吴歈》云："百花生日是良辰，未到花朝一半春。红紫万千披锦绣，尚劳点缀贺花神。"(《清嘉录》)

二月

浴蚕 至二月十二日,浴(蚕)以菜花、野菜花、韭花、桃花、白豆花。揉之水中而浴之。蛾之放子也,一夜而止,否则生蚁不齐。(《农政全书》)

春讲 隆庆元年(1567),定先一日告奉先殿,告几筵。是日,帝诣文华殿左室,展礼先圣先师。讲章于前两日先进呈览。万历二年(1574),定春讲以二月十二日起,至五月初二日止,秋讲以八月十二日起,至十月初二日止,不必题请。(《明史》)

谯国冼夫人行军之期 谯国冼太夫人庙在县南门外东二图潭览村……每届二月十二日,张旗鸣鼓,以耀夫人当日行军之威武。士女行香者云集,洵海南一大赛会场也。(《安定乡土志》)

九丞相公赛会 (太平县)二月十二日,九丞相公赛会。会所有三:一附城水东乡、一西乡、一三门乡。画纸为旗,或百面,或数十面。是日各拥出游。在城者遍游城内外,听其所如,扛轿者不得主,或逍遥衢陂,或回翔河畔,兴倦而归。在西乡者,为一方主,无卜不验。入庙,人不敢仰视会首,先期择戏子,立戏棚,临时设祭,及送俱设盛筵,备诸品糜费,多至数百金。在三门者,每家必备牲牢,嘉硕肥腯以祭。三处或游以敬,或戏以敬,或祭以敬。在神为祈赛之常,在民有踵事之异。(《古今图书集成》)

逸事:孝钦后宫中之花朝 二月十二日为花朝,孝钦后至颐和园观翦彩。时有太监预备黄、红各绸,由宫眷翦之成条,条约阔二寸,长三尺。孝钦自取红、黄者各一,系于牡丹花,宫眷太监则取红者系各树,于是满园皆红绸飞扬,而宫眷亦盛服往来,五光十色,宛似穿花蛱蝶。系毕,即侍孝钦观剧。演花神庆寿事,树为男仙,花为女仙,凡扮某树某花之神者,衣即肖其色而制之。扮荷花仙子者,衣粉红绸衫,以肖荷花,外加绿绸短衫,以肖荷叶。馀仿此。布景为山林,四周山石围绕,石中有洞,洞有持酒尊之小仙无数。小仙者,即各小花,如金银花、石榴花是也。久之,群仙聚饮,饮毕而歌,丝竹侑酒,声极柔曼。最后,有虹自天而降,落于山石,群仙跨之,虹复腾起,上升于天。(《清稗类钞》)

◎沈正侯,生卒不详,字伦玉,乾隆秀才。◎青阳,隶属安徽省池州市。◎阍者,看门人。
◎东京,今河南开封。◎嘉硕肥腯,指六畜肥壮。

晓市花声

春村蚕市

二月

十三 —— 二月 —— 十四

祝融圣诞 铜鼓,在南海。庙二,大者径五尺,小减五之一。唐高州守林霭得于蛮家,节度使郑绲以献庙中。小者传出浔州铜鼓滩,亦郡守取纳于庙。岁二月十三为祝融诞,乡人击以乐神,声闻十里。(《广东通志》)

海神寿日 右铜鼓制度:南海庙中铜鼓,相传其鸣应潮。自遭盗劫,灵蛙残缺,遂不复自鸣。又传铜鼓之大者,旧雌雄各一,今庙中所存者雄也。其雌向遇风雷,飞入狮子海中。今雄鸣,则其雌辄相应。岁二月十三日,海神寿日,粤人击之以娱神。其音阊韛铿锽,若行雷隐隐。(《广东通志》)

铜鼓拓片

逸事:游西湖 从武林门而西,望保叔塔突兀层崖中,则已心飞湖上也。午刻入昭庆,茶毕,即棹小舟入湖。山色如娥,花光如颊,温风如酒,波纹如绫,才一举头,已不觉目酣神醉。此时欲下一语,描写不得,大约如东阿王梦中初遇洛神时也。余游西湖始此,时万历丁酉(1597)二月十四日也。(明·袁宏道《西湖游记二则》)

◎太和三年(229),曹植被徙为东阿王,在东阿居住三年。

二月 十五 十六

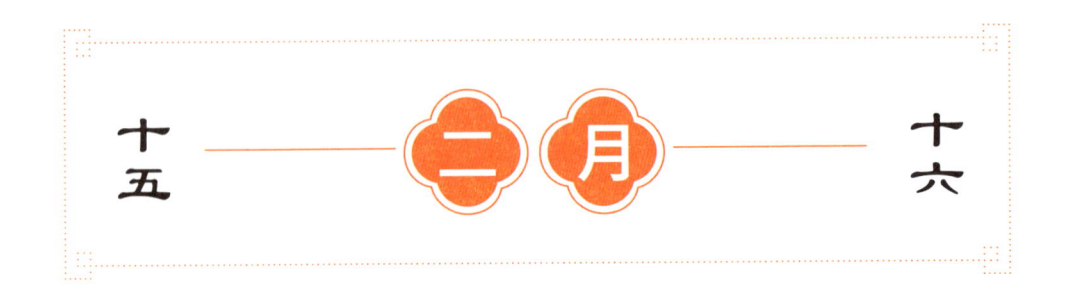

释迦涅槃 释迦年三十成佛,导化群生,四十九载,乃于拘尸那城娑罗双树间,以二月十五日而入般槃涅。"涅槃"译云"灭度",或言"常乐我净",明无迁谢及诸苦累也。(《魏书》)

涅槃会 二月十五日为花朝节,盖花朝月夕,世俗恒言二、八两月为春秋之中,故以二月半为花朝,八月半为月夕也。是日宋时有扑蝶之戏。今虽不举,而寺院启涅槃会,谈《孔雀经》,拈香者麇至,犹其遗俗也。(《熙朝盛事》)

做佛事 世祖至元七年(1270),以帝师八思巴之言,于大明殿御座上置白伞盖一,顶用素段,泥金书梵字于其上,谓镇伏邪魔,获安国刹。自后每岁二月十五日,于大明殿启建白伞盖佛事,用诸色仪仗社直,迎引伞盖,周游皇城内外,云与众生祓除不祥,导迎福祉。(《元史》)

祭花神 二月十五日,花朝,祭花神。(《鸡泽县志》)

迎花神 二月十五日,官率老农迎花神于东郊以劝农。(《浮梁县志》)

大王斋 花朝,二月望日,俗曰"大王斋"。村民各祭其祠神,即荆楚俗膢祭也。(《香山县志》)

蝶生日 (二月十五日)是日为蝶生日,剪彩裁纸,为五色蛱蝶,成团做簇,缀铜丝上,载之郊游……裁乌金纸为飞燕,燕尾旋转如舞,谓之"春风燕儿",悬门上。(《节序同风录》)

花朝节 十五日曰"花朝",小青缀树,花馆始传,骚人韵士唱和以诗。(《宛平县志》)

劝农 二月十五日为花朝。《风土记》云:浙间风俗,言春序正中,百花竞放,乃游赏之时。花朝月夕,世所常言。宋条制:守土官于花朝日出郊劝农。扑蝶会,

二月

东京二月十五日为扑蝶会。（《天中记》）

春祭　（桐庐县）二月十五日，俗传以此日之晴雨，十众卉之艳否，名曰"花朝"。有备猪羊品物以合祭其祖先，谓之"春祭"，即古雨露之思也。（《古今图书集成》）

百花糕　唐武则天花朝日游园，令宫女采百花，和米捣碎蒸糕，以赐从臣。（《山堂肆考》）

献生　二月十五日为花朝节，村民以五谷瓜果种相遗，谓之"献生"。城中妇女剪彩为花，插之鬓髻，以为应节云。（《宣府镇志》）

禁头　二月花朝日，民间男女，稚者岁馀蓄顶发，稍长者十二三龄畜（蓄）鬟发，名曰"禁头"。（《攸县志》）

穿耳　花朝是日穿幼女耳。按，花朝无定期。《洛阳记》以为二月二日。《事文玉屑》以为二月十二日。《提要录》则云，唐以二月十五日为花朝。《月令广义》载，明宣德二年二月十五日御制花朝诗赐裴尚书。本则花朝当以十五日为正。（《浏阳县志》）

置酒嬉游　（二月）十五日，花朝，名扑蝶会。好事者置酒园亭，或嬉游郊外，人家咸剪碎彩为百花挂红。又以是日阴晴卜果实繁稀。（《如皋县志》）

———

黄姑浸种日　增《谈荟》：二月十六日，谓之"黄姑浸种日"，西南风，主大旱。（《月令辑要》）

长春节　宰相表请以二月十六日为长春节，帝（宋太祖赵匡胤）生日也。（《资治通鉴后编》）

祭庇民祠　庇民祠，祀明巡抚侍郎于谦。二月十六、八月十六祭。在县治西，河水没。（《开封府志》）

赐福酒　（北宋）明道二年（1033）二月十六日辛亥，赐百官福酒。帝作籍田礼毕七言诗一首，赐宰相吕夷简等次韵和进。己未，命夷简、殊撰《籍田记》。（《玉海》）

◎拘尸那城，梵语拘尸那，即角城。◆娑罗双树，娑罗，梵语译音，即柳安树。印度拘尸那城阿夷罗跋提河边，四方各有二株双生娑罗树，是释迦牟尼涅槃之处。◆孔雀经，《佛母大孔雀明王经》，三卷。
◎籍田，古代天子、诸侯征用民力耕种的田。相传天子籍田千亩，诸侯百亩。每逢春耕前，由天子、诸侯执耒耜在籍田上三推或一拨，称为"籍礼"，以示对农业的重视。亦指天子示范性的耕作。

二月 十七 十八

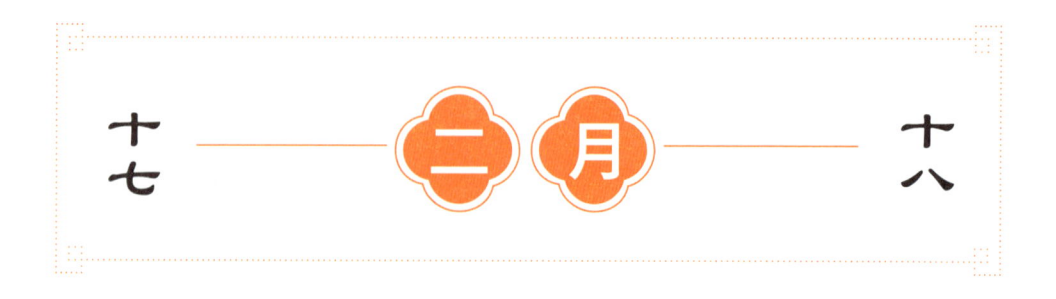

诗咏：赏千叶桃花 豫章气候差早，春未半，花已岑寂。省拔后苑有千叶桃一株，人未之知也。众卉已谢，芳草如积。偶与员外方君过其下，初开数朵，色韵标度，殆非人间所有，岂所谓瑶水之遗也欤？绕树百匝，赏之以诗。壬子二月十七日。江花先好还先落，二月芳菲已萧索。拔垣一树独开迟，嫩叶茏苁抱香萼。朝来小雨浥轻红，春色千重与万重。点注定知烦晓露，剪裁宁不费春工。春来到处寻桃李，不道东阑花自美。伤心世事总如花，何用劳劳行万里。（明·杨基《千叶桃花》）

烧香 二月十八日、二十八日，村疃妇女呼伴入城，三五成群，追逐于各庙烧香。（《博平县志》）

祭龙王庙 龙王庙，一在州十五里黑龙潭，二月十八日祭。一在州西北十七里九龙池，二月十九日祭。一在州东北二十五里白龙潭，三月初一日祭。（《澄江府志》）

马和尚渡江 二月十八日，马和尚渡江，宜东南风。若东北风，则渡江而南，人多疫疾。（《武进阳湖合志》）

诗咏：牡丹初发 排日上牙牌，记花先后开。看花不子细，过了却重回。（宋·杨万里《甲寅二月十八日牡丹初发》）

◎马和尚，一说唐朝高僧玄素，出生于二月十八，姓马；一说达摩祖师。

二月

十九 —— 二月 —— 二十

观音诞 二月十九日，观音诞，妇女竞会佛所诵经，至饰台阁迎会，争奇斗巧，致费不赀。(《孝丰县志》)

白衣菩萨庙会 （二月）十九日，西关外，白衣菩萨庙会，商贾辐辏，百货俱陈，数百里外多来进香。(《吴桥县志》)

进香 二月十九日，相传为观音大士生日，皆诣城西超果寺进香。是月，童子放风鸢，夜或以灯蒸火，作二纸翼贯绳中，凌风而上，亦有烟爆，飞如繁星。(《松江府志》)

卖花 （二月）十九日，上天竺建观音会，倾城士女皆往，其时马塍园丁，竞以名花，荷担叫鬻，音中律吕。(《西湖志》)

———

小分龙日 二月二十日谓之小分龙日，晴分懒龙，主旱。雨分健龙，主水。(《谈荟》)

景村寒食 《（雅州）志》又云：宋时雅安景自芳破贼有功，常以二月十二作寒食，今州人多从之，号"景村寒食"。(《蜀中广记》)

◎不赀，不可计数。◎大士，菩萨通称，或以名声闻及佛。士是凡夫通称，别于凡夫称为大。又，士者，事也，自利利他之大事者谓之大士。◎上天竺，即上天竺法喜讲寺，五代后晋天福间建，吴越钱俶改建号天竺观音看经院。◎马塍，在古余杭门外，宋代以产花闻名。

寿字观音

二月 二十一 — 二十二

逸事：宴桃花园 增《唐诗纪事》：（唐中宗）景龙四年（710）二月二十一日，张仁亶至自朔方，宴于桃花园，赋七言诗。李峤应制："岁去无言忽憔悴，时来含笑吐氛氲。不能拥路迷仙客，故欲开蹊待圣君。"（《月令辑要》）

春祭 太仆寺每年祭马神，在通州北四十里，安德乡郑村坝。春祭在二月二十二日，秋祭在八月二十八日，前期题请遣少卿一员行礼。（《同政要览》）

燎祭 建武三十二年（56）二月二十二日辛卯晨，燎祭天于泰山下，南方群神皆从，用乐如南郊。（《后汉书》）

祠后土 开元十二年（724）二月二十二日，祠后土汾阴脽上。太史奏荣光出河，休气四塞，祥风绕坛，日扬其光。（《唐会要》）

逸事：宋真宗设宴 真宗咸平元年（998）二月二十二日，宴群臣于崇德殿，不作乐。（《宋史》）

◎燎祭，把玉帛、牺牲放在柴堆上，焚烧祭天。◎汾阴脽，汾水之南的一条土阜，在今山西省万荣县荣河镇西南庙前村北。◎荣光，五色云气。◎休气，祥瑞之气。

二月 二十三 二十四

诗咏：出郊劝农 星言出郊坰，缓辔遵微涂。陂池湛新绿，阡陌开上腴。春色向晼晚，农事日已趋。有司奉汉诏，训辞宣帝谟。父老数十辈，龙钟白髯须。扶杖前致词，谓当极勤劬。曩也事格斗，今当反田庐。农桑遂温饱，里胥绝征诛。兹焉不少力，是自贻瘠臞。椒浆酌大斗，起坐时欢呼。有如一日蜡，相期悦须臾。殷勤颇自愧，小信殊未孚。倘非获三登，何以谢汝徒。同寮数君子，妙略怀永图。愿言规迟暮，共此丰岁娱。（宋·周紫芝《二月二十三日，遵奉圣诏出郊劝农，谨赋诗一首，示诸同寮》）

逸事：钱邦芑雅集 （顺治十一年）甲午（1654）二月二十三日，为余（钱邦芑）初度之辰。山阴胡凫庵、邻水甘羽嘉、富顺杜耳侯、西湖许飞则、渝州倪宁之、遂宁黄玺卿、湄水马仲立、黄月子同集假园，酾酒祝余。（《明季南略》）

祭显泽王庙 和顺县显泽王庙在懿济庙东，有祷辄应。国朝康熙十二年（1673）重修，岁二月二十四日、九月二十七日祭。（《山西通志》）

二月

二十五 — 二月 — 二十六

致祭 （和顺县）二月二十五日，结彩为亭楼纸火，迎合山大王于县致祭。（《古今图书集成》）

诗咏：赏海棠 洗砚池荒，写经窗暗，奚僮不扫闲阶。一树红棠，含苞犹映书帷。雕栏曲榭无人到，睇春风、旧燕还来。最凄凉、尘榻依然，重过萧斋。著书辛苦知何用，叹丝桐麈尾，都付尘薶。侧帽花间，当时曾几徘徊。董陵下马逢寒食，问花枝、今为谁开。怕明朝、点点啼猩，滴损苍苔。（清·樊增祥《高阳台二月廿五日过近林精舍，海棠一株，始舒红萼，徘徊久之，率成是解，吊山长李稚和先生》）

诗咏：赏桃花 狂风几日涨黄尘，篱外桃花忽照人。不有繁红慰逐客，二年不识浙江春。（宋·张嵲《魏塘荒僻，春来无杂花一枝，可慰逐客。二月二十六日见篱外桃花盛开，如烁红霞，因为绝句一首》）

诗咏：赏酴醿 偶从山寺赏春还，问讯名花已破悭。清绝比梅加馥郁，丰容似菊更妖娴。碧云重忆尊前句，红缬遥思醉后颜。寒食清明祇旬日，绿斋芍药待君攀。（宋·周必大《二月二十六日，携家游青原，归入阳园，酴醿盛开，诵子中兄"摛云摇碧露繁星之句"，赋此诗》）

逸事：宸妃李氏忌日 真宗宸妃李氏，仁宗明道元年（1032）二月二十六日薨。初葬洪福禅院之西北，命晏殊撰墓铭。二年（1033）四月六日，追册为庄懿皇太后。十月五日，改葬永定陵之西北隅。十七日，祔神主于奉慈庙。（《宋史》）

二月 二十七 / 二十八

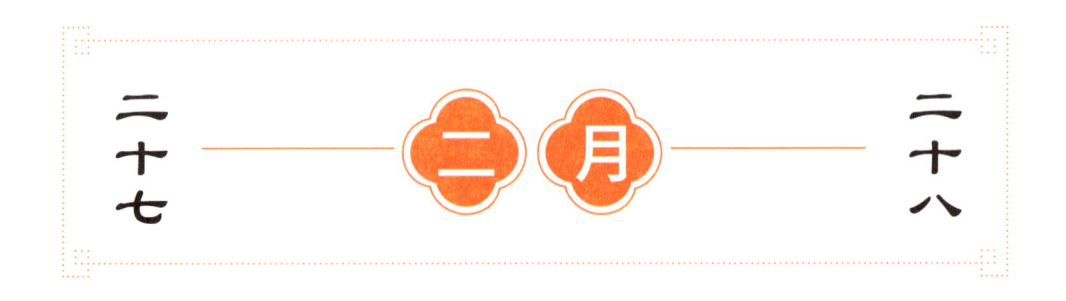

龙舟竞渡 龙舟竞渡，俗传以为祭屈原。(武义)邑以二月二十七至三月初三止，不知何所指也。斗妆男女阗视，亲族相款，民费不赀，且以斗胜，往致竞讼。(《古今图书集成》)

天和节 中书门下奏："请以来年二月二十八日帝庆诞日为天和节。"从之。(《旧五代史》)

祭祀汪华 二月二十八日，歙、休之民舁汪越国之像而游，云以诞日为上寿，设俳优、狄鞮、胡舞、假面之戏，飞纤垂髾遍诸革鞈，仪卫前导，旂旄成行，震于乡井，以为奇隽。(《徽州府志》)

诗咏：祷雨 折腰五斗自难堪，每为斯人食不甘。赤地黄埃迷泽国，老龙饮血亦分甘。(宋·毛滂《二月二十八日祷雨龙湫》)

逸事：天文异象 (天启)四年甲子(1624)二月二十八日，天黄日淡无光，次日亦然。见日旁有黑日荡磨。是晚闻空中叫嗥如千军万马突临之状，又若万炮竞放，声震天地，举邑惊惶。时从苏州至嘉兴海盐，其声更甚，过海南去，人云天愁。(《明季北略》)

◎汪华(586—649)，原名汪世华，字国辅，一字英发，歙州歙县登源里(今属安徽绩溪)人，隋唐时期割据势力，郡内赖以平安者十余年。封越国公。卒于长安。◎荡磨，相切摩而变化。

二月 二十九 / 三十

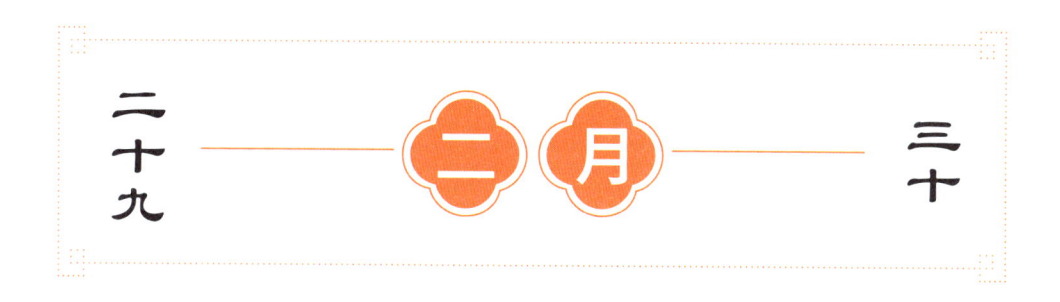

诗咏：赐椰子 海邦佳品贡来新，中使传宣使近臣。金母仙瓜差可儗，楚江萍实岂堪伦。剖开玉椀光偏润，泻出琼浆味独真。千载深恩无可报，拜瞻嵩岳颂严宸。（明·韩雍《二月二十九日蒙恩赐椰子三枚，赋此志感》）

诗咏：纳宠招饮 趁时衫履，正新妆初罢。一颗珠球右襟挂。羡娇藏金屋，醉敞琼筵，最好是、客去酒阑灯灺。料香温枕畔，玉软衾窝，爱煞腰肢细堪把。花笔属君家，快倩丹青，写鬟影春风图画。从此后、应长伴才人，坐翠竹栏边，碧桃窗下。（清·潘榕《洞仙歌·二月廿九日江岳生纳宠招饮，戏拈》）

逸事：赏花设宴 （宋真宗咸平）三年（1000）二月晦，赏花，宴于后苑，帝作《中春赏花钓鱼诗》，儒臣皆赋，遂射于水殿，尽欢而罢。自是遂为定制。（《宋史》）

逸事：曹小娥以身翼母 曹小娥，黄岩人。（南宋理宗）嘉熙二年（1238）二月晦，同其母范及邻居二十人采笋陆婆坑，范为虎所得，众悉惊溃。娥叫号，亟行数百步逐虎，虎掉尾拂娥，踞坐熟视，娥以身翼母，推之下山，尚喘息。会救者至，以布衾裹归，母死而尸得完。里人吊之，娥不能言，徐曰："黄虎也，吾不得代吾母死也。"（《浙江通志》）

附：春丁、春社

◇ 早诣文庙，行释菜礼。邀馆师弟子共享祭胙，讲书课文。涤洗图书印记。祭丁残烛携归，照弟子夜读，免春困。(《节序同风录·春丁》)

◇ 承安二年（1197），春丁，（金）章宗亲祀，以亲王摄亚、终献，皇族陪祀，文武群臣助奠。上亲为赞文，旧封公者升为国公，侯者为国侯，郯伯以下皆封侯。宣宗迁汴，建庙会朝门内，岁祀如仪，宣圣、颜、孟各羊一、豕一，余同小祀，共用羊八，无豕。其诸州释奠并遵唐仪。(《金史》)

◇ 杂支春丁并清明等节，祭祀及无祀鬼魂品物等项，价银四十八两。(《古今图书集成》)

◇ 若或分派各行人物户所买品数皆同，而价钞不一，且如春丁祭先师孔子，该猪六口，每口价钞二百贯，却共作一千二百五十贯附卷，及查行人物户领状，实领一千二百贯，并查放支官钱卷内，亦止一千二百贯。既已明白，别无规避，则批以事属差错。(《古今图书集成》)

◇ 立春日五戊为社，其日虽晴，亦多有微雨数点，果验。(《田家五行》)

◇ 春社日，各村备牲醴、香楮以祭谷神，俗称"牛羊会"……春社宜雨。谚云："春社无雨不种田。"社后戊日，不宜动土用牛。(《新田县志》)

◇ 二月社日，十家为社，共祠土神，祈谷。祭毕，飨胙，极欢而散。(《鬻山县志》)

◇ 春社，寒食将尽，先期习社鼓，祈赛土谷神，犹存《豳雅·篝章》馀风。每晚百十为群，铿訇鞺鞳，如数部鼓吹。届期禜先农，聚而群饭村酿，鸡蹄遍及乡社，俗最近古者此。(《太平府志》)

◇ （崇阳县）二月社日，乡四邻合祭本境社神。祭毕，饮其馔，分其胙，农家是日沁早稻，谓之"社种"。(《古今图书集成》)

◇ 春社日，各村率一二十人为一社会，屠牲，酾酒，焚香，张乐，以祀土谷之神，谓之"春福"。(《孝丰县志》)

二月

◇ 春社日，民间醵钱办品物祀本社土谷之神。乃浸种，用草包裹盛竹篓纳水中。新葬者添土，备香楮祭礼于塚前，谓之"挂社"。(《上高县志》)

◇ 二月祭社，分肉入社，后田功毕作。自十二月至于是月，乡人傩沿门逐鬼，唱土歌，谓之"年例"。(《茂名县志》)

◇ 二月社日祭社，各入钱于社首，社首出社糍数斤并社肉分派与祭者。以粉和糖印作饼，曰"社糍"。以社肉食小儿女，使能言云。秋社亦如之。社首皆预卜入社，后田功毕作，谚云"懒人傍社"。(《四会县志》)

◇ 仲春……社日昧爽，妇女作彩线，人佩之，曰"社线"。食社面。(《阳曲县志》)

◇ 二月春社，民间于春分前后，醵金具、牲醴，祀土谷神，祀毕，即为社饮。会无定期，至有竞为优戏以乐神者，名"平安戏"。(《海宁县志》)

◇ (二月)上戊日为社会，农家于是日祈谷、招巫、歌鼓迎神，祭有酒肉。(《钟祥县志》)

春社迎祥

◎释菜，古代凡始入学，须向先师行释菜之礼，以苹蘩之属奠祭之，而不用牲牢币帛。◎释奠，古代在学校设置酒食以奠祭先圣先师的一种典礼。
◎五戊，立春、立秋后的第五个戊日。◎社鼓，社日祭神所鸣奏的鼓乐。◎铿訇，声音洪亮。◎鞺鞳，钟鼓声。
◎禜先农，祭祀农神。◎村酿，村酒。◎昧爽，拂晓，黎明。

附：寒食

- ◇（唐开元）二十四年（736）二月十一日敕："寒食、清明，四月四日为假。"大历十二年（777）二月十五日敕："自今以后，寒食通清明休假五日。"至贞元六年（790）三月九日敕："寒食、清明，宜准元日节，前后各给三天。"（《唐会要》）
- ◇妆万花舆，乘之游春。载酒看梨花，曰"为梨花洗妆"。折花簪帽，压损帽簷，曰"帽簷花"。（《节序同风录·寒食》）
- ◇晚设鸡鸭卵，祭灶火神，毕，钻榆柳木取火，点蜡散各院，曰"换新火"。不令与旧火相见，云取一年之利。（《节序同风录·寒食》）
- ◇天宝宫中，至寒食节，竞竖秋千，令宫嫔辈戏笑，以为宴乐。帝呼为"半仙之戏"，都中士民因而呼之。（《开元天宝遗事》）
- ◇斗鸡，镂鸡子，斗鸡子。按，《玉烛宝典》曰："此节城市尤多斗鸡卵之戏。"（《荆楚岁时记》）
- ◇（唐德宗贞元）十二年（796）二月己卯寒食节，帝御麟德殿之东亭，观武臣及勋戚子弟会毬，兼赐宰臣宴馔。（《册府元龟》）
- ◇寒食开花园。州园在牙门之西，所谓"春台馆"是也。岁二月，启钥，纵民游赏，常阅一月，与民同乐也。（《淳熙三山志》）
- ◇香椿芽拌面筋，嫩柳叶拌豆腐，乃寒食之佳品。（《帝京岁时纪胜》）
- ◇洛阳人家寒食日装万花舆，煮桃花粥。（《广群芳谱》）
- ◇寒食三日，作醴酪，又煮粳米及麦为酪，杏仁煮作粥。（《邺中记》）
- ◇齐人呼寒食为"冷节"，寒食以面为蒸饼样，团枣附之，名曰"枣糕"。（《广群芳谱》）
- ◇寒食、清明日，家长率子弟妇女祭墓，间有即墓所飨者，亦古雨露既濡感慕之意。是日取柳插门及男女簪之，曰"令目清勿盲"。是月庭院缚秋千戏。（《冀州志》）

二月 ◆

◇ 清明前三日为寒食节,都城人家皆插柳满檐,虽小坊幽曲,亦青青可爱。大家则加枣䭇于柳上,然多取之湖堧。有诗云:"莫把青青都折尽,明朝更有出城人。"(《西湖志》)

春甸饧箫

明皇击球

三月

季春之月,萍始生

三月季春,亦曰暮春、末春、晚春。(《纂要》)

十二月月令图·三月

三月 ◆

———

三月，阳气舒缓，春日迟迟。虽然也叫"阳春三月"，但三月已经是暮春、末春、晚春了。

但即使春光将暮，也总会有些可喜的事情，比如百花开尽，卖花人用马头竹篮盛着各色鲜花"歌叫于市，买者纷然"。

《梦粱录》记载，三月的花卉有牡丹、芍药、棣棠、木香、酴醾、蔷薇、金纱、玉绣球、小牡丹、海棠、锦李、徘徊（玫瑰）、月季、粉团、杜鹃、宝相、千叶桃、绯桃、香梅、紫笑、长春、紫荆、金雀儿、笑靥、香兰、水仙、映山红等花。

除此之外，还有桃花。

桃花自先秦"桃之夭夭，灼灼其华"起便已入诗，关于桃花的诗作数不胜数："去年今日此门中，人面桃花相映红。人面不知何处去，桃花依旧笑春风。""桃花坞里桃花庵，桃花庵里桃花仙。桃花仙人种桃树，又摘桃花卖酒钱。酒醒只在花前坐，酒醉还来花下眠。半醒半醉日复日，花落花开年复年。"

我们有象征美好的"世外桃源"，还有桃花粥、桃花糕、桃花酒……在漫长的历史中，桃花发展出独特的文化和习俗，可以说，桃花才是中国人骨子里的浪漫。

京城三月桃花初出时，也满街唱卖。可花无百日红，花谢将阑时，满街"曼声长哀，致情于不堪经久"。一切景语皆情语，从花到情，桃花承载的人文寓意早已超过了作为花卉的本身。

不堪经久的，不只是桃花，也不只是"情"之一字，更是从一月到三月的九十天的春光。

所以每到三月末，就有"送春""留春"的习俗。人们叹时光飞逝、青春易老，在三月最后一天的夜晚，醵金、畅饮、击鼓、狂歌……设宴饮酒，与春光饯别。

春天啊，再见，春天啊，盼你再来……

李花寒 （宁州）俗称，三月为李花寒。(《古今图书集成》)

桃华水 二月、三月，桃华始开，冰泮雨积，川流猥集，波澜盛长，谓之"桃华水"。(《宋史》)

花信风 三月花开时，风名"花信风"。初而泛观，则似谓此风来报花之消息耳。(《演繁露》)

苦菜秀 季春之月，苦菜秀，榴花开，杨梅、枇杷熟，蛙鸣，农荷早苗，种薯芋，更裘以葛。(《长乐县志》)

祠祭采珠 凡采珠，常三月用五牲祈祷。若祠祭有失，则风搅海水，或有大鱼在蚌左右，蚌珠长三寸半，凡二品珠也。(《两汉博闻》)

海醮 济源庙后大池，邑人以海子目之，献酒及冥钱，或他有所供，悉投此海池。每岁春莫，纸灰从水底出，谓之"海醮"。(《月令辑要》)

还香火 （崇阳县）三春之月，迎傩神演戏，凡傩一夜，醵钱糜费，谓之"还香火"。其神即《周礼》方相氏之意，而奉行非也。是月，市中建春醮，祀张巡，其费亦如傩。(《古今图书集成》)

撒泥钱 是月，小儿以钱泥夹穿而干之，剔钱，泥片片钱状，字幕备具，曰"泥钱"。画为方城，儿置一泥钱城中，曰"卯"；儿拈一泥钱远掷之，曰"撒"。出城则负，中则胜。不中而指权相及，亦胜。指不及而犹城中，则撒者为卯。其胜负也以泥钱。别有挑用苇，绷用指者，与撒略同。有撒用泥丸者，与钱略同。而其画城廓远。(《帝京景物略》)

麦始生 是月也，麦始生，木始花，桑可蚕。(《深泽县志》)

百花舞 汉武帝尝以吸花丝所织锦赐丽娟，命作舞衣。春暮，宴于花下，舞时，故以袖拂落花，满身都着，舞态愈媚，谓之"百花舞"。(《广群芳谱》)

斗花 刘铢在国，春深，令宫人斗花。凌晨开后苑，各任采择。少顷，敕还宫，锁花门。膳讫，普集，角胜负于殿中。宦士抱关，宫人出入，皆搜怀袖，置楼罗历以验姓名，法制甚严，时号"花禁"。负者献耍金、耍银、买燕。(《清异录》)

游花院 （蜀）后主（孟昶）时，城内人生三十岁，有不识米麦之苗。每春三月、夏四月，多有游花院及锦浦者，歌乐掀天，珠翠填咽，贵门公子，华轩彩舫，共赏百花潭上。至诸王功臣已下，皆各置林亭，异果名花，充溢其中。(《十国春

三月

秋》)

秋千戏 季春月，游人遍郊原，命曰"游春"。多于龙泉山、大松园两处。妇女为秋千戏。(《昌平州志》)

出猎 （魏文帝）岁之暮春，句芒司节，和风扇物，弓燥手柔，草浅兽肥，与族兄子丹猎于邺西，终日手获獐鹿九、雉兔三十。(《典论》)

飞英会 范蜀公居许下，造大堂以长啸名之。前有酴醾架，高广可容数十客。每春季花繁盛时，燕客其下，约曰："有飞花堕酒中者，嚼一大白。"或笑语喧哗之际，微风过之，则满座无遗者。当时号为"飞英会"。(《花史左编》)

游昆明池 明皇为潞州别驾，入觐京师，尤自卑损。暮春，豪家子数辈游昆明池。方饮次，上戎服臂鹰，疾驱至前，诸人不悦。忽一少年持酒船唱曰："今日宜以门族官品自言。"酒至，上大声曰："曾祖天子，祖天子，父相王，临淄王李某！"诸少年惊走，不敢复视。上乃连饮三银船，尽一巨馅，乘马而去。(《唐语林》)

竞渡 淳化三年（992）三月，幸金明池，命为竞渡之戏，掷银瓯于波间，令人泅波取之。因御船，奏教坊乐，岸上都人纵观者万计。帝（宋太宗）顾视高年皓首者，就赐白金器皿。(《宋史》)

水嬉 （宋）太平兴国元年（976），诏以卒三万五千人凿池，以引金河水注之。有水心五殿，南有飞梁，引数百步，属琼林苑。每三月初，命神卫、虎翼水军教舟楫，习水嬉。西有教场亭殿，亦或临幸阅砲石劲弩。(《玉海》)

西王母枣 西王母枣，大如李核，三月熟，在众果之先。(《说郛》)

黄花鱼 京师三月有黄花鱼，即石首鱼。初次到京时，由崇文门监督照例呈进，否则为私货。虽有挟带而来者，不敢卖也。(《燕京岁时记》)

松花饼 松至三月花，以杖扣其枝，则纷纷坠落，调以蜜作饼，遗人曰"松花饼"。(《月令辑要》)

◎猥集，多而集中。◎海子，湖泊。◎张巡（708—757），字巡，蒲州河东人。唐中期名臣。安史之乱时率将士保卫睢阳，城破殉难。明清时从祀历代帝王庙。◎楼罗历，花册名。◎填咽，充满空间，形容声响很大。◎句芒，即勾芒，传说中的主木之官。又木神名。◎范镇（1007—1088），字景仁，华阳人。北宋史学家、文学家、政治家。◎昆明池，汉武帝元狩三年于长安西南郊凿，以习水战。池周围四十里，广三百三十二顷。◎金明池，池在宋京开封西郑门西北。周围约九里。◎水嬉，水上游戏，如歌舞、竞渡、杂技等。

三月

初一　　　　初二

祈灵雨　三月朔日，祠各出其神，朝于冲虚之宫，以祈灵雨。(《常山县志》)

蟠桃宫开庙　太平宫在东便门路南，门临护城河。因庙内有西王母之像，故曰"蟠桃宫"。每届三月，自初一日起，开庙三日，游人亦多。然较之白云观等，则繁盛不如矣。(《燕京岁时记》)

潭柘寺开庙　潭柘寺在浑河石景山西栗园庄北，去京八十馀里。每至三月，自初一日起，开庙半月，香火甚繁。庙中万山中，九峰环抱，中有流泉，蜿蜒门外而没。有银杏树者，俗曰"帝王树"，高十馀丈，阔数十围，实千百年物也。其馀玉兰修竹、松柏菩提等，亦皆数百年物，诚胜境也。(《燕京岁时记》)

逸事：徐霞客游太华山　三月初一日，入谒西岳神，登万寿阁，向岳南趋十五里，入云台观，觅导于十方庵。由峪口入，两崖壁立，一溪中出，玉泉院当其左。循溪随峪行十里，为莎萝宫，路始峻。又十里为青柯坪，路少坦。五里，过寥阳桥，路遂绝。攀锁上千尺㠉，再上百尺峡。从崖左转，上老君犁沟，过猢狲岭，去青柯五里，有峰北悬深崖中，三面绝壁，则白云峰也。舍之南上苍龙岭，过日月岩，去犁沟又五里，始上三峰足，望东峰，侧而上，谒玉女祠，入迎阳洞。道士李姓者留余宿，乃以馀晷日影，上东峰，昏返洞。(《徐霞客游记》)

——

收桃叶　是月(三月)二日，收桃叶，晒干，捣末，井花水服一钱，治心痛。(《遵生八笺》)

祭顺应庙　(庆符)县有顺应庙，乃祀马谡者。我明永乐中，尚书宋礼奏，神

岁华纪胜·秋千

有阴助运木之功。赐万贯,葺其庙,命有司每岁三月二日致祭也。(《蜀中广记》)

逸事:平定京都　(晋)安帝隆安中,百姓忽作《懊恼》之歌,其曲曰:"草生可揽结,女儿可揽撷。"寻而桓玄篡位,义旗以三月二日扫定京都,诛之。玄之宫女及逆党之家子女妓妾悉为军赏,东及瓯越,北流淮泗,皆人有所获。故言时则草可结,事则女可撷也。(《晋书》)

◎峪,山谷。◎玉泉院,在华山北麓谷口,为登华山必经之路。◎青柯坪,华山谷道尽头,上山途中唯一平坦处。◎锁,铁链。◎千尺幢,华山咽喉,两面峭壁,当中一条狭隘石缝,凿出陡峻的踏步,两边悬铁链。◎老君犁沟,东为绝壁,西为深壑,相传老子见人开山不易,驱乘牛一夜犁成此道。◎猢狲岭,崖壁陡峭,传说华山水帘洞的猿猴到此即返回。◎馀晷,剩余的时间。
◎懊恼,烦闷。◎揽撷,采摘系结。◎扫定,平定。

三月 初三 初四

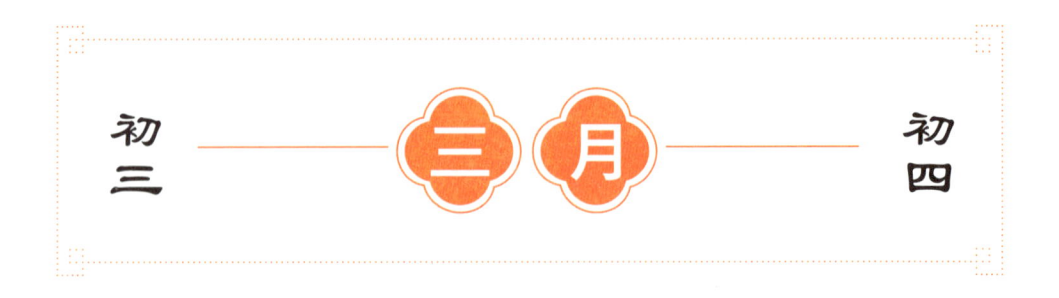

佑圣真君生辰 三月三日，俗传为北极佑圣真君生辰。佑圣观中，修崇醮事，士女拈香，亦有就家启醮，酌水献花者。是日，观中有雀竿之戏。其法树长竿于庭，高可三丈，一人攀缘而上，舞蹈其颠，盘旋上下，有鹞子翻身、金鸡独立、钟馗抹额、玉兔捣药之类，变态多方，观者目瞪神惊，汗流浃背。而为此技者，如蝶拍鸦翻，蓬蓬然自若也。是日，男女皆戴荠花，谚云："三春戴荠花，桃李羞繁华。"（《西湖志》）

上巳、重三 古用三月上巳，今定于初三日，谓之"重三"。（《节序同风录·三月》）

元帝飓 三月三日曰"上帝飓"，十五日曰"真人飓"，念（廿）三日"马祖飓"（真人多风，马祖多雨），已上春三月共三十六飓，此其大者。（《香祖笔记》）

拜月牙 （宁武关）三月三日，夜拜月牙祈佑，以免风虫牙痛。（《古今图书集成》）

祭土神 （新田县）三月三日，各村祭土神，以祈西成。（《古今图书集成》）

城隍庙会 三月三日，城隍庙会，四方百物云集，旬日方罢。（《行唐县新志》）

祭源神 三月初三日，祭源神，灰柳泉各乡皆祭水神。（《介休县志》）

祀三皇庙 元成宗时，立三皇庙于府、州、县，春秋通祀，以医药主之。明洪武初，仍元制，定三月三日、九月九日通祀三皇——太昊伏羲氏、炎帝神农氏、黄帝轩辕氏。（《重修台湾县志》）

招魂续魄 郑国之俗，三月上巳，之溱、洧两水之上，招魂续魄，秉兰草，拂不祥。（《宋书》）

三月 ◆

岁华纪胜·蚕市

春潭修禊

129

光斋　三月三日，乡塾盛馔延师，以议束礼，名曰"光斋"。(《将乐县志》)

曲江祓禊　曲江亦名乐游原，长安中，于原上置亭游赏，三月三日，京城士女，咸即此祓禊。(《月令辑要》)

钱龙宴　洛阳人有妓乐者，三月三日，结钱为龙，为帘，作钱龙宴。四围则撒真珠，厚盈数寸，以斑螺命妓女酌之，仍各具数，得双者为吉。妓乃作双珠宴，以劳主人。又各命作饧缓带，以一丸饧舒之，可长三尺者，赏金菱角，不能者罚酒。(《云仙杂记》)

曲水流觞　三月三日，士民并出江渚池沼间，临清流，为流杯曲水之饮。(《荆楚岁时记》)

采桑亲蚕　三月三日及始蚕之月，(石)虎帅皇后及夫人采桑于此。(《水经注》)

青艾饼　上巳日，以青艾染饼，为盘羞之冠。(《宋史》)

青饭　(罗源县)上巳日，置青饭。邑人于是日取枙木叶捣汁，染饭成缁青色，以为食之，可延年。旧记任敦仙去，取枙叶染饭，闽俗效之。(《古今图书集成》)

萎蒿米粿　三月上巳，拾嫩萎蒿，合米为粿，以荐寒食。(《长泰县志》)

戴柳扫舍　三月三日，戴柳扫舍，以除蚊虫之害。(《保安州志》)

簪荠菜花　三月上巳，俗谓"三月三"，妇女诣园圃，采地菜花携归，供神，杂插鬓边，谓可长生。留其老干，挑灯，谓能却灯蛾蚊蜢之属。是日士女郊游，名曰"踏青"。(《太湖县志》)

簪松枝、兰花　三月三日，朝武子名山，远近男妇拈香毕，各采松枝、兰花簪鬓而归，咸以为祓除不祥。(《西乡县志》)

戴细柳圈　三月三日，赐侍臣细柳圈，言带之免虿毒。(《酉阳杂俎》)

插葳蕤　三月三日，取葳蕤枝插壁户，图蝎书符以禁蝎。(《陕西通志》)

踏青　上巳，男女踏青，士人或赋诗流觞以为乐。(《湖口县志》)

踩百病　三月三日，放纸鸢，少长出游，谓之"踏青"，相传踩百病，盖古祓除不祥之遗意也。(《应山县志》)

泛舟游赏　流杯亭，在女坟湖西二百步，阖闾三月三日泛舟游赏之处。(《吴地记》)

荡秋千　修禊日，架秋千，于院落者女戏之，于衢路者男戏之，过谷雨则撤。

三月

(《直隶遵化州志》)

斗花斗草 （三月三日）采摘花朵，藏于怀袖，各出以角胜，曰"斗花局"。覆花杯底，令客射之，曰"猜花局"……踏青，为"斗百草"之戏。(《节序同风录》)

宫妇团聚 每岁上巳日，许宫女于兴庆宫内大同殿前与骨肉相见，纵其问讯，家眷更相赠遗。一日之内，人有千万。有初到亲戚便相见者，有及暮而呼唤姓第不至者，涕泣而去，岁岁如此。(《中朝故事》)

躤柳 壬辰三月三日，在金陵预阅李显忠马司兵，最后折柳环插毬场，军士驰马射之，其矢镞阔于常镞，略可寸馀，中之辄断，名曰"躤柳"。(《演繁露》)

射兔 三月三日为上巳，国俗刻木为兔，分朋走马射之。先中者胜，负朋下马，列跪进酒。胜朋马上饮之。国语谓是日为"陶里桦"。陶里，兔也；桦，射也。(《辽史》)

薛涛井水造笺 薛涛井，我明久属藩邸，环以栏盾，人不敢汲，尚备制笺之明。每岁以三月三日汲此井水，造笺二十四幅，入贡十六幅，馀者留藩郡中。(《大明一统明胜志》)

———

换罗衣 三月初四日，宫眷内臣换穿罗衣。清明，则秋千节也，带杨枝于鬓。坤宁宫后及各宫，皆安秋千一架。凡各宫之沟渠，俱于此疏浚之。竹篾排棚、大木桶及天沟水管，俱于此时<u>油舱</u>之，并铜缸亦刷换，以新汲水。凡内臣院大者，即制席箔为凉棚，以绳收放，取阴也。圣驾幸回龙观等处，赏海棠。窖中花树尽出，园圃、台榭、药栏等项，咸此月修饰。富贵人家咸赏牡丹花，修凉棚。(《酌中志》)

◎西成，秋天庄稼已熟，农事告成。◎溱、洧，溱水与洧水，在今河南省。◎饧缓带，以饴糖舒展成的带状物。◎江渚，江中小洲。亦指江边。◎池沼，池和沼。泛指池塘。◎盘羞，盘盛的食品。
◎油舱，油漆修葺。

修禊图（局部）

三月

初五 —— 三月 —— 初六

禹生日 三月五日，俗传禹生之日，禹庙游人最盛。无贫富贵贱，倾城俱出，士民皆乘画舫，丹垩鲜明，酒樽食具甚盛，宾主列坐，前设歌舞。小民尤相矜尚，虽非富饶，亦终岁储蓄，以为下湖之行（下湖盖乡语也）。春欲尽数日，游者益众，千秋观前一曲亭，亦竞渡不减西园（郡人谓禹庙为庙下，千秋观为先贤堂），至立夏日止。（《绍兴府志》）

看牡丹 长安三月五日看牡丹，奔走车马，慈恩寺元果院牡丹半月开。裴璘题诗于佛殿东头虚壁之上曰："长安豪贵惜春残，争赏先开紫牡丹。别有玉杯盛露冷，无人肯向月中看。"太和中，文宗自夹城出芙蓉园，幸此寺，见所题诗，吟玩久之，因令宫嫔讽念。及暮，此诗满六宫矣。（《天中记》）

介子推忌日 焚林之日，乃三月五日清明之候，国人思慕子推，以其死于火，不忍举火，为之冷食一月，后渐减至三日。至今太原、上党、西河、雁门各处，每岁冬至后一百五日，预作干糒，以冷水食之，谓之"禁火"，亦曰"禁烟"。因以清明前一日为寒食节，遇节，家家插柳于门，以招子推之魂。或设野祭，焚纸钱，皆为子推也。（《东周列国志》）

逸事：赏花钓鱼赋诗 （淳化）五年（994）三月戊午（六日），（宋太宗）召近臣赏花，宴后苑，上临池钓鱼，命群臣赋诗。时应制三十九人，上亦赋诗，以赐宰相吕蒙正等。因习射，上中的者六。张乐饮酒，诏群臣尽醉。（《玉海》）

◎丹垩，泛指油漆粉刷。◎讽念，背诵。◎干糒，干粮。

三月

初七 —— 初八

宜雨 （广昌县）三月七日宜雨。谚云："三月初七要雨不得雨,四月初八要晴不得晴。"（《古今图书集成》）

诗咏：沙湖道中遇雨 三月七日,沙湖道中遇雨,雨具先去,同行皆狼狈,余独不觉。已而遂晴,故作此词。莫听穿林打叶声,何妨吟啸且徐行。竹杖芒鞋轻胜马,谁怕？一蓑烟雨任平生。料峭春风吹酒醒,微冷,山头斜照却相迎。回首向来萧瑟处,归去,也无风雨也无晴。（宋·苏轼《定风波》）

逸事：释德洪梦中作诗 崇宁元年（1102）元日,粥罢昏睡,梦中忽作一诗,既觉辄能记之,曰："无赖东风试怒号,共乘一叶傲惊涛。不知两岸人皆愕,但觉中流笑语高。"三月七日,偶与莹中济湘江,是日大风,当断渡,而莹中必欲宿道林,小舟掀舞向浪中,两岸聚观胆落,而莹中笑声愈高,予细绎梦中诗以告莹中,莹中云："此段公案,三十年后大行丛林也。"（《冷斋夜话》）

祀淮祠 龙泉在慈邱山上,其下则藻水泉,有一池,常有二小蛇游泳,冬夏不涸,祷雨辄应,人以为龙。又山西南有蒿陂泉,水亦不涸,可祷雨。有淮渎行祠,每岁三月八日,乡祀不绝。（《沁阳县志》）

迎栾将军 三月初八日,相传为栾共子忌辰,南梁诸乡人于是日备鼓吹、社稚、楮幡、神宴,迎栾将军于栾池旁,士女集者以千万计,相与嬉游水滨,溯洄竟日,至晚乃罢。（《翼城县志》）

起汕、丫系 彝陵风俗,渔人春则起汕,秋则丫系。每三月初八、十八、廿八三日,相率扣拍,令声振水面,连歌彻昏晓,必悲怆慷慨,乃获多鱼。惟三游洞以下、十二碃以上数十里内为然，谓之"起汕"。八月九日捕取鲟鳇，先布网而后用乂，自钉头镇以往，地皆曰"系"，或曰"枋"。有金钗系、丫髻系等名，谓之"丫系"。亦如吴淞之起丛也。（《池北偶谈》）

逸事：射猎 （大中祥符）四年（1011）三月八日辛巳，车驾驻西京，命从臣射于后苑淑景亭，移宴长春殿。帝（宋真宗赵恒）作赏花开宴诗。（《玉海》）

逸事：紫牡丹 （南）宋淳熙三年（1176）春，如皋县孝里庄园牡丹一本，无种自生。明年花盛开，乃紫牡丹也。杭州推官某见花甚爱，欲移分一株，掘土尺许，见一石题曰："此花琼岛飞来种，只许人间老眼看。"遂不敢移。以是乡老诞日，值花开时，必往宴为寿。惟李嵩三月八日生，自八十看花，至一百九岁。（《月令辑要》）

紫牡丹

◎陈瓘（1057或1060—1124），字莹中，号了翁，又号了斋、了堂。宋南剑州沙县人，陈世卿孙。有《尊尧集》《了斋易说》等。
◎栾成（？—前709），春秋时晋人。翼城的大夫。曲沃武公伐翼，杀晋哀侯，栾成宁死不屈。谥共子，又称共叔。晋小子侯为其葬，掘泉冠名滦水。宋徽宗封为乔泽神，于滦池旁建庙。◎彝陵，即夷陵，今湖北宜都北。◎鲟鳇，鱼名。一名鳣。明黄省曾《鱼经·江海诸品》："江海之产有鲟鳇之鱼……广州谓之鲟龙之鱼，云类龙而无角。"◎西京，五代后晋天福三年（938）自东都河南府迁都汴州，以汴州为东京开封府，改东都河南府为西京，北宋沿袭不改。◎一本，表数量。草木等植物的一株。

三月 初九 — 初十

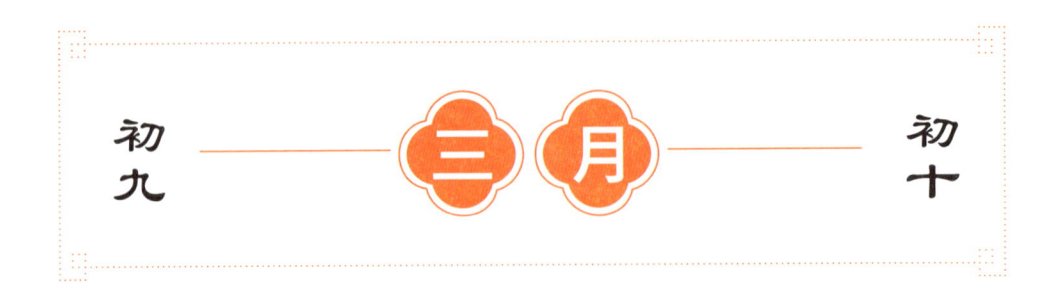

祭灵山祠 灵山，旧名"黑山"，在县东南十五里英岳都，俗名"圣山"。乔木阴翳，自北渡海，中洋望之即见，及抵其地，则不甚突兀。上有灵山祠，所祀之神有六：曰灵山、曰香山、曰琼崖、曰通济、曰定边、曰班帅。祷雨多应。以三月初九为祭期。其官市曰"灵山市"。（《琼山县志》）

观街药市 三月九日，观街药市，早晚宴如三月八日。（《岁华纪丽谱》）

朝拜会 （化州）三月十日为朝拜会，为首者，先一月预告于康、车二神，诸有愿者，择能敬之人为朝拜弟子。戴五岳巾，穿青袍，束腰带，执香炉，鱼贯而行，迎驻静处。次晨鸡鸣照前，迎导一人，仰天高唤拜号，众弟子同声和之，一步一唱，沿途而拜，谓之"路拜经"。有愿者及为会首者，门当道设供，不入其家，谓之"路醮"。如是者，三日乃散。（《古今图书集成》）

祭神禹庙 平陆县神禹庙，在东五十里三门山上。禹导河东至砥柱，凿三门，故立庙。唐天宝间乡人梁友仁建。元至正间增修。明景泰时县令李荣重修，嘉靖三十四年更定祭仪，岁三月十日有司致祭。（《山西通志》）

三月

十一 ——— 三月 ——— 十二

麦生日 （三月）十一日麦生日，喜晴。此月无雨，乃有秋。（《松江府志》）

逸事：白虹贯营 （唐天复二年，902年）三月十一日，有白虹贯周德威之营，候者云不利，宜班师。（《旧五代史》）

祭东海之神 祭海亭在遂溪县南第三都英灵村。每岁三月十二日、六月十二日，郡官遥祭东海之神于是亭。（《广东通志》）

祭杨信民 遗爱祠在城隍庙东。祀明臣巡抚杨信民。后增入佥事毛吉、布政陈选、陶鲁，配以知县高瑶。初启土，获"孤忠大节"四字，石刻于地中，人咸异之。有司于三月十二日致祭。祠今圮。（《广东通志》）

◎候者，占候天文气象者。

三月 十三 十四

开市 （三月）十三日，大理开市，于演武场集商贾，聚四方之货交易。至十七日移城内，二十日散市。（《云南通志》）

玉仙社 方山一名玉仙山，氾水发源其中。相传黄帝时，有三女九岁修真于此，一曰碧霞元君，一曰太素元君，一曰麻姑大仙。玉仙盖太素元君也，神司中天风雨。每岁三月十三日，各乡俱为玉仙社，刻为琼楼宝座，金辉玉润。又一楼置水瓶，盛设仪卫，考鼓鸣镛，诣玉仙山拜祈神水，以备亢阳。（《氾水县志》）

张王老爷吃冻食 张王不知何神，故老相传谓是张士诚。士诚在江南大有德惠，民至今念之。三月十三日，俗谓之"张王老爷吃冻食"，必有大风雨。过此即无复冰冱，见免雹灾云。（《岁华忆语》）

城隍生日 （季春）十四日，俗称城隍神生日，竞设赛焉。或有夜祭，三皇享胙。瞽者唱饮达旦。（《永平府志》）

逸事：姜夔与张平甫游西山玉隆宫 予与张平甫自南昌同游西山玉隆宫，止宿而返，盖乙卯三月十四日也。是日即平甫初度，因买酒茅舍，并坐古枫下。古枫，旌阳在时物也。旌阳尝以草屦悬其上，土人谓屦为屏，因名曰"挂屏枫"。苍山四围，平野尽绿，隔涧野花红白，照影可喜，使人采撷，以藤纠缠着枫上。少焉月出，大于黄金盆。逸兴横生，遂成痛饮，午夜乃寝。明年，平甫初度，欲治舟往封禺松竹间，念此游之不可再也，歌以寿之。曾共君侯历聘来。去年今日踏莓苔。旌阳宅里疏疏磬，挂屏枫前草草杯。呼煮酒，摘青梅。今年官事莫徘徊。移家径入蓝

三月 ◆

田县,急急船头打鼓催。(宋·姜夔《鹧鸪天》)

货郎春市

◎张茂则,宋开封人,字平甫。初补小黄门,五迁至西头供奉官、勾当内东门司。神宗熙宁初,同司马光相视恩、冀、深、瀛四州生堤及六塔、二股河利害,进入内都知。累乞退休,哲宗时迁宁国军留后,加两省都都知。卒年七十九。◎旌阳宅,相传为晋许逊炼丹成仙处。亦借称修炼成仙之所。

三月 十五 十六

祀刘守真君庙 （三月）十五日，祀刘守真君庙，泛舟南浦。（《清苑县志》）

烟火台进香 （烟火台）在城南十五里，上筑泰山行宫，每岁三月望日，香火丛集，士女如云。明万历间增筑玉皇阁三楹，尤称壮丽。（《蒲台县志》）

投弓矢 峰顶山，在（云南鹤庆军民府）城东十七里，崒崔处有佛祠，郡人以岁三月之望乞子，投弓矢山中。（《大明一统名胜志》）

祭孤魂 （三月）十五日，六坊民轮祭孤魂，盖在城厉祭之遗也。相传黄巢作乱，多杀伤，祭则年丰。（《重修岐山县志》）

忠祐庙神生日 在城分十坊，又分上下市，各有社保。上市社保在东门外，为忠佑庙，供陈大司徒神像，俗传三月十五为神诞日。下市社保在北门外，为仁惠庙，供徐偃王神像，俗传正月二十为神诞日。届期庙中悬灯结彩，演剧，设猪羊品物，请官致祭。其各乡供有二庙者，亦以为是日焚香罗拜，亦有演剧放灯者，作鳌山，设斋斛命道诵经。（《兰溪县志》）

洪山庙会 （三月）十五日，洪山庙会，远近皆来祭之，以神司六畜之命也。（《陈州志》）

街子 （三月）十五日，是日为街子之始。盖榆城（大理）有观音街子之聚，设于城西演武场中，其来甚久。自此日始，抵十九日而散，十三省物无不至，滇中诸夷物亦无不至，闻数年来道路多阻，亦减大半矣。（《徐霞客游记》）

黄姑浸种日 （三月）十六日乃黄姑浸种日。西南风，主大旱，高乡人见此风，即悬百文钱于檐下，风力能动，则举家失声相告，风愈急，愈旱。又主桑叶贵。

（《授时通考》）

祭仓颉庙 仓颉庙在县西南五里（马志）。旧在城南河之南。明景泰间，知县张绪宗重修。因河崩，嘉靖中改建河北原上，有记。岁三月十六日祀（贾志）。（《陕西通志》）

仓颉

◎刘完素（约1110—1200），字守真，自号通玄处士，又号真宗子。河间人，世称"刘河间"。金代医学家，"金元四大家"之首，著有《素问玄机原病式》《内经运气要旨论》等。◎烟火台，位于今山东滨州高新区小营街道办事处西北六公里处。原为烽火台，又称"甘露台""宴贺台"。"烟火灵征"为古蒲台县八景之一。◎崔嵬，指高峻的样子。◎明代全国除直属京师的南北两直隶外，共分十三省。十三省代指全国。
◎失声，不自主地发出声音。

三月 十七 十八

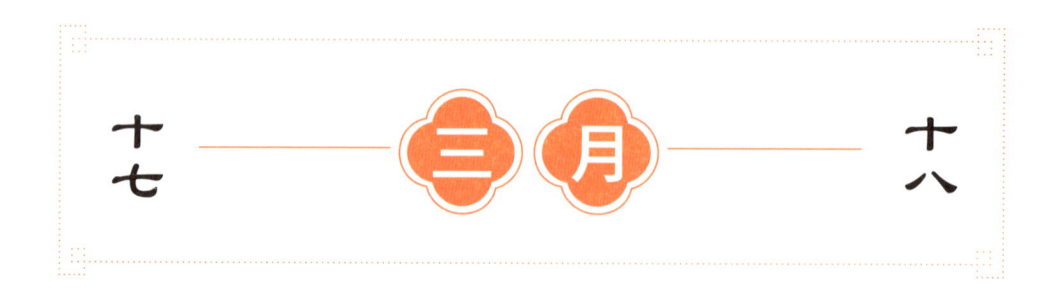

空王佛会 （太谷县）三月十七日，凤凰山空王佛会，男女络绎登陟其上，游览会乐，邻境亦有至者。(《古今图书集成》)

拜祷祈嗣 三月十七日，远近男女负戴香楮，登千福北岳神祠，拜祷祈嗣。(《广灵县志》)

逸事：召封四海龙王 （唐天宝）十载（751）正月，以东海为广德王，南海为广利王，西海为广润王，北海为广泽王。分命卿监诸岳渎及山，取三月十七日一时备礼兼册。(《通典》)

白龙生日 三月十八日，龙湫山与吴之阳山多云雾雷雨，俗传为白龙生日。(《清嘉录》)

祀后土圣母庙 （夏县）三月十八日，祀后土圣母庙。祈报嗣息。二十二日，祀禹庙。二十八日，享赛太山神庙。(《古今图书集成》)

祀成汤庙 （三月）十八日，祀成汤庙。二十三日，祀城隍庙，大会演剧，妇人有诣香者。二十八日，祀东岳庙。(《邱县志》)

天台山开庙 天台山在京西磨石口，车马可通，即翠微山之后山也。每岁三月十八日开庙，香火甚繁。寺门在南山之麓，寺在北山之巅，相去几至里许。沿山有流泉三四，涓涓不穷。(《燕京岁时记》)

望春亭宴会 元城县城南有亭，曰"望春亭"，韩魏公始就筑。三月十八日宴会，有"此日倾城乐御河"之句。(《月令辑要》)

祭黄石公 （兖州府）谷城山，一名"黄山"。山巅有石，岿然数丈，其色正黄，故曰"黄石"。《史记》："黄石公出一编书授张良曰：'读是则为王者师，后十三年见我济北谷城山下，黄石即我也。'"他日，良于山下果得黄石，祀之。后人立祠，岁以三月十八日致祭。(《月令辑要》)

逸事：都城陷 （明）崇祯十七年（1644）三月十八日暝，都城陷，帝泣语后曰："大事去矣！"后顿首曰："妾事陛下十有八年，卒不听一语，至有今日。"乃抚太子、二王恸哭，遣之出宫。帝令后自裁。后入室阖户，宫人出奏，犹云"皇后领旨"。后遂先帝崩。帝又命袁贵妃自缢，系绝，久之苏。帝拔剑斫其肩，又斫所御妃嫔数人，袁妃卒不殊。世祖章皇帝定鼎，谥后曰"庄烈愍皇后"，与帝同葬田贵妃寝园，名曰"思陵"。下所司给袁妃居宅，赡养终其身。(《明史》)

明思宗崇祯帝书"九思"二字

◎凤凰山，位于山西省太谷县城南六公里，高约两千五百米，山脉盘踞二十公里，岭势似凤，或云有凤曾鸣其上，故名。"空王佛"在此修行而成正果，唐代曾修建"空王佛殿"一座。◎千福山，位于山西省广灵县城西北三公里处，属九华山一峰。
◎成汤，又名商汤，是商朝的开国君主，姓子，名履，契的第十四代孙。◎朱由检（1611—1644），字德约，明朝第十六位皇帝，年号崇祯，庙号思宗。

三月 十九 二十

诵《太阳经》 三月十九日，固明思宗殉难日也，当时讳之，而谓之曰"日诞"，于是迷信者皆沿之。是日，有斋沐者，辄凌晨而起，诵《太阳经》。若是日天晴，则曰神喜而受人之祝也；或阴晦，则曰神胡不喜，乃却人斋供也。(《清稗类钞》)

迎妈祖 三月二十日，安平迎妈祖。是日，妈祖到鹿耳门庙进香。回时，庄民多备八管鼓乐、诗意故事迎入，绕境喧闹一天。是夜，禳醮、踏火、演戏、闹热，以祈海道平安之意，一年一次。郡民往观者几万，男妇老少或乘舟、或坐车、或骑马、或坐轿、或步行，乐游不绝也。(《安平县杂记》)

祭昭济圣母庙 昭济圣母庙四：一在下城后街，一在郗家泊，一在南坳，一在锁黄村。惟南坳地祠下有清泉，祷祠者暗于泉窦中取石子为验。岁正月十日、三月二十日，郡人往祀焉。(《山西通志》)

换凉帽、玉簪 每至三月，换戴凉帽，八月换戴暖帽，届时由礼部奏请。大约在二十日前后者居多。换戴凉帽时，妇女皆换玉簪。换戴暖帽时，妇女皆换金簪。(《燕京岁时记》)

诗咏：设宴乐游园 乐游形胜地，表里望郊宫。北阙连天顶，南山对掌中。皇恩贷芳月，旬宴美成功。鱼戏芙蓉水，莺啼杨柳风。春光看欲暮，天泽恋无穷。长袖招斜日，留光待曲终。(唐·张说《三月二十日诏宴乐游园赋得风字》)

三月

二十一 ——— 三月 ——— 二十二

登众春阁观摸石 （三月）二十一日，出大东门，宴海云山鸿庆寺，登众春阁，观摸石。盖（唐）开元二十三年（735）灵智禅师以是日归寂，邦人敬之，入山游礼，因而成俗。山有小池，士女探石其中，以占求子之祥。既又晚宴于大慈寺之设厅。（《岁华纪丽谱》）

逸事：观瑞竹 皇祐三年（1051）三月二十二日甲戌，召辅臣两制馆阁官观后苑瑞竹。其竹一本两茎，多为赋颂以献。（《玉海》）

诗咏：折梨花 东风远到晋山迟，三月梨花始放时。雨里粉痕殊郑重，月中空色共迷离。待人雪夜寒无粟，骑马平明淡扫眉。九十春光故园外，乡心客眼寄琼枝。（明·董文骥《三月廿二日汾阳道上见梨花折得一枝》）

梨花

◎海云山，今成都东郊狮子山。

三月 二十三 — 二十四

林默娘生日　按，天后姓林，福建莆田人，世居湄洲。父愿，五代时为都巡检，配王氏，生五女一子。宋太祖建隆元年（960）三月二十有三日，诞后，曰"九娘"，弥月不闻啼声，故又名"默娘"。八岁就外傅，解奥义。性好礼佛。年十三，老道士元通至其家，曰："是儿具佛性，应得正果。"遂授以要典秘法。十六，观井得符，能布席海上济人。雍熙四年（987）九月初九日升化，或言二月十有九日也，年二十有八。自后常衣朱衣，乘云气，遨游岛屿间。里人祀之。（《台湾通史》）

天妃诞　（三月）初三日真武诞，二十三日天妃诞，每设醮演戏，抬神像出游，谓之"保境"。（《定安乡土志》）

祭天妃　天妃宫，（明）永乐五年（1407）建，每岁以三月二十三日，遣南京太常寺官致祭。（《明会典》）

有北风　又岁三月二十三日，天妃渡海南，必有北风。舟楫宜候之以是日，须臾可渡。是日，广东边海地亦皆有风雨，又不可泥于图说也。（《南越笔记》）

诗咏：夜对桐花　微月照桐花，月微花漠漠。怨澹不胜情，低回拂帘幕。叶新阴影细，露重枝条弱。夜久春恨多，风清暗香薄。是夕远思君，思君瘦如削。但感事暌违，非言官好恶。奏书金銮殿，步屐青龙阁。我在山馆中，满地桐花落。（唐·元稹《三月二十四日宿曾峰馆，夜对桐花，寄乐天》）

三月

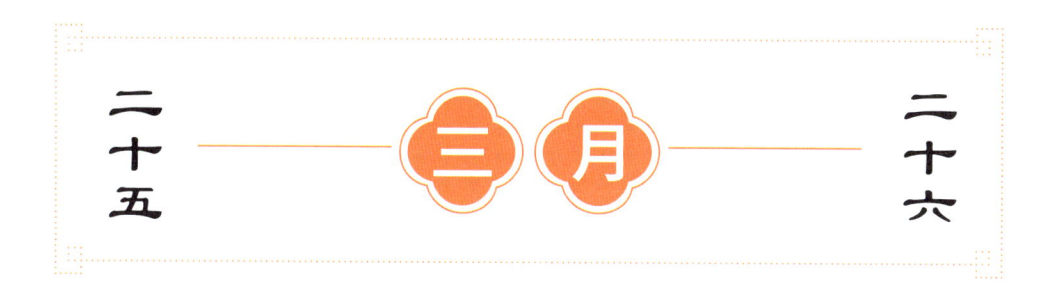

二十五　　三月　　二十六

洗殿雨　阴那山距县西九十里，约高数百丈，绵亘百馀里，五峰连峙，状如火焰，崔嵬高耸，名"五指峰"。陟巅四望无际，山中时有云气笼罩，上属嘉应，下属大埔，为三河、大麻、昆仑祖山。山下即阴那坑，有祖师寺，即了拳僧建道场处也。僧曾以锡叩石出泉，清冽如雪。三月二十五日为了拳诞辰，是日必有风雨，相传为"洗殿雨"。(《大埔县志》)

东岳庙庙会　东岳庙在城东南隅。堪舆家谓城东南低下，宜此。元郭晋有碑记。正平间赐额天圣万寿宫。至明朝，羽流绝派，仍为庙。成化十九年（1483）重建。正殿巍峨壮丽，加修葺。郡人周尚赤有记。万历三十五年（1607），檀越募义，崇阶基，复教像。周垣巩以砖石，又于二门外东西创屋二十间，以馆生徒，亦义举也。嘉靖十九年（1540），在庙立会，招商贸易，每岁三月二十六日始，三十日终。(《绛州志》)

文亭山大会　三月二十六日，文亭山大会，邻封商贾数百里外皆辐辏焉。(《城武县志》)

迎天符庙四神　迎天符庙四神，三月二十六日，各社信鸣锣击鼓，妆扮社伙演戏，宴享繁费不赀。(《上高县志》)

◎文亭山，今山东成武县西北。曾子与"三冉"曾文会与此。汉高帝刘邦曾驻跸。◎邻封，指邻县、邻地。

三月

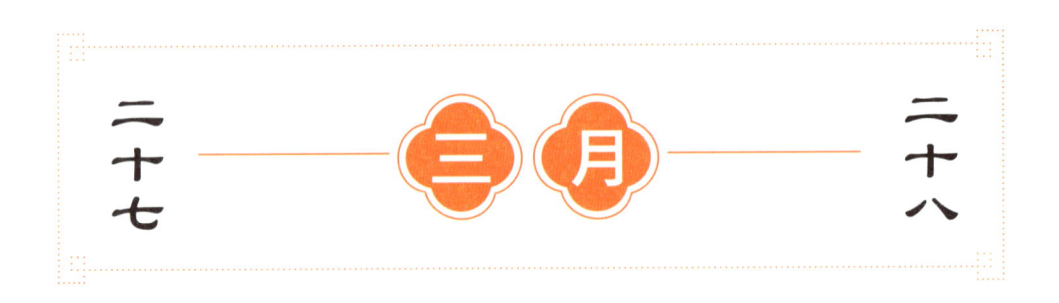

迎社户 （湖口县）三月二十四日，市民奉迎境内东岳庙诸神，各肖神面戴之，游于市中。民间童男女及成人有疾祈保者，随拜其后，至迎春门外行宫安置。二十七日返庙，谓之"迎社户"。（《古今图书集成》）

迎神赛会 （云南永昌诸葛）营南有东岳庙。按蒙氏封东川府乌龙山为东岳，此其行祠云。祠前有观骑楼，旧俗以三月二十七日迎神赛会，侠少之徒聚此，走马赌胜，观者咸登此楼，上下如市。今楼虽毁，而其俗尚存。（《大明一统名胜志》）

以神为戏 三月二十七日，郡中有所祈祷者，皆会聚，自元妙观沿街拜至东岳宫，或舁神至人家门，男女必罗拜。或既去，复故回，则又拜，以神为戏。今城中亦不行。（《归善县志》）

蚕市 （三月）二十七日，大西门睿圣夫人庙前蚕市。初在小市，橘田公以祷雨而应，移于庙前。太守先诣诸庙奠拜，宴于众净寺，晚宴大智院。（《岁华纪丽谱》）

东岳生日 东岳生于三月二十八日者，天三生木，地八成之，含两仪之气于其中也。二十八日，四七也，四七乃少阳位也。（《蠡海集》）

祭东岳泰山庙 东岳泰山庙，在朝阳门外，祭以三月二十八日。（《明史》）

祭赛城隍 三月二十八日，祭赛城隍。（《良乡县志》）

拜庙山、拜天妃庙 （季春）下旬八日，祀东岳庙，俗为大帝诞辰也。男妇有为父母兄弟赛愿，顶纸马、敛衣束身出户，且行且拜，亲众鼓吹随及庙乃止，并曰"拜庙山"。海则拜于天妃庙，谷雨书朱符禁蝎。（《永平府志》）

三月

钱幡会 （三月）二十八日，载歌鄂游礼千山岳祠。（东乡诸巫者，自元旦后，舁偶神循门互唱，索钱结缕为胜，以奉岳神，谓之"钱幡会"。至是日，鼓乐骑盖，送神上山而散。）(《松江府志》)

朝岳 世俗鄙俚，以三月二十八日为东岳圣帝生朝，阖郡男女于前期彻昼夜就通衢礼拜，会于岳庙，谓之"朝岳"，为父母亡人拔罪。及至是日，必献香烛上寿。不特此尔，凡诸庙皆有生朝之礼。当其日，则士夫民俗皆献香烛，慇懃致酒上寿。(《北溪字义》)

解钱粮 三月二十八日，俗传为东岳天齐圣帝生辰，其行宫在江湾镇者最盛。清明前后十馀日，士女拈香，阗塞塘路，楼船野舫，充满溪河。附近村坊，各以船载楮帛，鸣金张帜，交纳庙内，堆积如山，名曰"解钱粮"。又有买卖赶趁，货物戏具及开场赌博，乡城毕集。(《嘉定县志》)

城隍庙会 （三月）二十八日，城隍庙会，士民办香楮奠献，而各色货玩云集道傍，交易一日。(《陈州志》)

子孙娘娘庙进香 （三月）二十八日南关东岳庙会，各村龙王俱迎至殿上，远近毕集，三日迎回。妇女是日于岳殿西廊子孙娘娘庙进香。(《㵐州志》)

坐夜、香会 三月二十八日，赍瓣香而走东岳庙者，数县毕至。村妪市媪，扶携交错，其夕遂止庙中，谓之"坐夜"。民炷香诵佛，每步稽颡，什百为群，谓之"香会"。数日间，寺塘泾为之壅塞。(《无锡县志》)

马饰五彩花 三月二十八日，驭从马以五彩花鬉为饰。近少畜马者，事遂废。(《南安州志》)

吃烧笋鹅、糍巴、雄鸭腰子 （三月）二十八日，东岳庙进香，吃烧笋鹅，吃凉饼，糯米面蒸熟，加糖碎芝麻，即糍巴也。吃雄鸭腰子，大者一对可值五六分，传云食之补虚损也。(《酌中志》)

◎鄂，击鼓而歌。◎稽颡，古代跪拜礼，屈膝下拜，以额触地。

二十九 — 三月 — 三十

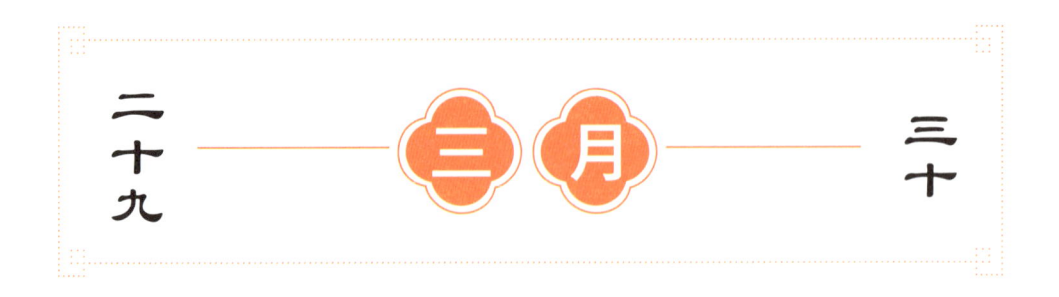

迎诸神入东岳庙　三月二十九日，两城诸神迎入东岳庙宴享，彩亭锦帐，斗巧争奇，繁费不赀。（《瑞州府志》）

送春　（宝庆府）三月晦日，饮酒，谓之"送春"。（《古今图书集成》）

留春　三月晦夜，夜多醵金畅饮，击鼓狂歌，至有负担头走大道，呶呶然作采菱音也，谓之"开鼓声"，或曰"留春"。（《仙游县志》）

傩祭　隋制，季春晦，傩，磔牲于宫门及城四门，以禳阴气。（《隋书》）

作玫瑰饼　（庆云县）三月初一初二雨，主岁饥。是月终，作玫瑰饼。（《古今图书集成》）

东岳泰山　岱顶

◎呶呶，喧闹声。◎磔，本义表示分裂牲畜的肢体。

四月

孟夏之月，蚯蚓出

四月，曰孟夏，亦曰首夏。（《纂要》）

十二月令图·四月

四月

四月，正式进入夏天，所以也叫"首夏""孟夏"。

很喜欢《楚辞·九章》里"滔滔孟夏兮，草木莽莽"一句，一个"滔滔"，一个"莽莽"，写尽了夏天各种生命力独特的奔腾、热烈、蓬勃、不知疲倦和至死不休。很有力量的句子，带着汹涌的旺盛感和滚烫又厚重的土腥气，让人猝不及防地被席卷。

四月时樱桃上市，所以四月也叫"樱序"。古人是很喜欢樱桃的，小巧玲珑、红艳喜人的樱桃曾被白居易比作美人口，因为像玛瑙一类的珠宝，樱桃也叫"樱珠"。

唐人吃樱桃时会将樱桃去核，盛入金盘或琉璃碗中，浇上乳酪或蔗浆，用勺子舀着吃。白居易有诗写道："拨醅争绿醋，卧酪待朱樱。"乳酪和樱桃，红的红、白的白，不仅颜色漂亮，味道也酸甜可口。

宋人延续了这样的吃法，陆游《初夏幽居偶题》云"朱樱羊酪喜新尝"，晁冲之《乐府二首》云"玉杯乳酪贮樱桃"，曾觌《浣溪沙·樱桃》云"金盘乳酪齿流冰"，辛弃疾《菩萨蛮·坐中赋樱桃》云"香浮乳酪玻璃碗"，无名氏的《南歌子》云"更将乳酪伴樱桃。要共那人一递、一匙抄"。

另外，每年四月二十日，是传统的"爱眼日"。这一天是眼光圣母娘娘圣诞，眼光圣母是华北民间信仰的一位神祇，常见形象是手里捧着一只眼睛，是一位专职负责医治民众眼疾的女仙，传说能消除眼疾，明辨是非善恶，保佑人们眼明心亮、身体健康。

我们现在也有爱眼日，1996年，国家卫生部、教育部、团中央、中国残联等十二个部委联合确定：每年6月6日为"全国爱眼日"。

不知道6月6日这个日期有什么含义，但是，如果能对传统文化更了解一些，是不是能在保留传统的基础上，更好地结合现代发展需要，让传统焕发新的生机与力量呢？

巳月 四月之辰谓为巳。巳者，起也，物至此时毕尽而起也……四月之管名为仲吕。吕者，助也，谓阳气盛长阴助成功也。(《晋书》)

仲吕之月 仲吕之月，无聚大众，巡劝农事，草木方长，无携民心。(《吕氏春秋》)

蚕月 是月为蚕月，育蚕之家各闭户，亲邻毋得轻入。官府暂停讼，谓之"放蚕忙"。浙西皆然。(《海宁县志》)

草木莽莽 滔滔孟夏兮，草木莽莽。〈注〉滔滔，盛阳貌。言四月孟夏，纯阳用事，煦成万物，草木之类，莫不莽莽盛茂。(《楚辞》)

麦秀寒 四月，以清和天气为正。必作寒数日，谓之"麦秀寒"，即《月令》"麦秋至"之后。(《农政全书》)

设雷公斋 （定安县）四月，各家设醮酬恩，名曰"设雷公斋"。遇雷劈物，则曰"斋不到"，又复再设。凡设醮，必先期斋戒半月。若雷劈牛，则各坊争取其肉与孩子食，为平安。(《古今图书集成》)

解缴 （兴安州）四月，居人游江上，遇葛缠草木，解之，谓之"解缴"。(《陕西通志》)

擘丝 横州之地，枫始生，叶有虫食之。其形似蚕，四月间熟，亦如蚕之将丝，州人擘取其丝，光明如琴弦。(《月令辑要》)

黄竹瘴 八闽居东南温燥之地，大抵多热少寒……四月，衣绤绤，至九月止……四月有黄竹瘴，失之伤热，然气亦轻，不似粤地之毒瘴，中之辄杀人也。(《建宁府志》)

送夏 人家有嫁女者，在五月前，必备纱葛之衣赠之，曰"送夏"。盖俗例夏令衣服，均不入新奁，必于夏首送之。滕以蕉叶、折扇、宫扇及食物，兼令新妇分贻姑嫂，犒婢媪焉。(《岁华忆语》)

榆钱糕 是月（四月）榆钱初放，和面蒸食之，曰"榆钱糕"。(《直隶遵化州志》)

杨桐草饭 湘人四月采杨桐草，捣汁浸米，蒸作为饭。必采石南芽为茶饮，云去风也。(《茶史》)

茄瓠上市 是月（四月），茄瓠初出上市，东华门争先供进，一对可直（值）

三五十千者。时果则御桃、李子、金杏、林檎之类。(《东京梦华录》)

荔子蕉黄 漳州气候最煖,草木皆先时华。余以四月抵郡,廨中盛有所植,盘饤间颇不乏味,丛兰、桂子、茉莉、蔷薇,一时并开,荔子蕉黄,同案而荐。诚寰中异境也。(《闽中荔支通谱》)

枇杷熟 枇杷,叶似栗,子似药,四月熟。(《月令辑要》)

食樱桃 四年夏四月,上与侍臣于树中摘樱桃,恣其食。末后于蒲(葡)萄园阁陈宴席,奏宫乐,至暝,每人赐朱樱两笼。又四年夏四月,上幸两仪殿,命侍臣升殿食樱桃。其樱桃并盛以琉璃,和以杏酪,饮涂靡酒。(《太平御览》)

渭川笋 渭川千亩竹,其人与千户侯等。笋晚,四月方盛。又慈竹笋,四月生,江南人多以灰煮食之。(《月令辑要》)

梅子熟 (隆安县)四月,梅子熟,棉花飞,萤火耀,始种豆,小民早作夜归,忙于耕稼。(《古今图书集成》)

田雀肥 京师田雀以四月肥,背有黄羽,与江乡纯色者别,而以江南食法制之,亦甚肥美。(《月令辑要》)

雉尾莼 食脍鱼莼羹:芼羹之菜,莼为第一。四月莼生茎而未叶,名作"雉尾莼",第一作"肥羹"。(《齐民要术》)

三鯬鱼 鲥鱼盛于四月,鳞白如银,其味甘美,多骨而速腐,广州谓之"三鯬之鱼"。(《格致镜原》)

逸事:习水战 太平兴国九年(984)四月,幸金明池,习水战。帝(宋太宗)御水殿,召近臣观之。谓宰相曰:"水战,南方之事也。今其地已定,不复施用。时习之,示不忘战耳。"因幸讲武台,阅诸军,都试军中之绝技者,递加赐赉,遂登琼林苑楼,陈百戏,掷金钱,令乐人争之,极欢而罢。(《宋史》)

◎绤绨,葛布的统称,细者曰绨,粗者曰绤。

四月 初一 初二

明眼饼 四月初一日，各办香饼祭神，曰"明眼饼"。(《厦门志》)

簪皂角叶 四月一日，簪皂角叶禳瘟，童男女以红花子作缌佩之。(《太平县志》)

长命索 四月一日，小儿女采皂荚芽绾于髻辫，以红花子结长串，中联五色彩帛作鸟兽花样，系之项间，谓之"长命索"。(《华阴县续志》)

贴纸葫芦 四月初一日，门窗帖纸葫芦雄鸡状，戴于首，曰"辟瘟疫"。(《平遥县志》)

赐樱桃 李潮《岁时记》：四月一日，内园进樱桃，寝庙荐讫，颁赐百官各有差。王维有《敕赐百官樱桃》诗。(《御定分类字锦》)

赶大集 每岁，东关以上巳日，西关以四月一日为大集，商贾毕聚，士女骈填，土人以为盛观。(《任县志》)

浴佛会 四月一日至八日，游戒坛、潭柘、香山、卧佛、碧云、玉泉、天宁寺诸名胜，为浴佛会也。(《宛平县志》)

北岳帝行宫焚香 四月二日，倾城士女俱诣北郊北岳帝行宫焚香，或步、或骑、或舆轿，联翩而出。至则奠献拜祷，钟鼓喧阗，绮罗交错。既毕，各寻隙地，享所携酒食，欢笑而回。视焚香于东岳之日，盖尤盛焉。(《宣府镇志》)

逸事：李生子生死同日 至南济王奂妻殷氏，李生二子，曰融、曰琛，以四月二日生，同以四月二日刑死于市。(《万历野获编》)

逸事：曲宴 雍熙二年（985）四月二日，诏辅臣三司使、翰林枢密直学士、

四月

尚书省四品、两省五品以上、三馆学士，宴于后苑。赏花钓鱼，张乐赐饮。命群臣赋诗、习射、赏花。曲宴自此始。(《宋史》)

逸事：观书画 丁巳（1677）四月初二日，过宋牧仲（荦）刑部邸舍，观书画《洛神赋》全图，卷长丈许，山用矾头，馀皆丹碧。上有元公主"金闺"小印，是宋人临阎立本笔。世祖顺治三年（1646），赐阁臣内府藏画百轴，此其一也。一、郭河阳《江山雪霁》，卷长丈三尺。首有"政和"印，尾"宝"字小印、"振之"印。旧是睢州袁司马（枢）家物。一、《钟馗小妹图》，吴道子笔。妹卓剑于地，一鬼捧剑室旁侍，一鬼在前按板而歌。有元人"乔篑山东成"墨印，"乔中山"印，"希世之宝"印。一、宋人翎毛二十幅，多雪景，皆林椿、吴炳、马远作。一、宋、元名人真迹，首有道君飞白"看云"二大字，米芾、李之仪、陈升之诸帖，康里子山临十七帖，又无名氏临十七帖，后题"建文己卯三月临于海馆"。牧仲又云"在武昌某士夫家见吴道子水墨普贤像，甚奇"。又京师愍忠寺有贯休画罗汉十八轴，世祖末，吴人持以进御，会崩，遂粥寺中，价七百金。(《池北偶谈》)

樱桃

◎繐，同穗。丝线扎成的穗状装饰品。◎骈填，连属聚集。
◎王奂（435—493），字彦孙，琅邪临沂人。王导八世孙。历任尚书仆射、湘江雍三州刺史。永明十一年起兵被杀。◎曲宴，小宴，内苑留臣下赐宴。◎宋荦（1634—1713），字牧仲，号漫堂，晚号西陂老人。归德府人。清代诗人、画家、政治家。"后雪苑六子"之一。

四月 初三 — 初四

祭显震威德王庙 显震威德王庙在（灵川）县西峰山中。其神三：中曰雷祖，左曰盘古，右曰广福王。岁四月初三、八月十三日，乡民作佛事以祭之。广福王名当，里人，从诸葛武侯征牂牁蛮，溺水死，浮智慧江西出，乡人立庙祀之。常著屐，坐石矶钓鱼，有屐迹。五代马启南节度杜州时，神昼见，振金甲兜鍪，挥石大呼，声若雷，又为新其祠庙。宋崇宁间，赐额会宁。绍兴间，赐爵义宁侯，屡加英济广福王。世传盘古氏者，已属荒唐，大抵盘瓠即盘氏。天地混沌，洚水为灾，乘盘系瓠，得存遗类于万山之中者，即再造之种也。盘瓠疑为盘古。（《古今图书集成》）

祀合山懿济圣母 四月四日，祀合山懿济圣母。初十日祀马王。十八日祀泰山圣母。（《和顺县志》）

西郊祭天 城西有祠天坛，立四十九木人，长丈许，白帻、练裙、马尾被，立坛上，常以四月四日杀牛马祭祀，盛陈卤簿，边坛奔驰奏伎为乐。城西三里，刻石写五经及其国记，于邺取石虎文石屋基六十枚，皆长丈馀，以充用。（《南齐书》）

祈福北岳庙 四月四日，献较武艺，祈福于北岳庙。八日，为黄山之游。（《定州志》）

酒日 （四月）四日，俗传为"酒日"。是日酿者俱佳。（《将乐县志》）

稻熟日 四月初四为稻熟日，喜晴。（《崇明县志》）

进不落夹 四月四日，进不落夹，用苇叶方包糯米，长可四寸，阔一寸，味与粽同。（《涿州志》）

四月

换穿纱衣 四月初四日，宫眷内臣换穿纱衣，钦赐京官扇柄。牡丹盛后，即设席赏芍药花也。(《酌中志》)

簪皂芽 四月四日，人簪皂芽，不病。(《富平县志》)

酿酒

四月 初五 — 初六

祀唐虞祠宇 淳熙四年（1177）四月五日，静江守张栻言："州有唐帝祠，去城二十里而近，山曰尧山。虞帝祠去城五里而近，山曰虞山。臣已新祠宇，请著祀典。"从之。(《玉海》)

五日集 孟夏月一日至三日，里中士女咸谒梁公祠，香火甚盛。凡京师诸处，无不辇致。百货远近，皆贸易，其间居庸弛关禁三日，至初五日又转至州中，陈设交易，谓之"五日集"。(《昌平州志》)

逸事：封寿春公主 少帝长女寿春公主，乾化三年（913）四月五日封。(《旧五代史》)

逸事：安化王鸿门宴 （正德五年，1510年）四月五日，（朱）寘鐇设宴，邀抚、镇官饮于第，（安）惟学、（周）东不至。锦、昂帅牙兵直入，杀姜汉及太监李增、邓广于坐，分遣卒杀惟学、东及都指挥杨忠于公署。(《明史》)

朝碧霞元君像宫 四月八日，黄山会。初六日起至初八日止，远近州邑士民男妇，咸结队朝拜碧霞元君像。宫在山东峰虎头岩畔。是日，四方商贾赍百货俱集东门贸易，自庙外至山脚，搭棚卖香纸及各嬉物，累累不绝。农具诸家居用物溢路，铺设里馀，俗称"大集"。(《邹平县志》)

神集 四月六日，商贾辐辏，百货毕聚，书籍、笔墨及农器尤多，名曰"神集"。(《唐县志》)

观竞渡 （唐景龙四年四月）六日，幸兴庆池，观竞渡之戏。其日过窦希玠宅，学士赋诗。(《唐诗纪事》)

四月 ◆

逸事：雷电烧佛面 （齐）永明八年（490）四月六日，雷震会稽山阴恒山保林寺，刹上四破，电火烧塔下佛面，窗户不异也。(《南齐书》)

逸事：唐豸冠 （唐）乾元二年（759）四月六日敕："御史弹事，仍服豸冠。"旧制，大事则豸冠，衣朱衣纁裳、白纱中单以弹之。小事则常服而已。(《玉海》)

逸事：疏浚双塔河 双塔河，源出昌平县孟村一亩泉，经双塔店而东，至丰善村，入榆河。（元世祖）至元三年（1266）四月六日，巡河官言："双塔河时将泛溢，不早为备，恐至溃决，临期卒难措手。乃计会闭水口工物，开申都水监，创开双塔河，未及坚久。今已及水涨之时，倘或决坏，走泄水势，误运船不便。"省准制国用司给所需，都水监差夫修治焉。凡合闭水口五处，用工二千一百五十五。(《元史》)

柳溪观渡

◎张栻（1133—1180），字敬夫，号南轩。南宋汉州绵竹人。学者、教育家。与李宽、韩愈、李士真、周敦颐、朱熹、黄榦同祀石鼓书院七贤祠，世称石鼓七贤。◎弛关禁，暂时开放关禁。◎寿春公主，后梁末帝朱友贞长女。
◎朱寘镭（？—1511），明初庆靖王曾孙，弘治五年（1492）袭封安化王，封地位于安化。
◎窦希玠，扶风人。中宗时为礼部尚书。开元初，太子少傅、开府仪同三司，世为外戚。◎豸冠，即獬豸冠，古代御史、刑官的服饰标志。

四月　初七　初八

天枣熟　萧县东南二十五里，有庙桥，桥北一里，有天枣树。枝干蟠屈，数百年物。正二月之交，开小花，结实如酸枣，可食。四月初七日，全树皆熟，初八日遂空。(《月令辑要》)

逸事：京师诸像来景明寺　景明寺，宣武皇帝景明年中立，至正光中，太后始造七级浮图一所，去地百仞。时世好崇福，四月七日，京师诸像皆来此寺，尚书祠曹录像，凡有一千馀躯。至八日，以次入宣阳门，向阊阖宫前受皇帝散花。于时金花映日，宝盖浮云，幡幢若林，香烟似雾，梵乐法音，聒动天地，百戏腾骧，所在骈比，名僧德众，负锡为群，信徒法侣，持花成薮，车骑填咽，繁衍相倾。(《洛阳伽蓝记》)

逸事：宴饯龙图阁　(大中)祥符二年(1009)四月壬辰(七日)，(种)放以集贤院学士归终南，宴饯龙图阁，赐七言诗，命学士即席赋诗作序(令杜镐援引名臣归山故事……杜镐诵北山移文以规放)。(《玉海》)

祭魏木兰　据《凤阳府志》：隋木兰，魏氏，亳城东魏村人。隋恭帝时，北方可汗多事，朝廷募兵策书十二卷，且坐以名。木兰以父当往而老羸，弟妹俱稚，即市鞍马，整甲胄，请于父代戍。历十二年，身接十有八阵，树殊勋，人终不知其女子。后凯还，天子嘉其功，除尚书，不受，恳奏省觐。及还，释戎服，衣旧裳，同行者骇之，遂以事闻于朝。召赴阙，欲纳之宫中，曰臣无媲君之礼。以死拒之。帝惊悯，赠将军，谥孝烈。昔乡人岁以四月八日致祭，盖孝烈生辰云。(《古今图书集成》)

岁华纪胜·浴佛

圣母庙祈嗣 圣母庙在(马邑)县西北,四月八日多祈嗣于此。(《山西通志》)

佛会 四月八日,僧家作佛会。民家用黑豆造饭,谓之"压蝇",邻里亲戚,往来馈送。(《都昌县志》)

龙华会 四月八日,俗传为释迦佛生辰,僧尼各建龙华会,以小盆坐佛,浸以糖水,覆以花亭,铙鼓迎往。富家以小杓浇佛,提唱偈喝,布施财物。(《西湖志》)

祈拜灵山 四月八日,俗谓城西灵山是释迦经行处,远近男妇,咸往祈拜。自初一日,至此登山者不绝于道,邻郡邻省间亦有至者。(《凤翔县志》)

浴佛 四月八日,浴佛,以都梁香为青色水,郁金香为赤色水,丘隆香为白色水,附子香为黄色水,安息香为黑色水,以灌佛顶。(《荆楚岁时记》)

祭汉寿亭侯 (洪洞县)四月八日,蒸枣糕,祭汉寿亭侯。(《古今图书集成》)

祭泉神 卫源庙在(辉县)苏门山麓百门泉上。泉乃卫河之源,庙创于隋,以祀泉神,称"灵源公"。每岁四月八日,郡守致祭。(《月令辑要》)

祭洞庭庙 洞庭庙,在长沙府磊石山。洪武初,命有司每岁四月八日致祭。(《月令辑要》)

祭祖 四月八日,取羊桐叶渐米为饭,以祀神及先祖。濒江诸庙皆有船,四月中择日下水,击画鼓、集人歌以棹之,至端午罢。其实竞渡也,而以为禳。(《岳阳风土记》)

青精饭 四月八日,诸寺各设香汤浴佛共作龙华会,州民各食乌米饭,谓之"青精饭"。(《蕲州志》)

碾麦示新 四月八日,城隍神诞大会,凡近城居民举赛报之典。是日以大麦碾

为索，各相馈送，以示新也。(《西乡县志》)

麦饼宴　先是四月八日，梵寺食乌饭，朝廷赐群臣食不落夹，盖缘元人语也。嘉靖十四年（1535），始赐百官于午门食麦饼宴。(《日下旧闻考》)

食糍却病　四月八日，采鸡趾藤，擂汁和糖粉作糍，食之，云却病。(《四会县志》)

富贵坊竞渡　富贵坊竞渡，预以四月八日下船，俗聚饮江岸，舟子各招他客，盛列饮馔，以相夸大。或独酌，食前方丈，群蛮环观如云。一年盛事，名"富贵坊"。(《溪蛮丛笑》)

迎龙头　（始兴县）四月初八，三门乡老迎龙头，祭洗。是日，遂鸣锣击鼓至街市各家，写造龙舟费用，以二十八日起龙舟竞渡至端阳止，是月李熟。(《古今图书集成》)

举行婚姻　四月八日，细民之家婚姻有未知择日者，多于是日举行。海边蛋（疍）户与居民以木刻龙首尾祀境庙中，俱于是日绘饰。(《澄迈县志》)

赶秋坡　四月八日，燕京高梁桥碧霞元君庙，俗传是日神降，倾城妇女往乞灵，祈生子。西湖玉泉、碧云、香山，游人相接。又傍近有地名秋坡，都中伎女竞往逐焉，俗云"赶秋坡"。(《日下旧闻考》)

插槐芽　四月八日，首插槐芽，以祛眼疾。寺宇为浴佛会。(《定县志》)

施缘豆　（四月）初八日浴佛会，近亦不若昔年之盛。然北京内外八大名刹，仍于是日念经搭衣展裾，施缘豆，今尚有之。相传治豆之法，先期僧人每捡黄豆一粒，必一念阿弥陀佛，明晨送人食之，受缘豆者亦念佛号一声，谓接佛之善缘也。(《北京市志稿》)

◎北魏宣武帝元恪（483—515），499年至515年在位，司州河南洛阳人，北魏第八位皇帝。◎景明，北魏宣武帝元恪年号，500年至504年。◎正光，北魏孝明帝元诩年号，520年至525年。◎龙图阁，建于宋真宗咸平四年（1001），在会庆殿西偏，北连禁中，阁东曰资政殿，西曰述古殿，阁上以奉宋太宗御书、御制文集及典籍、图画、宝瑞之物，及宗正寺所进宗室名册、谱牒等。有学士、直学士、待制、直阁等官。◎种放（955—1015），字名逸，号云溪醉侯，洛阳人。沉默好学，奉母隐居终南山，以讲习为业。宋真宗时奉征，后以母命还山。
◎青精饭，又称乌饭，以南烛草液汁浸米煮成之饭，其色青碧。道家谓久服可强身延年。释家亦于四月八日造之，以供佛。

四月

初九 —— 四月 —— 初十

迎李龙神 四月九日,以黑漆木椅为亭屋,持兵张旗帜,鸣金鼓,至巫烈山迎李龙神,进银庆贺。(《新元史》)

逸事:太和宫改翠微宫 (贞观)二十一年(647)四月九日,公卿上言:"请修废太和宫,厥地清凉,可以清暑。"诏从之。遣将作太匠阎立德于坏顺阳王第取材瓦以建之,包山为苑,自裁木至设幄,九日毕工,因改为翠微宫。(《玉海》)

逸事:赐讲读官御书扇 (南宋绍兴)元年(1131)四月九日,赐侍读王绚、胡直孺,侍讲汪藻胡,交修侯延庆,御书杜诗扇。王绚曰:"霖雨思贤佐,丹青忆老臣。"直孺曰:"文物多师古,朝廷半老儒。"交修曰:"相门韦氏在,经术汉臣须。"(《玉海》)

逸事:赐茶 (南宋绍兴)十一年(1141)四月九日,赐侍读吴表臣、苏符新茶。二十七日赐复古墨。(《玉海》)

碧霞元君诞 (四月)十日至十八日,游高梁桥西顶、草桥之中顶、弘仁桥、里二泗、丫髻山,为碧霞元君诞也。(《宛平县志》)

享赛洪道真君庙 洪道真君庙在北八里柏村沟。宗元时建,一名小涧龙王。岁四月十日,土人享赛。(《山西通志》)

十一 —— 四月 —— 十二

诗咏：吃荔枝　南村诸杨北村卢，白华青叶冬不枯。垂黄缀紫烟雨里，特与荔子为先驱。海山仙人绛罗襦，红纱中单白玉肤。不须更待妃子笑，风骨自是倾城姝。不知天公有意无，遣此尤物生海隅。云山得伴松桧老，霜雪自困楂梨粗。先生洗盏酌桂醑，冰盘荐此赪虬珠。似开江鳐斫玉柱，更洗河豚烹腹腴。我生涉世本为口，一官久已轻莼鲈。人间何者非梦幻，南来万里真良图。（宋·苏轼《四月十一日初食荔支》）

逸事：唐延用隋科举　（唐）高祖武德四年（621）四月十一日敕："诸州学士及白丁，有明经及秀才、俊士，明于理体，为乡曲所称者，委本县考试，州长重复，取上等人，每年十月，随物入贡。"（《唐摭言》）

———

蛇王生日　四月十二日，为蛇王生日，进香者骈集于娄门内之庙，焚香乞符，归粘户牖，能远毒蛇。人又以是日雨，主坏麦，谓巳日属蛇，麦收忌雨，有此说也。（《清嘉录》）

诗咏：咏牡丹　暖风吹雨佐花开，送我溧阳第四回。内院赐曾传侧带，江南画不数重台。回黄抱紫传真诀，媲白抽青陋小才。自是妖红居第一，他年折桂莫惊猜。（元·袁桷《小院四月十二日牡丹始开，乃单台花也。余将上开平，作诗示瑾》）

◎南村诸杨北村卢，指杨梅、卢橘。◎更洗河豚烹腹腴，东坡自注"予尝谓荔支厚味高格两绝，果中无比，惟江鳐柱、河豚鱼近之耳"。◎内院赐曾传侧带，旧赏花宴，有大侧带、小侧带。◎江南画不数重台，徐熙牡丹无重瓣者，至崇嗣始有之。重台，婢之下者，见常谈云耳。◎他年折桂莫惊猜，韩魏公牡丹诗"自惭折桂输先手，羞杀妖红作状元"。

四月 | 十三 — 十四

游花场　（四月）十三日，上药王庙，诸花盛发，白石庄、三里河、高梁桥外，皆贵戚花场。好事者邀宾客游之。（《日下旧闻考》）

乾龙节　靖康元年（1126）四月十三日，太宰徐处仁等表请为乾龙节。至日，皇帝帅百官诣龙德宫。上寿毕，即本宫，赐侍从官以上宴。（《宋史》）

逸事：秘阁帖　（宋哲宗）元祐五年（1090）四月十三日，秘书省请以秘阁所藏墨迹，未经太宗朝篆刻者，刊于石，有旨从之。（《石林燕语》）

吕仙诞　十四日为吕仙诞，俗称"神仙生日"，食米粉五色糕，名"神仙糕"。帽铺制垂须拔帽以售，名"神仙帽"。医士或招乐部伶人集厅事，击牲以酬。或酌水献花，以庆仙诞。案，《史篡》云：神仙姓吕，名岩，字洞宾，曾祖延之浙东节度使，祖渭礼部侍郎，父让海州刺史。唐贞元十四年四月十四日巳时生，举进士不第，遇正阳真人钟离子得道，施肩吾有《钟吕传道记》。（《清嘉录》）

仙翁鹤草　又有仙翁鹤草，在（单县）城东北隅。相传仙翁以四月十四日诞来游，邑人包九成者，于前一日积虔致祷，次早果有白鹤四只从西南来，晡时方去。自是每仙翁诞期，祠侧草荆上陡成鹤形，日高遂泯，至今尚然，人传为"吕翁鹤草"云。（《大明一统名胜志》）

菖蒲生日　四月十四，菖蒲生日，修剪根叶，无踰此时，宜积梅水渐滋养之。（《广群芳谱》）

◎龙德宫，在今河南开封。《方舆纪要》卷四七开封府祥符县"汴故宫"条载："龙德宫在城内西北隅。宋徽宗潜邸也。即位后广之，易今名。"

四月　十五　十六

城隍庙会　四月，农家种谷黍。十五日，城隍庙会，集贸易百货，士民宰牲献祭，远近男女赴庙酬愿。（《沁源县志》）

西山烧香　孟月十五日，妇女西山烧香。二十八日，药王庙烧香。是月，西山庙会，商贾骈集。（《庆云县志》）

僧家结夏　四月十五，僧家结夏，天下僧尼，此日就禅刹挂搭，谓之"结制"，"结制"即结夏。夏乃长养之节，在外行恐伤草木虫类，故九十日安居，至七月十五日散去，为"解夏"，又谓"解制"。（《月令辑要》）

望晴雨　四月十六日，望晴雨以候岁。是日晴则水，大雨则旱，惟阴云为佳。（《姑苏志》）

开天仓　四月丁巳，宜祀灶。十六日，天仓开，宜入山修道。（《遵生八笺》）

逸事：颁行《阴阳书》　（唐）太宗以《阴阳书》近代讹伪，穿凿拘忌，亦多命太常博士吕才及阴阳学者十馀人，共加刊正，削其浅俗，存其可用者。贞观十五年（641）四月十六日（己酉），撰《阴阳书》凡五十三卷及旧书四十七卷。诏颁行之。（吕）才为叙，质以经史，其穿凿拘忌者，才有驳议，曰《叙宅经》《叙禄命》《叙葬书》。识者以为确论。（《玉海》）

◎吕才（600—665），博州清平人。贞观时迁太常博士，受诏改修《阴阳书》。又造《方域图》《教飞骑战阵图》。永徽年间，预修《文思博要》《姓氏录》，并补撰《本草》。

四月 十七 十八

逸事：凯旋大会诏 （南陈太建八年，576年）夏四月甲寅，诏曰："元戎凯旋，群师振旅，旌功策赏，宜有飨宴。今月十七日，可幸乐游苑，设丝竹之乐，大会文武。"（《陈书》）

逸事：芝草生 （宋神宗）元丰七年（1084）四月十七日，景灵宫言，芝草六生于天元殿景灵门中。壬辰，朝献至天元殿观芝草。（《玉海》）

泰山庙演戏 四月十八日，泰山庙演戏十二天，男女昼夜进香，四方商客游人颇多。（《保安州志》）

天仙宫神会 四月八日，浴佛日，士庶僧寺，群游圣水泉，俗名"泉水瞳"，谓之"神会"。十八日，吕家庄天仙宫神会。二十八日，庐山延真宫（神会）。（《黄县志》）

进谒香帛 自乾隆二十四年（1759）以来，每遇四月十八日，遣内大臣香帛进谒为常。（《岱览》）

祀天仙 （孟夏）十八日祀天仙，亦谓之"拜庙"，视季春尤盛。盖妇人求嗣者，本古高禖遗风，流而为赛祷。又童男女多病者，以小纸秸为枷锁荷之，诣庙祈祷，三年为满，焚神前，谓"枷愿"。其祠在迁安景忠山颠者，俗称"顶上娘娘"，昌黎仙人顶亦称"顶上"。境数百里内外，男女或负病匍匐，上献钱于祠，官立收头而坐享其利，进香者往返交错于途，旅店咸获利。山下纸币之肆，亦二三日大市也。（《永平府志》）

碧霞元君诞 出（北京）左安门东行四十里，石桥五尺，曰弘仁桥。桥东碧霞

元君庙，岁四月十八日，传是元君诞辰，士女进香，鸣金号众，四十里道相属也。（《月令辑要》）

祭赛 四月十八日，碧霞庙市民祭赛。远近商贾毕至，纨绮锦绣，珍宝珠玉，山珍海错，风挽云输，射利争奇。四方毕至，肩摩毂击，比户居停。人杂类繁，恐防意外。相沿县官驻防捕衙，各设营房统率兵役，日夜驻扎，星罗眺望巡查，名曰"厌会"。于斯五日，集散，文武官吏方可回衙自逸。（《延津县志》）

采芝仙女

◎元戎，主将。
◎祭赛，祭祀酬神。◎毂击，车子来往，其毂相击。形容交往频繁。◎比户居停，家家户户，各处居所。

四月

十九 —— 四月 —— 二十

浣花佑圣夫人圣诞　四月十九日,浣花佑圣夫人诞日也。(成都)太守出笮桥门,至梵安寺,谒夫人祠,就宴于寺之设厅。既宴,登舟观诸军骑射,倡乐导前,溯流百花潭,观水嬉竞渡,官舫民船乘流上下,或幕帘水滨,以事游赏,最为出郊之胜。清献公记云:"往昔太守分遣使臣,以酒均给游人,随所会之数,以为斗升之节。自公使限钱,兹例遂罢。以远民乐太平之盛,不可遽废,以孤其心,乃以随行公使钱酿酒畀之,然不逮昔日矣。"(《岁华纪丽谱》)

五龙会　五龙会:四月十九日,近山居民享祀为大会。簇帛制楮,作幡幢、楼阁、人物、花鸟之状,联络笼绕,悬挂高树,谓之"挂彩"。金碧玲珑,五色掩映,制极工巧。(《潞安府志》)

眼光圣母娘娘圣诞　四月二十,眼光圣母娘娘圣诞。(《玉匣记》)

结社游庙　又(直隶通州)张家湾有里二泗庙,男女结社往游,自(四月)二十日起五月初一日止。(《古今图书集成》)

小分龙日　两浙以四月二十为小分龙,五月二十为大分龙。池俗以五月二十九为分龙,闽俗以夏至后为分龙。(《通俗编》)

◎浣花夫人,姓任,蜀郡成都人,唐代女将,西川节度使崔旰之妻。《大明一统名胜志》记:"浣花溪,在城西五里,一名百花潭。吴中复冀国夫人任氏碑记云:'夫人微时,以四月十九日见一僧坠污渠,为濯其衣,顷刻百花满潭,因名曰百花潭。'"《通鉴》:成都节度使崔旰入朝,杨子琳乘虚突入,成都旰妾任氏出家财募兵,得数千人,自帅以击之。子琳败走,朝廷加旰尚书,赐名宁任氏,封夫人也。
◎分龙,古人以为龙分管不同区域的降雨。

四月 二十一 — 二十二

筑公桑蚕室　（宋徽宗）政和元年（1111）四月二十一日，于坛侧度地筑公桑蚕室，其亲蚕殿，名曰"无斁"。（《玉海》）

逸事：扩充太学　（宋仁宗）庆历四年（1044）四月壬子二十一日，判监王拱辰、田况、王洙、余靖等言，首善当自京师，汉太学二百四十房，千八百馀室，生徒三万人，唐学舍亦千二百间，今取才养士之法盛矣。而国子监才二百楹，制度狭小，不足以容学者，请以锡庆院为太学葺讲殿，及更衣殿，备乘舆临幸。从之。皇祐二年四月朔，幸金明池，司天言云色黄，其形轮囷，此圣孝感天之应。（《玉海》）

城隍出巡　四月二十二，宛平县城隍出巡。五月初一日，大兴县城隍出巡。出巡之时，皆以八人肩舆，昇藤像而行。有舍身为马僮者，有舍身为打扇者，有臂穿铁钩悬灯而导者，有披枷带锁俨然罪人者。神舆之旁，又扮有判官鬼卒之类，彳亍而行。亦无非神道设教之意。（《燕京岁时记》）

◎无斁，无终，无尽。
◎宛平县，北京原属县，金元明清时与大兴成为北京附郭县，辖地为今北京西部大部。

四月 二十三 / 二十四

醮祝　小麓台山，在县东南四十三里新寨村南十三里，高五里，盘踞十里，奇石古木，参差荫翳，环绕之。山有九头拱揖相向形象，呼为"九凤朝阳"。山南数泉分流，旧有润济侯祠。乾隆庚寅，里人郭遇时募增乐楼。楼之南为百子石洞，去北里许，增建土地祠，每岁四月二十三日，醮祝者络绎不绝。（《祁县志》）

逸事：降甘露　（唐高祖）武德九年（626）四月二十三日，甘露降于中华殿之桐木，泫如冰雪，以示群臣。（《玉海》）

逸事：声如海啸　康熙二年（1663）四月二十三日，莱阳有声如海啸，自南起，至子时方息。（《清史稿》）

祀白衣大士　四月二十四日，祀白衣大士。（《交城县志》）

朱天君生辰　朱天君，相传为明之崇祯帝。吾杭胜国遗民，祀之以志亡国之痛者也……四月二十四日，为天君生辰。是日实为吾杭人初得噩耗之日，即用以为纪念。近年以来，变本加厉，迷信之徒，则茹素；好事之徒则集会。又有出会巡行之举，会中地戏、高跷、清吹、台阁，极一时之胜。虽不如元帅之盛，亦足哄动一时。但其赛会，不仅一处，神会中之财力如何，即可出行，以故接二连三，皆有朱天会。其中以下会桥、柴垛桥两处为最热闹。（《杭俗遗风》）

四月 二十五 — 二十六

季子生日　四月二十五日，相传季子生日，申港作会，四方商贾大集。（《常州府志》）

逸事：观讲武　（唐）麟德二年（665）四月二十五日，讲武邙山之阳，御北城楼观之。（《月令辑要》）

祭蒋忠烈庙　《明杂记》：永乐年，进封蒋忠烈武顺昭灵嘉祐王。四月二十六日为王之生辰，加一祭。（《民权素诗话》）

逸事：内阁失大印　文渊阁印一颗，用银铸，玉箸篆文，乃（明）宣宗（朱瞻基）所赐，止许阁臣用以进奏，不得施于外廷，历世相传珍护，至（明神宗）万历十四年（1586）四月廿六夜，忽为何人连箧盗去。大学士申时行等上疏请罪，上命穷追严治，竟杳无踪迹，上不得已重铸以赐，今所用者是也。自此阁权渐轻，宫府日以隔绝，至今日而天颜咫尺，辅臣不得一望清光。或云失印致然，恐亦揣摩之说。当失印时，典籍吴果司其事，仅夺俸两月而已，识者以为罚太轻。果，杭州人，后加官至太仆卿。（《万历野获编》）

◎季札（前576—前484），姬姓，寿氏，名札，又称公子札、延陵季子、延州来季子、季子，《汉书》中称为吴札，春秋时吴王寿梦第四子，封于延陵（今常州），传为避王位"弃其室而耕"于常州天宁焦溪舜过山下。◎申港，因战国春申君黄歇开凿申浦河得名，季札三让王位的躬耕之地。

◎文渊阁，明代宫内贮藏典籍及皇帝讲读之所。明太祖始建于南京奉天门东。成祖迁都北京，又于宫内东庑南建文渊阁。◎箧，小箱子。

四月

会集 （四月）二十八日，天山镇男女早起登山。先一日，设会场，商货骈集。（《海丰县志》）

扁鹊诞辰 （保定县）四月念八，古鄚扁鹊诞辰，远近进香，玉带河船，昼夜鼓乐，振响半月，为一时胜游。（《古今图书集成》）

药王诞辰 （四月）二十八日为药王诞，赛会迎神，男女上庙进香，络绎于道。（《东安县志》）

焚香遥拜 岁之四月中旬至廿八日，为药王诞辰，香火极胜。惟除夕至元旦，彻夜不断。拜庙进香者多不得入庙，于神路街外设香池数处，焚香遥拜。庙西为金鱼池，育养朱鱼，以供市易。都人入夏结棚列肆，狂歌轰饮于池沼之上。旧传有瑶池殿，今不可寻矣。居人界池为塘，植柳覆之，岁种金鱼以为业。池阴一带，园亭甚多。南抵天坛，芦苇蒹葭，一碧万顷。昔我王父楚吟公曾筑室于此，颜曰"芦屋"。今虽莫详其处，尚有存图，以示来许。至于游览之地，如西山妙峰弘教、圣感、潭柘、悬应、西域、戒坛、香山碧云、法海、卧佛等寺，极称名胜。岁之四月，都人结伴联镳，攒聚香会而往游焉。（《帝京岁时纪胜》）

二十九 — 四月 — 三十

逸事：定鱼袋制 （唐高宗）永徽二年（651）四月二十九日，给五品以上随身鱼银袋，以防召命之诈，出内必合之。三品以上金饰袋。（《玉海》）

逸事：改置黄帝坛 （唐）天宝九载（750）四月二十九日，制曰："顷者每祀黄帝，乃就南郊，礼亦非便。宜于皇城内西南坤地，改置黄帝坛，朕当亲祀，以昭诚敬。"（《玉海》）

安挂五毒挂屏 雍正元年奏准：门神、门帘二库，归并制造库管理。凡各处棕荐及粗细棕绳，均由库成造。一、门神对联。旧例：元旦各宫殿门神对联、端午五毒挂屏，豫期修造。门神对联，于十二月二十四日委官安挂，二月初二日彻出贮库；五毒挂屏，于四月三十日委官安挂，六月初二日彻出贮库。（《钦定大清会典则例》）

夏景戏婴图·五毒扇

◎永徽，唐高宗李治的年号，650年至655年。

五月

仲夏之月，螳螂生

五月曰仲夏，亦曰暑月、皋月。（《纂要》）

十二月月令图·五月

五月 ◆

古人云:"善正月,恶五月。"如果说正月是诸事皆宜,百无禁忌,那么五月就是诸事不宜,百般禁忌。

《礼记·月令》载五月:"是月也,日长至,阴阳争,死生分。君子齐戒,处必掩身,毋躁。"

大意说,五月昼长夜短,是天地阴阳之气相争,判决世间万物的生死的时刻。按照现代科学解释,五月昼长夜短,"日出而作,日入而息"的古人休息时间减少,抵抗力容易下降。再加上高温、高湿、多雨,使蛇虫鼠蚁快速繁殖、细菌病毒快速传播,人很容易患上多种疾病。

所以,五月的民俗多围绕"祛病"这一宗旨展开。比如,五月初五端午节,有悬艾叶菖蒲、用雄黄酒给儿童额头画"王"字的习俗。

艾叶和菖蒲都是带有清香的植物,可以起到一定的驱虫效果,雄黄酒有杀菌、驱虫、解五毒的功效,不管是在孩子们的额头、耳鼻、手足心等处抹上雄黄酒,还是洒在墙脚、床底等处,都可以消毒杀菌。

在穿戴方面,古人也很大胆。赶新潮的人会穿带有艾虎、蜈蚣、虾蟆、蛇、蝎等五毒纹样的衣服,这些纹样,分布在"两肩、胸背、通袖、膝襕之上",花费巨大,"其费工料,每疋可织常纱十馀疋",而且这样的衣服"止用于端午之一日,其他日皆不用"(《王端毅奏议》),所以也曾引起一些批判。

除了衣服,头上的簪戴也是亮点。《岁时广记》引《岁时杂记》说,端午时,"京都士女簪戴,皆剪缯楮之类为艾,或以真艾,其上装以蜈蚣、蚰蜒、蛇、蝎、草虫之类及天师形像,并造石榴、萱草、踯躅假花,或以香药为花",简直是头上戴了个小型动植物园。

如今,现代人很难想象穿一身"汉服",头上戴虫草蛇蝎,不过从另一个角度来说,这些"另类"的首饰,不仅给遥远的古人添加一些生动,也拉近了今人与古人的距离。毕竟,对于健康平安的祈求,是古人今人都能感同身受的共同的愿望。

午月 五月之辰,谓为午。午者,长也,大也。言物皆长大也……五月之管,名为蕤宾。蕤葳,垂下貌也;宾,敬也。谓时阳气下降,阴气始起,相宾敬也。(《晋书》)

胜先 五月草木茂盛,逾于初生,故曰"胜先"。(《梦溪笔谈》)

禾始穗 (泸溪县)五月,暑渐盛,多大水,禾始穗。(《古今图书集成》)

落梅风 五月落梅风,江淮以为信风。(《广群芳谱》)

薰风 仲夏大雨,名"濯枝雨",六日方止。东南常有风至,曰"黄雀长风",亦曰"薰风"。(《说郛》)

分龙雨 俗以五月雨为分龙雨,一曰"隔辙雨"。(《续博物志》)

梅雨 江湘二浙,四五月间,梅欲黄落,则水润土溽,柱础皆汗蒸郁成雨,谓之"梅雨"也。(《授时通考》)

取浮萍去蚊 五月,取浮萍,阴干,烧烟,去蚊。(《本草纲目》)

麦争场 穄,西北人呼为"糜子"。有两种:早熟者与麦相先后,五月间熟者,郑人号为"麦争场"。(《说郛》)

铸刀 古人铸刀,以五月丙午,取纯火精以协其数。故王粲铭曰:"相时阴阳,制兹利兵。"(《广博物志》)

赐宴 (宋)宁宗庆元五年(1199)五月,赐新及第进士曾从龙以下闻喜宴于礼部贡院,上赐七言四韵诗,秘书监杨王休以下,继和以进。自后每举并如之。(《宋史》)

放鸽会 广人有放鸽之会。岁五六月,始放鸽。鸽人各以其鸽至,主者验其鸽为调四、调五、调六七也,则以印半嵌于翼,半嵌于册以识之。凡六鸽为一号,有一人而印一二号至十号、百号者,有数人而合印百号者。每一鸽出金二钱,主者贮以为赏。放之日,主者分其二。一在佛山,曰"内主者";一在会场,曰"外主者"。于是内主者出,教以清远之东林寺为初场,飞来寺为二场,英德之横石驿为三场,期以自近而远,鸽人则以其鸽往。既至场外,主者复印其翼,乃放鸽。一日,自东林而归者,内主者验其翼印不谬,则书于册曰"某日某时某人鸽至",是为初场中矣。一日自飞来而归,一日自横石而归,皆如前验印,书于册,是为二场、三场皆中。乃于三场皆中之中,内主者择其最先归者,以花红缠系鸽颈,而觞鸽人以

五月

大白,演伎乐相庆。越数日,分所贮金。某人当日归鸽若干,则得金若干。有一人而归鸽数十者,有十人千鸽而只归一二者。当日归者甲之,次日归者乙之,是为"放鸽会"。(《南越笔记》)

杨梅熟 杨梅,其子如弹丸,正赤,五月中熟。熟时似梅,其味甜酸。(《南方草木状》)

荔枝熟 荔枝生岭南及巴中。今闽之泉、福、漳州、兴化军,蜀之嘉、蜀、渝、涪州,及二广州郡皆有之……其木高二三丈,自径尺至于合抱,类桂木、冬青之属。绿叶蓬蓬然,四时荣茂不凋。其木性至坚劲,土人取其根,作阮咸槽及弹棋局。其花青白,状若冠之蕤绥。其子喜双实,状如初生松球。壳有皱纹如罗,初青渐红。肉色淡白如肪玉,味甘而多汁。夏至将中,则子翕然俱赤,乃可食也。大树下子至百斛,五、六月盛熟时,彼方皆燕会其下以赏之。(《本草纲目》)

采天目笋 天目笋,五月生,其色黄,出天目山。端午后,方采鬻。(《月令辑要》)

恶月风俗 京师谚曰:"善正月,恶五月。"按,《荆楚岁时记》:"五月,俗称恶月,多禁忌。忌曝床、荐席及修盖房屋。"夫荆楚之与燕京,相去远矣,而自昔风俗有相同者……京师五月榴花正开,鲜明照眼。凡居人等往往与夹竹桃罗列中庭,以为清玩。榴竹之间必以鱼缸配之,朱鱼数头游泳其中。几于家家如此。故京师谚曰:"天篷鱼缸石榴树。"盖讥其同也……五月玉米初结子时,沿街吆卖,曰"五月先儿",其至嫩者曰"珍珠笋"。食之之法,与豌豆同……五月下旬则甜瓜已熟,沿街吆卖。有旱金坠、青皮脆、羊角蜜、哈密酥、倭瓜瓤、老头儿乐各种……凤仙花即透骨草,又名"指甲草"。五月花开之候,闺阁儿女取而捣之,以染指甲,鲜红透骨,经年乃消。(《燕京岁时记》)

悬灯 五月朔日至晦,户悬一灯,所至荧然而红,以报张义士翼。翼以四月晦日卒故也。(《无锡县志》)

◎杨王休(1130—1195),宋庆元象山人,字子美。宋孝宗乾道二年的(1166)进士。宋光宗时四著名监司之一。官终吏部侍郎。◎张翼,字飞卿,面赤长髯,读书尚气节。明徐达命胡廷瑞十万大军攻无锡,锡城张士诚部守将莫天祐固守。张翼与士人徐绩、徐续等面见莫天祐,晓以大义。莫天祐接纳张翼谏言,开城出降。数十万无锡百姓于杀戮之祸,感戴张翼大德。

五月 初一 初二

炎帝会 按，州俗信鬼，自古已然。乐邑城内，近以五月一日为炎帝会，盖祀神农而兼祭五瘟也。每先期醵钱斋醮，是日将各神行像遍游城市，旌旗塞道，鼓乐喧天，士女杂还，颇近嬉游。(《重修嘉定府志》)

送瘟船 仲夏……是月也，五瘟庙僧令人曳车作龙舟状，列五瘟神像，具铙鼓，从朔日起，遍游街衢，人俱剪衣带少许，投钱米中施之，俗曰"送瘟船"。(《阳曲县志》)

庙市 都城隍庙，在宣武门内沟沿西，城隍庙街路北。每岁五月，自初一日起庙市十日，市皆儿童玩好，无甚珍奇，游者鲜矣。(《燕京岁时记》)

碧霞元君开庙 南顶碧霞元君庙在永定门外五六里，西向。左右有牌坊二，左曰"广生长养"，右曰"群育滋藩"。皆乾隆三十八年（1773）重修时御书。每至五月，自初一日起，开庙十日，士女云集。庙虽残破，而河中及土阜上皆有亭幛席棚，可以饮食坐落。至夕散后，多在大沙子口看赛马焉。(《燕京岁时记》)

迎龙 端阳前，各乡以木刻龙加之绘饰，置祝本境庙中，竞唱龙歌，抛鸡入溪洗之，谓之"洗龙"。五月一日至四日，各迎本境之龙于会首家，群歌而饮。其家先密作龙歌句，以帕结之，悬龙座前，独露韵脚一字，俾会中人依韵奏歌，得中帕字句者，按字多寡，以钱扇如数酬之。至五日，各村之龙咸会大溪，竞渡夺标，两岸聚观。《琼州府志》)

插桃枝 五月一日，门首插桃枝、艾叶，剪红纸葫芦以辟瘟。(《迁安县志》)

涂雄黄 每至端阳，自初一日起，取雄黄合酒晒之，用涂小儿额及鼻耳间，以避毒物。(《燕京岁时记》)

抑时气 五月一日，取土或冢土，或冢上砖石，入瓦器中，埋著门外阶下，合

家不患时气。(《本草纲目》)

禁水 卢循故城,在番禺南。城南小洲,状如方壶,盖循故居处。金卢亭,蛮人男女椎髻,俗采鱼蛎藤竹。又有龙户,一曰"蜑户"。旧传循字元龙,此恐循遗种。五月一日禁水,蜑户旧不设网罟。(《说郛》)

龙舟竞渡 西湖有龙舟四五只,其船长约四五丈,头尾均高,彩画如龙形。中舱上下两层,首有龙头太子及秋千架,均以小孩装扮。太子立而不动,秋千上下推移,旁列十八般武艺,各式旗帜,门座各枪,中央高低五色彩伞,尾有蜈蚣旗,中舱下层敲打锣鼓,旁坐水手划船。若做胜会,大看船停泊湖中,龙舟四围圈转,鱼贯而行,如抛物件,各龙舟水手下水抢。最难者莫如钱、鸭二物,钱则入水即沉,鸭则下水游去,各舟争胜,大有可观。游船之中,或有打十番锣鼓者,亦有吹弹歌唱者。城里河中,亦有由艮山水门来者,游人坐船敲打锣鼓,名曰"游短景儿"。五月初一起,初十尚热闹焉。(《杭俗遗风》)

逸事：观刈麦 (太平兴国九年,984年)五月二日,出南薰门观稼,召从臣列坐田中,令民刈麦,咸赐以钱帛。回幸玉津园观渔,张乐、习射,既宴而归。(《宋史》)

逸事：渝水浮光 (明孝宗)弘治辛酉(1501)仲夏二日夜分,古渝城上忽白光映天。见者惊异,争起视之。但见渝水明耀,浮光烛天而已。次早验之,宛如豆汁,逾三日始澄澈。(《月令辑要》)

◎蜑户,散居在广东、福建等沿海地带,不许陆居,不列户籍。以船为家,从事捕鱼、采珠等,计丁纳税于官。明洪武初始编户,立里长,由河泊司管辖,岁收渔课。◎网罟,捕鱼及捕鸟兽的工具。
◎南薰门,北宋东京城(今河南开封)外城南中门。◎古渝城,重庆。

五月 初三 — 初四

扇市 端午前二日，东市谓之"扇市"，车马特盛。(《海录碎事》)

逸事：赤雀巢门 （唐高祖）武德八年（625）五月三日，赤雀巢于殿门，宴五品以上，上颂者千馀人。(《月令辑要》)

重四 独平阳、江南初四日做节，谓之"重四"。昔宋小王是日经过其地，民包角黍享之。至今传以为俗。(《温州府志》)

市卖时物 自五月一日及端午前一日，卖桃、柳、葵花、蒲叶、佛道艾。次日，家家铺陈于门首，与粽子、五色水团、茶酒供养。又钉艾人于门上，士庶相迎宴赏。(《东京梦华录》)

逸事：寒花忌日 婢，魏孺人媵也。（明世宗）嘉靖丁酉（1537）五月四日死，葬虚丘。事我而不卒，命也夫！婢初媵时，年十岁，垂双鬟，曳深绿布裳。一日天寒，爇火煮荸荠熟，婢削之盈瓯。予入自外，取食之，婢持去不与，魏孺人笑之。孺人每令婢倚几旁饭，即饭，目眶冉冉动，孺人又指予以为笑。回思是时，奄忽便已十年。吁，可悲也已！（明·归有光《寒花葬志》）

逸事：麻姑洞开 新都县西南十五里，繁阳山中，有麻姑洞。（唐昭宗）光化二年（899）五月四日，山土摧落，洞门自开。时人咸云："洞开即年丰物贱。"后果远近丰稔。(《月令辑要》)

◎扇市，五月以出售扇子等节物为主的集市。◎赤雀，传说中的瑞鸟。
◎孺人，古代称大夫的妻子，明清时为七品官的母亲或妻子的封号。◎奄忽，忽然，突然。◎麻姑，东汉时应召降临蔡经家，能掷米成珠。相传在绛珠河畔以灵芝酿酒，以备蟠桃会上为西王母祝寿。故旧时为妇女祝寿多绘麻姑像以赠，称"麻姑献寿"。

五月

祭龙王 端午，各村祭龙王，田园挂纸。（《隰州志》）

朱索五色印 仲夏之月，万物方盛。日夏至，阴气萌作，恐物不楙。其礼以朱索连荤菜，弥牟朴蛊锺。以桃印长六寸，方三寸，五色书文如法，以施门户，代以所尚为饰。夏后氏金行作苇茭，言气交也。殷人水德，以螺首，慎其闭塞，使如螺也。周人木德，以桃为更，言气相更也。汉兼用之，故以五月五日，朱索五色印为门户饰，以难止恶气。（《后汉书》）

女儿节 五月五日，家悬五雷符，插门以艾，幼女佩纸符，簪榴花，曰"女儿节"。是日午，具角黍，渍菖蒲酒，阖家饮食之。以雄黄涂耳鼻，取避虫毒之义也。天坛墙下，走马为戏，群竞观焉。金鱼池、草桥、聚水潭皆有树荫，可作醵饮，相望不绝。（《宛平县志》）

小圣庙会 （五月）五日，门窗皆插艾，饮雄黄酒，戚友或以角黍相馈遗，佣作辍功。是日，偏凉汀有小圣庙会，妇女游观者俱以舟，非竞渡也。钗光衫影，滉漾水中。沿岸则急管繁弦，俳优演剧，旁列市肆，其热如蒸，几不知何处为清凉世界。惟松翠间有杰阁参差，嵌于崖隙，即偏凉虚阁也。好事者多于此行厨置酒，欢呼为乐，流连竟日始归。凡庙会，以是月偏凉汀为最。（《滦州志》）

画天师、钟馗像 每至端阳，市肆间用尺幅黄纸，盖以朱印，或绘画天师、钟馗之像，或绘画五毒符咒之形，悬而售之。都人争相购买，粘之中门，以避祟恶。（《燕京岁时记》）

悬朱符 五月五日，庭悬道士朱符，人戴佩五色绒线符，牌门户以缕系，独蒜，及以彩帛、通草制五毒，虫、虎、蝎、蜘蛛、蜈蚣，蟠缀于大艾叶上，悬于门，又以桃核刻作人物佩之。（《江宁县志》）

戏呈百草

万缕延龄

五月

户插楝 午日，天未明，采艾插户上，以禳毒气，亦有结艾为人者，与荆楚同。乡村或采楝木叶插之，父老相传可以禁蚊。(《淳熙三山志》)

取蛇蜕 一名"龙子衣"，名"蛇符"，一名"龙子皮"，一名"龙子单衣"，一名"弓皮"。生荆州川谷及田野。五月五日、十五日取之，良。畏磁石及酒。(《图经衍义本草》)

赐葛纱、画扇 内廷王公大臣至端阳时，皆得恩赐葛纱及画扇。(《燕京岁时记》)

桃虎、长命缕 闺中儿女采桃叶盈筐，叠折之，粘作虎形，饰以绣，极璀璨精致。又以五色线编作缕，曰"长命缕"，剪彩缝作天师，或小虎、黍角状，大裁如指，垂缕上，俾小儿系之。(《岁华忆语》)

衣丝、采药 （桐庐县）五月五日，乡塾之童蒙，稍具礼于师长，谓之"衣丝"。医家咸于午时采药，相传此日天医星临空门也。(《古今图书集成》)

佩五色丝 五月五日，贴门符，食角黍，戴艾叶，妇女簪艾虎，儿童佩五色丝，五日前具角黍馈新嫁女。(《赵州志》)

桃叶符 （五月五日）摘桃叶五片，叠缀成花，曰"桃叶符"，戴之钗头，辟邪。(《节序同风录》)

花丝楼阁 （洛阳人家）端午，术羹、艾酒，以花丝楼阁插鬓，赠遗辟瘟扇。(《金门岁节》)

健人 （五月五日）市人以金银丝制为繁缨、钟铃诸状，骑人于虎，极精细，缀小钗，贯为串，或有用铜丝金箔者，供妇女插鬓。又互相献赉，名曰"健人"。(《清嘉录》)

穿壶卢补子 谨按，《日下旧闻考》：金元宫中于七月七日穿鹊桥补子，上元日穿灯景补子，端阳日穿壶卢补子。盖亦点缀节景之意。(《燕京岁时记》)

食角黍、石首鱼 端午为天中节，食角黍，俗呼"粽子"，饮雄黄、菖蒲酒，又遍喷门户墙壁间，虽贫家必买石首鱼烹食，俗呼"鲎鱼"。在学前汇龙潭看龙船，男女夹岸舣舟饮宴，好事者以鹅鸭投水，龙船人号"水手"，跃出船入水，随鹅鸭出没，争得以为豪。以彩绒杂金线缠结符袋，戴之钗头，互相馈遗，儿女辈彩索缠臂，长者簪艾叶、榴花以辟邪。(《嘉定县志》)

饮菖蒲酒、斗龙舟 五月初一日起，至十三日止，宫眷内臣穿五毒艾虎补子蟒衣。门两旁安菖蒲、艾盆，门上悬挂吊屏，上画天师或仙子、仙女执剑降五毒故事，如年节之门神焉，悬一月方撤也。初五日午时，饮朱砂、雄黄、菖蒲酒，吃粽子，吃加蒜过水面。赏石榴花，佩艾叶，合诸药，画治病符。圣驾幸西苑，斗龙舟，划船。或幸万岁山前插柳，看御马监男士跑马走解。（《酌中志》）

洗百草汤、观竞渡 五月五日，以葛艾、菖蒲悬于门楣，亦以系小儿。啖角黍、鸡子、蕌头，饮菖蒲、雄黄酒，云辟百邪。小儿以雄黄涂其面，以五彩丝系其腰，谓之"长命缕"。午贴门符，小儿挂香囊，佩朱符，缚艾为虎，洗百草汤，云不生疥。亲邻以角黍、鸡子、雄黄、蒲扇、朱符、香囊相馈遗。午宴毕，观竞渡。南城独有夜游船。（《建昌府志》）

浴猫狗 江浙六月六日浴猫狗，广东之澄海则以五月五日浴之。（《清稗类钞》）

洗箕 端午节……遇天旱，妇人群聚洗箕于河，以求雨泽。（《平谷县志》）

五瑞花 端阳日以石榴、葵花、菖蒲、艾叶、黄栀花插瓶中，谓之"五瑞"，辟除不祥。（《夜航船》）

明·绿地洒线绣仙女执剑降五毒方补

五月

蹓柳　五月五日，士人于郊野或演武场走马较射，谓之"蹓柳"。(《夜航船》)

斗草　五月五日，谓之"浴兰节"。四民并蹋百草之戏，采艾以为人，悬门户上，以禳毒气。以菖蒲或镂或屑，以泛酒……蹋百草，即今人有斗百草之戏也(《荆楚岁时记》)

放殃　(五月)自一日至五日，童子以纸鸢为戏，谓之"放殃"。偶线断，落其屋舍，必碎破之，以为不祥。(《石城县志》)

看灯船　年年端午，京城士女填溢，竞看灯船。好事者集小篷船百什艇，篷上挂羊角灯如联珠，船首尾相衔，有连至十余艇者。船如烛龙火蜃，屈曲连蜷，蟠委旋折，水火激射。舟中鏾钹星铙，宴歌弦管，腾腾如沸。士女凭栏轰笑，声光凌乱，耳目不能自主。午夜，曲倦灯残，星星自散。(《陶庵梦忆》)

观麦　熙宁三年(1070)五月六日，御观稼殿，召辅臣观麦。(《玉海》)

逸事：天花如雨　(明英宗)正统元年(1436)五月六日午时，(宁波府)天花如雨，飞满庭中。其形若米，其色如玉，积深尺馀，七日始化。(《月令辑要》)

逸事：天启大爆炸　(明熹宗)天启丙寅(1626)五月初六日巳时，天色皎洁，忽有声如吼，从东北方渐至京城西南角，灰气涌起，屋宇动荡。须臾，大震一声，天崩地塌，昏黑如夜，万室平沈。东自顺城门大街，北至刑部街，长三四里，周围十三里，尽为齑粉。屋数万间，人二万馀，王恭厂一带，糜烂尤甚。僵尸层叠，秽气熏天，瓦砾盈空而下，无从辨别。衙道门户，震声南由河西务，东自通州，北自密云、昌平、告变相同。城中屋宇无不震烈，举国狂奔。象房倾圮，象俱逸出。遥望云气，有如乱丝者，有如五色者，有如灵芝黑色者，冲天而起，经时方散。(《北京天变邸抄》)

◎楸，草木茂盛。◎弥车，即弥车布，礼仪用物。◎羊角灯，用透明材料做罩的灯。

江渡招龙

岁华纪胜·端阳

五月 初七 —— 初八

城隍庙演戏 五月七日，城隍庙演戏十二天，如泰山庙之盛。(《保安州志》)

逸事：初服翼善冠 贞观八年(634)五月七日，(唐)太宗初服翼善冠，赐贵臣进德冠。(《玉海》)

逸事：三凤入城 宋真宗景德元年(1004)五月七日行时，白州有三凤自南入城。众禽周绕，至万岁寺前，栖高木上，身如龙，长九尺，高五尺，其文五色，冠如金杯，至申时飞向北去。州画图来上。(《格致镜原》)

郑成功薨 五月八日，明招讨大将军延平王郑成功薨于东宁。《台湾通纪》

蚕呕黄丝 扶桑之蚕，长七尺，围七寸，色如金，四时不死。五月八日，呕黄丝，布于条枝，而不为茧，脆如绽。烧扶桑木，灰汁煮之，其丝坚韧，四丝为系，足胜一钧。(《说郛》)

逸事：犬代人死 武进县东乡顾家用夹底斗，出则加底，入则去之。后雷火震其居，劈碎其床，震死二犬。有神降于庭，曰："此夹底斗之警也，姑以犬代死耳。"此(明穆宗)隆庆三年(1569)五月初八日事。(《文帝全书》)

逸事：有物入塘 (咸丰)七年(1857)五月初八日，来凤县曾氏塘风雨骤至，有物长丈馀，乘风入塘，形似牛，身备五色，目灼灼有光，水喷起。(《清史稿》)

初九 —— 五月 —— 初十

药市 《方舆胜览》:"蜀民重蚕事,每岁二月望日,于府治东大慈寺前鬻蚕器,谓之"蚕市"。又五月卖扇于街中,谓之"扇市"。五月九日于市前鬻香药,号"药市"。冬月于市前鬻器用,号"七宝市"。(《大清一统志·成都府》)

——

竹醉日 五月十日为"竹醉日",是日移竹易活。又三伏内斫竹则不蛀。(《夜航船》)

龙竹生孙

十一 — 五月 — 十二

祀城隍 （明）初，都城隍之神，岁以五月十一日为神之诞辰。及万寿圣节，各遣官致祭。（《王礼通考》）

迎关帝 （五月）十一日，扮杂戏迎关帝。十三日，毕集庙中，设醮赛愿祈保者，各带枷锁，以楮为之有执刀，竚立神前三日者，曰"站刀"。甚有剪肉焚香、膊刺大小刀箭者。（《琼州府志》）

关帝庙开庙 十里河关帝庙在广渠门外。每至五月，自十一日起，开庙三日，梨园献戏，岁以为常。（《燕京岁时记》）

逸事：宴饮 （宋太宗）太平兴国二年（977）五月十一日，再宴契丹使于崇德殿，酒九行而罢，以其贡助山陵也。（《宋史》）

演戏 长沙馆于五月十二日演戏，题名"状元""南元""朝元"三匾，同日晓挂，极为热闹，皆男总办，而人人乐从。头门对联云："同拜十进士，庆榜三各元。"可谓盛矣！（《曾国藩家书》）

逸事：观刈麦 （宋仁宗）天圣三年（1025）五月癸巳（十二日），幸南观庄，观刈麦，遂幸玉津园，燕群臣。闻民舍机杼声，赐织妇茶彩。（《玉海》）

五月 十三 / 十四

龙生日 （五月）十三为白龙生日。俗云"白龙瞟娘，必主有雨"。（《常昭合志》）

竹醉日 五月十三日，谓之"龙生日"，可种竹。《齐民要术》所谓"竹醉日"也。（《岳阳风土记》）

关帝诞 （仲夏）十三日，俗为关帝诞，百戏角觝，集倡优乐之。是日必有微雨，谓之"洗刀水"。（《永平府志》）

祭关公 关公庙，（明太祖）洪武二十七年（1394）建于鸡笼山之阳，称"汉前将军寿亭侯"。（明世宗）嘉靖十年（1531）订其误，改称"汉前将军汉寿亭侯"。以四孟岁暮，应天府官祭，五月十三日，南京太常寺官祭。（《明史》）

进刀马 十一日，都城隍诞。太常寺预日致祭，居民香火之盛，不减于东岳之祀。十三日，进刀马于关帝庙。刀以铁，重八十斤；马以纸，高二丈许，鞍鞯绣文，衔辔金错，旗鼓前导之。（《宛平县志》）

单刀会 五月十三日谓之"单刀会"，是日类多风雨，俗谓之磨刀雨。列户祠祀关庙。明袁中道五月十三日诗："千山万山雨忽至，大珠小珠溪里沸。此是关公洗刀雨，沾身也带英雄气。疾雷先雨雨如霰，停车且认玉泉树。志士奇穷避地时，将军血战灰心处。"（《荆州府志》）

逸事：设宴赋诗 乾隆辛未（1751），予在吴门。五月十四日，薛一瓢招宴水南园，座中叶定湖长杨、虞东皋景星、许竹素廷铢、李客山果、汪山樵俊、俞赋拙来求，皆科目耆英，最少者亦过花甲。惟余才三十六岁，得遇此会。是夕大雨，未

到者沈归愚宗伯、谢淞洲征士而已。叶年八十五,诗云:"潇潇风雨满池塘,白发清尊扫叶庄。不有忘形到尔汝,那能举座尽文章?轩窗远度云峰影,几席平分水竹光。最是葵榴好时节,醉吟相赏昼方长。"虞八十有二,句云:"入座古风堪远俗,到门新雨欲催诗。"俞六十有九,句云:"社开今栗里,树老古南园。"(《随园诗话》)

关帝圣君

◎四孟,农历四季中每季头一个月的合称,即孟春(正月)、孟夏(四月)、孟秋(七月)、孟冬(十月)。

五月 十五 十六

陈烈帝诞日 （五月）十五日，陈烈帝诞日，云车毕集其庙……云车之制，以铁为之缭绕如云，强有力者负而趋上，上承二小儿金冠戎服，左右立或更置一儿于顶以成，三如帝者形盖以像神也。（《常州府志》）

宾旅聚会 汉中之人，质朴无文，不甚趋利，性嗜口腹，多事田渔，虽蓬室柴门，食必兼肉……每至五月十五日，必以酒食相馈，宾旅聚会，有甚于三元。（《隋书》）

作枭羹 兰芝以芳，未尝见霜；鼓造辟兵，寿尽五月之望。（鼓造，盖谓枭，一曰虾蟆。今出人五月望作枭羹，亦作虾蟆羹，言物不当为用。）（《淮南子》）

天地合日 元祐七年（1092），哲庙纳后，用五月十六日法驾出宣德门，行亲迎之礼。初，道家以五月十六日为天地合日，夫妇当异寝，违犯者必夭死，故世以为忌。当时太史选定，乃谓人主与后，犹天地也，故特用此日。（《老学庵笔记》）

出会收瘟 地祇元帅封东嘉忠靖王，姓温，传说系前朝秀士，来省中乡试，寓中夜闻鬼下瘟药井中，思有以救万民，即以身投井。次日人见之，捞起，浑身青色，因知受毒，由是封神。五月十八诞辰，十六出会，名曰"收瘟"，由来旧矣。（《杭俗遗风》）

◎常州有忠佑庙，祀司徒陈杲仁。相传南唐封为武烈帝，故今俗以帝号称之。◎枭羹，以枭肉制的羹汤。古代夏至、五月之望，皇帝制之以赐臣下，寓有除绝邪恶之意。

五月

十七　五月　十八

城隍生辰　（周）新字志新，广东南海县人。永乐中官御史，弹劾不避，贵戚惮之，呼为"冷面寒铁"。擢浙江按察使，尝斥西湖侵占以备旱，凡雄据于豪右者，悉夺还之，由是势家交怨，竟为锦衣指挥纪纲所陷。濒死，矫矫无片辞挠诎，上寻悟其枉。他日，若见有人被朱袍立庭中，语上曰："上帝以臣刚直，命为浙江城隍。"言讫不见。今杭人以五月十七日祠于吴山城隍庙，为其始生之辰云。（《西湖志》）

逐疫　五月十七日，小儿女悉赴瘟司庙上枷。次日庙神出游，舁者盛饰去，帽簪五色花，沿街曳茆船，谓之"逐疫"。（《武昌县志》）

逸事：宫女出逃　（万历四十一年六月）十八日，阅邸报，五月十七日申时分，宫女卢天寿头顶长随纱帽，脚穿布鞋袜，腰悬"忠"字四千八百三号牙牌，由仁德门西华门逃出长安街，出城问昌平道，被获。审衣帽牙牌，乃内官魏卿所与，亦异事也。（《味水轩日记》）

收瘟　五月十八日，为干船，五钜制龙文装戏游市中，备极巧丽。十七日及是日，先后送北门外焚之，所过家，投以五谷、盐、茶，曰"收瘟"。（《湖口县志》）

送瘟　五月十八日送瘟，纸作龙舟，长数丈，上为三闾大夫像，人物数十，皆衣锦绣彩绘，冠佩器用，间以银锡，费近百金，送至青龙堤燔之，其盛他处罕比。昔人沿送穷之遗制，船以茅，故至今犹谓之"茅船"，而实则侈矣。（《大冶县志》）

棚会　五月十八日，棚会，市民十家一棚，祭瘟神。会饮，或醮禳，焚苍术，插桃叶。（《广济县志》）

◎矫矫，英勇威武。

十九 —— 五月 —— 二十

逸事：流星 五月十九日夜，有流星大如斗杆，尾长十馀丈，从西北来坠城内，是谓天狗。占曰："天狗所坠，下有伏尸流血。"(《宋史》)

城隍会 （五月）二十日，义兴（宜兴）举城隍会，以其神为明初大将杨国兴诞日也。(《常州府志》)

演水龙 （五月）二十日分龙，郡邑长率僚属至黄龙洞祭龙神显利侯庙，择空地演水龙。(《乌程县志》)

分龙雨 二十日为分龙，俗以分龙之次日雨，谓之"分龙"。雨主雨旸调顺，岁必有秋。有"二十分龙廿一雨，水车搁拉行堂里"之谚。又云："二十分龙廿一雨，石头缝里都是米。"自是以后，分方行雨，俗谓之"夏雨隔爿田"。蔡云《吴歈》云："南阡朗日带长虹，北陌顽云斗疾风。偶凑分龙得新雨，山村水荡说年丰。"(《清嘉录·五月》)

祭黄龙 归安县弁山，有黄龙洞，旧名"金井洞"，洞顶出泉，名"金井泉"。窦穴深邃，莫窥其际。五代梁贞明初，黄龙见于洞，故更今名。吴越王因立祥应宫以祀之。今制，五月二十日，有司致祭。(《大明一统名胜志》)

五月

天申节 淳熙三年（1176）五月二十一日天申圣节。先十日，驾诣德寿宫进香，并进奉银五万两，绢五千匹，钱五万贯，度牒一百道，用绿油匣二百个。上贴签云"臣某（御名）谨进"。令幕士安顿寝殿前，候长到宫，移入殿上，并铺放七宝金银器皿等。十二日，皇后到宫进香排日，皇太子、皇太子妃，并大内职典等进香。至日卯时，车驾率皇后、太子、太子妃、文武百僚并诣宫上寿。车驾至小次降辇，太上遣本宫提举传旨减拜行礼。上回奏云："上感圣恩，容臣依礼上寿。"太上再命减十拜。俟太上升殿，皇帝起居拜舞如仪，并率皇太子、百官奉上御酒。乐作，卫士山呼，驾兴入幄次小歇，乐人再排立殿上，降帘，太上再坐，太后率皇后、太子妃上寿，六宫次第起居礼毕，退。上侍太上过寝殿，进早膳。太上令宣唤吴郡王等官前来伴话。上侍太上同往射厅看百戏，依例宣赐。再入幄次小歇，上遣长奏知太上："午时二刻，恭请赴坐。"至期，车驾并赴德寿殿排当。自皇帝已下，并簪花侍宴。至第三盏，太上遣内侍请官家免花帽儿束带，并卸上盖衣。官里回奏上感圣恩。并免皇后头冠，皇太子穿执，并谢恩讫。太上泛赐皇太子垒金嵌宝盘盏、紫罗紫纱。南北内互赐承应人目子钱。主管禁卫官率禁卫等人于殿门外谢恩。又入幄次小歇。约二刻，再请太上往至乐堂再坐，教坊大使申正德进新制《万岁兴龙曲》乐破对舞，各赐银绢有差。又移宴清华，看蟠松，宫嫔五十人，皆仙妆，奏清乐，进酒，并衎前呈新艺。约至五盏，太上赐官里御书《急就章》并《金刚经》，官家却进御书真草《千字文》，太上看了，甚喜云："大哥近日笔力甚进。"上起谢。同皇太子步至蟠松下，看御书诗。再入坐，太上宣索翡翠鹦鹉杯，官里与皇后亲捧杯进酒。太上曰："此是宣和间外国进到，可以屑金。就以为赐。"上谢恩。时太上、官家并已七八分醉，遂再服上盖，率皇后、太子谢恩，宣平辇近里升辇。太上宣谕知

省云："官家已醉,可一路小心照管。"知省等领圣旨还内来。早上,遣知省至宫,恭问二圣起居,并奏欲亲到宫谢恩。太上就令提举往问兴居,并免到宫行礼。(《武林旧事》)

———

逸事：赐绣袍 （武周）延载元年（694）五月二十二日,内出绣袍,赐文武三品以上,铭襟背各为八字回文。(《玉海》)

宋簪花侍女

五月

二十三 —— 五月 —— 二十四

分龙兵 京师谓五月二十三日为"分龙兵"。盖五月以后，大雨时行，隔辙有雨，故须将龙兵分之也。(《燕京岁时记》)

诗咏：汲泉渍白芙蓉 五月二十四日，会无咎之随斋。主人汲泉置大盆中，渍白芙蓉，坐客翛然，无复有病暑意。回风落景，散乱东墙疏竹影。满坐清微，入袖寒泉不湿衣。梦回酒醒，百尺飞澜鸣碧井。雪洒冰麾，散落佳人白玉肌。(宋·苏轼《减字木兰花》)

芙蓉

二十五 — 五月 — 二十六

祭龙王 龙王庙在（舒城）县西南十五里，每岁五月二十五日，县令亲祭之。于此劝农，庙前有龙潭，祷雨辄应。（《古今图书集成》）

谷神生日 （增城县）五月二十六日，俗谓谷神生日，喜有雨。（《古今图书集成》）

有雨出谷 （邵阳县）五月二十六日，有雨，人争出谷。（《古今图书集成》）

占卜 （宁州）五月二十六日，雨晴可占丰年。（《古今图书集成》）

瑞谷图

五月

二十七 ─ 五月 ─ **二十八**

城隍庙赛祭　城隍庙在县治东,每岁五月二十七日赛祭。《介休志》云:"汉唐以前,祀典不载。"《事物纪原》曰:"秦功臣冯尚见梦于汉高帝曰:'奉天命为王,领城隍。'遂并置于天下。"(《平遥县志》)

宜服五味子汤　《千金方》曰:"五月二十七日,宜服五味子汤。取五味一合,捣置小瓶中,以百滚汤入蜜少许,即封口,置火边,良久乃服,生津止渴。"(《遵生八笺》)

城隍诞　五月二十八日,城隍诞,官民具牲醴,诣庙致祭,演剧庆祝。(《阳江县志》)

祀五道庙　(清苑县)五月二十八日,祀五道庙。(《古今图书集成》)

庆城隍寿　(邵武府)五月二十八日,庆城隍寿,周游三日,以招四方商贾。百货毕集,谓"小苏杭"。(《古今图书集成》)

逸事:观龙　(宋仁宗)大中祥符三年(1010)五月二十八日,召辅臣于崇政殿北廊,观中使任文庆于茅山郭真人池中所获龙。长二寸许,极细鳞,腹如玳瑁,手中仰覆无惧。帝作观龙歌,复送茅山池中。(《玉海》)

五月　二十九　三十

分龙节　池州俗以五月二十九日、三十日为分龙节，雨则多大水。（《岁时广记》）

致祭关王庙　（平乐府荔浦县）关王庙一在城外西关，为旧庙；一在城南儒学侧。宋绍兴间，有曹成犯顺，邑人请于神，顷刻骤雨，水溢两岸，贼遂不得渡江。但闻空中风声鹤唳，如有神助，贼遂遁去。明隆庆壬申，大征朦胧三峒。兵备道金某监军夜梦神助，遂大捷班师，为立新庙，每岁以五月三十日致祭。（《古今图书集成》）

除夕禳疫　乙酉夏，二东多疫，忽有乡人持斋素者，言以五月晦为除夕，禳之则疫可除。一时村民皆买香烛祀神祇祖先，亦妖言也。（《香祖笔记》）

九龙行雨图（局部）

六月

季夏之月，腐草为萤

六月，万物小盛，故曰小吉。（《梦溪笔谈》）

十二月月令图·六月

六月

六月也叫"季夏",六月时天气炎热,荷花盛开、莲蓬结实、菱藕上市,所以又称"荷月"。

每年六月二十四日是荷花生日,也叫"莲诞日""观莲节"。传说古代有个名叫晁采的女子,在六月二十四日这天,与丈夫以莲子互相馈赠。"莲"谐音"怜",而"怜"有"爱"意,从这个角度来说,六月二十四日也是男女之间互赠莲子、互表心意的"情人节"。

庆祝"荷花生日",还有游荷花荡、吃荷花筵、饮荷叶杯的习俗。这一天所吃的食物,多与荷有关,如荷叶鸡、荷叶肉、荷叶饼、莲子糕、荷叶粥、清汤荷叶莲子羹等,餐具上也多用与荷有关的造型。

六月正式入伏,头伏时古代女子有戴榴花、茉莉,并用凤仙花染指甲的习俗。在饮食上主打清凉去火,如《节序同风录》里提到的"清凉饭"、大暑时吃的"清风饭",还有老少皆宜、清脾肺火的"槐叶冷淘"。冷淘是过水面一种,是用槐叶汁和面制作的面条,煮熟之后过一遍凉白开,配上浇头、面码食用。

此外,六月还有一个"半年节",有很多关于"洗""晒"的活动。京师里的大象等动物,迎来一年一次的沐浴大会。只要有看对眼的,公象母象就开始"翩于波良中",之后水面浮着一些特殊的腥秽的"液体",这水就不能喝了,住得近的居民只能到更远处汲水饮用。得等十天,水才慢慢变澄澈。估计住在城外水滨的朋友很讨厌这个节吧!

六月里,惹人厌烦的还有蚊子,古人在驱蚊方面也颇费苦心,是物理攻击和魔法攻击双开启,不仅有艾草、柏子、菖蒲等中药制成的"蚊香",还有驱蚊的符咒,比如"天地太清,日月太阳,阴阳太和,急急如律令敕"等。

即使这样,蚊子还是杀之不尽。从某种角度来说,蚊子和蟑螂,可以并列为"地表最强"。

黄雀风 南中六月，则有东南长风，俗号"黄雀风"，时海鱼化为黄雀，因为名也。(《天中记》)

避暑 六月，早稻熟，家家试新，禁宰鸡鸭，恐犯耗神……六月炎气如大盛，不惟有害田畴，且山岚瘴气，人民多疾，宜避暑。(《新田县志》)

祈雨 是月(六月)也，谷始秀，黍始登。如遇天旱，妇人洗箕于河，求雨泽。(《祁州志》)

农忙 (澄迈县)六月，农工方急，谓之"农忙"。(《古今图书集成》)

扫晴娘 六月乃大雨时行之际。凡遇连阴不止者，则闺中儿女剪纸为人，悬于门左，谓之"扫晴娘"。(《燕京岁时记》)

晒大小麦 晒大小麦：今年收者，于六月扫庭除，候地毒热，众手出麦薄摊。取苍耳碎剉，拌晒之。至未时及热收，可以二年不蛀。(《农桑辑要》)

织布 六月，命女工织<u>缣练</u>。可烧灰，染青绀杂色。(《齐民要术》)

请先生凭水 人家礼重师保，虽市侩屠沽，所延童子师，值盛暑时，亦必买舟延师，并携学生往游，名之曰"请先生凭水"。画船箫鼓中，时见有腐儒与伧侩杂坐，诸童子嬉于旁者，皆此类也。(《岁华忆语》)

游十刹海赏花 十刹海，俗呼"河沿"，在地安门外迤西，荷花最盛。每至六月，士女云集，然皆在前海之北岸。他处虽有荷花，无人玩赏也。盖德胜桥以西者，谓之"积水潭"，又谓之"净业湖"，南有高庙，北有汇通祠者是也。德胜桥以东，昔成亲王府，今醇亲王府前者，谓之"后海"，即所谓"十刹海"者是也。三座桥以东，响闸迤左者，谓之"前海"，即所谓"莲花泡子"者是也。今之游者，但谓之十刹海焉。凡花开时，北岸一带风景最佳：绿柳垂丝，红衣腻粉，花光人面，掩映迷离，直不知人之为人花之为花矣。(《燕京岁时记》)

◎缣练，煮熟的细绢。

六月

初一 —— 六月 —— **初二**

祀五龙神 （夏县）六月初一日，祀五龙神。初六日，祀城隍土地神。（《古今图书集成》）

礼南斗 六月朔日至六日，各郡礼南斗，祈年。（《云南通志》）

保平安 六月之朔，（严州府）家家以牲醴祈禳，亦有连里共举者，谓之"保平安"。（《古今图书集成》）

庙市 中顶碧霞元君庙，在右安门外十里草桥地方，每岁六月初一日有庙市。市中花木甚繁，灿如列锦，南城士女多往观焉。按，《宸垣识略》：草桥在右安门外十里，众水所归，种水田者资以为利。土近泉，宜花，居人以莳花为业。有莲花池，香闻数里。牡丹芍药，栽如稻麻。桥去丰台十里，元明时多贵家园亭，如廉右丞之万柳堂、赵参谋之匏瓜亭，均在其左右，今已无考。吴岩诗注谓四月初一开庙，今改六月矣。（《燕京岁时记》）

逸事：杨玉环生辰 （唐玄宗）天宝十四年（载）（755）六月一日，上幸华清宫，乃贵妃生日，上命小部音声。小部者，梨园法部所置，凡三十人，皆十五已下，于长生殿奏新曲，未有名。会南海进荔支，因以曲名"荔支香"。左右欢呼，声动山谷。（《闽中荔支通谱》）

逸事：祷雨 （宋仁宗）庆历间，京师旱，上祷雨太乙宫。六月二日，召王公以下从。日色甚炽，埃尘涨天。上不怡，至琼林苑，回望太乙宫，有云气如香烟。少时，雷雨至。帝却逍遥辇，御平辇，彻盖还宫。（《闻见录》）

六月 初三 初四

南岳府君圣诞 六月初三日,为南岳府君圣诞,士民祭祀惟谨,四方商贾皆至。邑之人终岁日用所需,以及男女婚嫁、钗裙衣帕之饰,皆于此日置办。市易三日毕,居民各归农业,商贾亦行,岁以为常。(《灵邱县志》)

黄昏阵 俗以初三日晴,主旱。若是夜黄昏有雨,则日日有之,谓之"黄昏阵"。谚云:"六月初三打个黄昏阵,上昼耘稻下昼困。"又云:"初一落雨井泉枯,初二落雨井泉波,初三落雨夜夜阵,初四落雨通太湖。"盖此时农民望泽孔殷,如久晴,则立竿制纸旗以祷雨。街坊小儿出松花会,呼曰:"小儿求雨天欢喜。"(《清嘉录》)

月亮头 六月三日以后,俗谓之"月亮头",竞以游船为乐。船户亦于此时故昂其值,贫者亦必于月上后,徘徊桥头岸上,饱听笙歌,夜分乃归。故岸傍夜市,张小纸灯,卖菱藕者亦极盛。(《岁华忆语》)

逸事:玄武门之变 (唐高祖武德)九年(626),皇太子建成、齐王元吉谋害太宗。六月四日,太宗率长孙无忌、尉迟敬德、房玄龄、杜如晦、宇文士及、高士廉、侯君集、程知节、秦叔宝、段志玄、屈突通、张士贵等于玄武门诛之。(《旧唐书》)

六月 初五 — 初六

迎惠利夫人袍带 （归化县）六月初五，迎惠利夫人袍带。初九，迎夫人之东郊。初十，仍迎东郊。易马而回，俱游遍街衢，乃还庙。十一日为夫人诞辰，县官躬诣致祭。(《古今图书集成》)

享赛崔府君庙 崔府君庙在（灵丘县）城西北，元建，泰定（1324—1328年）间重修，六月五日土人享赛。(《山西通志》)

逸事：金龟出 （前蜀）武成三年（910）庚午六月五日癸亥，广汉太守孟彦晖奏："西湖有金龟径寸，游于荷叶之上。"画图以闻。(《录异记》)

半年节 （永州府）六月六日，谓之"半年节"。以酒殽祀家庙。(《古今图书集成》)

天门开 六月初六，俗名是日天门开，人家竞曝衣服，谓不虞霉烂。(《安平县杂记》)

六日节 六月六日，乡人买牲迎田祖，谓之"六日节"。(《新宁县志》)

迎女节 六月六日为"迎女节"。新嫁女母家授以单衣，谓之"避凉"。五更时，取水作曲，曰"压曲"。又于是日作酱，曰"不生虫"；晒书籍、衣服，曰"虫不啮"；藏水待用，日久不坏。(《同官县志》)

大禹生日 先儒谓涂山有三。一寿春涂山，在今怀远县，乃禹会诸侯处。东坡诗注"淮南人谓禹以六月六日生，数万人会山上"是也。一会稽涂山，为禹致群神之地，或崩葬之所。一巴郡涂山，即禹后家也。(《蜀輶日记》)

天贶节 又曰：祥符元年六月六日，天书降兖州。二年五月八日，诏曰：其六

大禹治水

月六日天书降大山日,宜令设醮……四年正月,以六月六日为天贶节,在京禁屠宰九日,诏诸路并禁,从欧阳彪之请也。(《事物纪原》)

祀舜二妃 （长沙府）黄陵庙,在湘阴县,北汉荆州牧刘表建,以祀舜二妃之神,每岁六月六日致祭。是日城市各设醮禳荧,至晚合醵尽欢,或演戏为乐。(《古今图书集成》)

六六福 六月六日,(东阳县)农家于是日祀谷神,谓之"六六福"。盖亦农人祈谷报赛之义。(《授时通考》)

祈谷 木公山,在信丰县西一百里。上有天池,广数亩。土人六月六日祈谷于此,十人至池内可取十鱼,百人可取百鱼,如数则止,不能多也。(《江西通志》)

清暑节 六月六日,为清暑之节。农家观此日阴晴以占牛草之贵贱。(《石首县志》)

青苗会 （隆安县）谚云:"年逢六月六,家家饶雨足。"六月六日,为青苗会,祀田公、田母,以祈有年。(《古今图书集成》)

祀土神 （乳源县）六月六日,早稻穑,家祀土神,即田园、蔬圃以香纸为表祭。(《古今图书集成》)

挂地头 六月六日,旧时农家以土谷神,挂于地头,名曰"挂地头"。储水、造面、腌瓜,家家曝衣。(《香河县志》)

敬鄱官 六月六日,农家剪纸为田神,涂鸡鸭血其上,用长竿标置田间,以祈丰稔,谓之"敬鄱官"。(《浏阳县志》)

迎神禳灾 六月六日,(英德县)各乡堡以鼓吹迎神,俗谓之"禳灾"。(《古今图书集成》)

辟暑饮食 （六月六日）食银苗菜,即藕苗也。炒小麦面,以冷水、糖蜜拌食,曰"甘麸"。或加盐料,滚水瀹食,以辟暑气,亦曰"甘麦粥"。炒大麦面,拌以糖霜,和冰水饮之,曰"炒面饮子",祛暑止泻……饮酒用法蓝盃盏,取其凉,即大食窑器也。赏荷花,是日荷花生日,或作二十四日。摘莲蕊,入酒饮之,曰"碧芳酒",降心火。(《节序同风录》)

蓄水作曲 六月六日,是日各家蓄水,久之不坏。以此水和面作曲造酒极美。(《房山县志》)

食鸡粥　六月六日，各晒衣与书籍，老者食鸡粥，谓时极阴以补阳云。(《浙江通志》)

作匾食　六月六日，脍肉裹面，作匾食食之，俗呼"馄饨"。(《嘉定县志》)

晒晾銮舆仪仗　六月六日，内府銮驾库、皇史宬等处，晒晾銮舆仪仗及历朝御制诗文、书集经史。士庶之家，衣冠带履，亦出曝之。妇女多于是日沐发，谓沐之不腻不垢。至于骡马、猫犬、牲畜之属，亦沐于河。(《帝京岁时纪胜》)

曝书　六月初六正午赫曦，俗称"曝银之日"。儒家者流，本无家珍，惟出架上藏书向阳一晒。(《海丰县志》)

晒谷豆　六月初六日，各晒衣服、谷豆等物，云辟蠹，亦去湿之意也。(《饶平县志》)

晒乐器　六月六日，同太常寺遣官开晒乐器。(《国子监志》)

浴小儿　(建宁县) 六月六日，晒水至温，浴小儿，谓不生疮。(《古今图书集成》)

擦牙洗眼　六月六日，用井花水以白盐淘于水中作卤，新锅仍煎作白盐，以此盐擦牙毕，以水吐手心内洗眼，虽老犹能灯下读书。(《遵生八笺》)

洗马　御马监所领天闲上驷，每岁六月六日，中贵人用仪仗鼓吹导引，洗马于德胜桥之湖上，三伏皆然。(《日下旧闻考》)

浴象　象房有象时，每岁六月六日，牵往宣武门外河内浴之，观者如堵，后因象疯伤人，遂不豢养。(《燕京岁时记》)

观雾　雾灵山，密云县东北一百六十里，本名"伏凌山"。伏凌山山甚高峻，岩障寒深，阴崖积雪，凝冰夏结，事同《离骚》"峨峨"之咏，世人因以名山也。后讹为"雾灵山"。白河发源于雾灵山，山每于六月六日现祥光如雾，土人如期候之，上多奇花，又名"万花台"。(《畿辅通志》)

◎惠利夫人，俗名莘七娘，五代时南唐人，生卒不详。少时知文达理，通医术，随夫征战归闽国化城（今福建明溪），夫病亡，遂寄居该地。为归化者治病，死后葬归化。南宋嘉定年间，朝廷敕封"惠利夫人"。◎崔府君，生于隋开皇五年（585）六月六日。名珏，字子玉，鼓城县人。唐太宗时授长子县令，后历任滏阳县令、卫县令、蒲州刺史兼河北二十四州采访使，时称治行第一。贞观二十二年（648）十月十日卒于任上。唐玄宗封护国显应侯。宋仁宗景祐二年（1035）加封护国显应公。宋高宗加封护国显灵真君。金章宗封亚岳之神。元成宗封惠齐圣广祐王。◎报赛，古时农事完毕后举行谢神的祭祀。◎赫曦，阳光炽盛。◎上驷，上等马，良马。◎浴象，明清习俗，六月在护城河内为宫廷养的象洗澡。

六月 ◆

御河浴象

浴婴图

215

初七 —— 六月 —— 初八

天门开 六月七日，讹传为天门开。十五日，以米粉搓成小丸，取合家团圆之义，祀神明祖先，曰"半年丸"。（《新竹县志初稿》）

——

忌西北风 （六月）初八忌西北风。谚云："六月初八西北风，惊动海中龙。"（《崇明县志》）

逸事：杨爵梦王阳明 六月初八日夜，初寝，梦一男子长身少须，须间白，呼爵相拜曰："予王阳明也。"数谈论，未尝自言其所学。语未毕，忽警寤。予瞿然曰："是何先圣先贤来此以教我乎？或慷慨杀身于此地，如刘忠愍之类者，相与邂逅于梦寐乎？明早当焚香拜谢之。"俄而屋脊坠一小砖块于卧傍木板上，声震屋中，守者惊起。初九日早晨记。（明·杨爵《语录》）

◎王守仁（1472—1528），字伯安，号阳明，谥文成。余姚人。思想家、哲学家、书法家、军事家。陆王心学之集大成者，精通释道，且能统军征战。有《王文成公全书》。刘球（1392—1443），字廷振，号求乐，江西安福人。永乐十九年进士，修《宣宗实录》，改翰林侍讲。正统六年（1441），上疏反对发动麓川之役。正统八年（1443），应诏陈言，又言用兵麓川之失，忤王振，逮系诏狱，被马顺肢解死。景泰初赠翰林学士，谥忠愍。有《两溪文集》。

六月 初九 — 初十

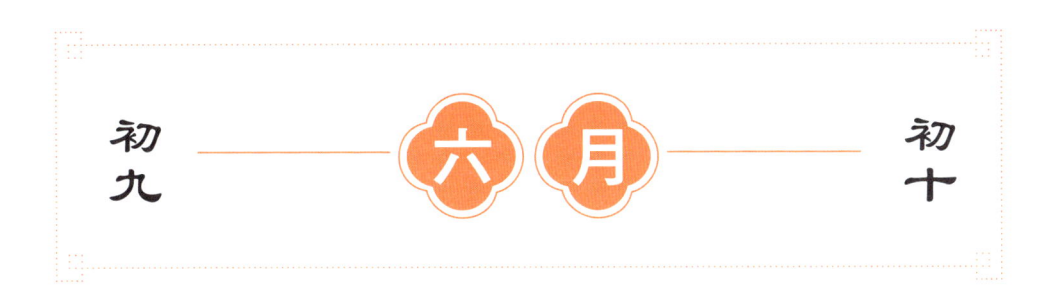

奉香祖庙 广福祖庙在盐桥东南，即蒋七郎家祠也。每岁六月九日，郡人以神诞日奉香火。(《西湖游览志》)

京族唱哈祭祀 迁居此地十年时，海产减收人损失，人们心里有焦虑，聚在一起齐叹息。无处不有鬼神隍，祈祷期约试怎样？杀猪一头来祭拜，三天可否如愿偿。先祈人丁六畜旺，后求鱼虾堆满仓。六月初七把网撒，满载而归喜洋洋。捉鱼捞虾连三天，忙了几夜不成眠。初十宰猪献糯饭，奉上祭品许诺言。首先拜请海龙王，二祈地方众神隍。三求诸家各祖堂，赐福人间万年长。此后人畜得平安，海产丰收按惯例。家家都立祖神堂，村村建起庙亭祠。财产丰收生活好，人丁兴旺年胜年。每年六月初九始，唱哈祭祀乐数天。(《京族哈节祭文与有关文献》)

祭灵祐王 灵祐王庙，在铜官山南。神张姓，宽名，为浔阳太守。萧齐时，庙食兹土。唐中和间，阴有助战功，观察使裴肃奏封保胜侯。乾贞三年，加公爵。宋绍兴元年，赐庙号名"昭惠"。咸淳八年，增爵封灵祐王庙……六月十日神诞，有司祝祭。(《铜陵县志》)

祭灵济泉龙祠 灵济泉龙祠，在(宁波府奉化县)县西南一里。泉有龙神甚灵。宋令周因始构亭奉祀，岁用六月十日祭。今仍之。(《古今图书集成》)

逸事：黄光照地 《齐书》曰：(齐武帝)永明八年(490)六月十日晡时，雷有黄光照地，状如金色，占曰"人君有德"，或谓之"荣光"。(《太平御览》)

六月

老郎会 六月十一日，为妓寮祀老郎神之期，或云神为管仲，盖女间三百之所由仿也。是日，灯烛辉煌，香花缭绕，入夜竟放灯火。妓者予招游客，置酒宴饮，丝肉杂进，极一时之盛。（《金陵岁时记》）

逸事：做水陆、游夜湖 予伯母闵太孺人寿辰在六月十一，是年在于南屏山净慈寺做水陆，亲戚、男客、女眷均住寺内，包租大湖船一只，日日游玩。十九正值大士圣诞，宿山香客有带便游夜湖者，亦有城中士女专于是夜游夜湖者。予亦约伴同游，亲历其境，此中景趣如登仙界矣。（《杭俗遗风》）

献天 六月十二日、廿四日，贫用豕，富用牛，名曰"献天"。（《阿迷州志》）

彭祖忌 六月十二日，俗谓"彭祖忌"，必有大风雨，舟行忌之。（《广东通志》）

祭龙母 （六月）十二日祭龙母，用纸作小旗，插田边，谓田祖至，谓之"迎丰"。是月也，黍始登。（《深泽县志》）

祭五龙王庙 五龙王庙，在西北二十五里。又县东二十五里有黑龙王庙，北三十里有乌龙王庙，北二十五里有黄龙王庙，北二十里有白龙王庙，六月十二日祭。（《山西通志》）

浴马 明时六月十二日，御厩洗马于积水湖，导以红仗，中有数头，锦帕覆之，最后独角青牛至，诸马莫敢先之。（《池北偶谈》）

◎水陆，即水陆道场，佛教法会的一种。僧尼设坛诵经，礼佛拜忏，遍施饮食，以超度水陆一切亡灵，普济六道四生。

六月

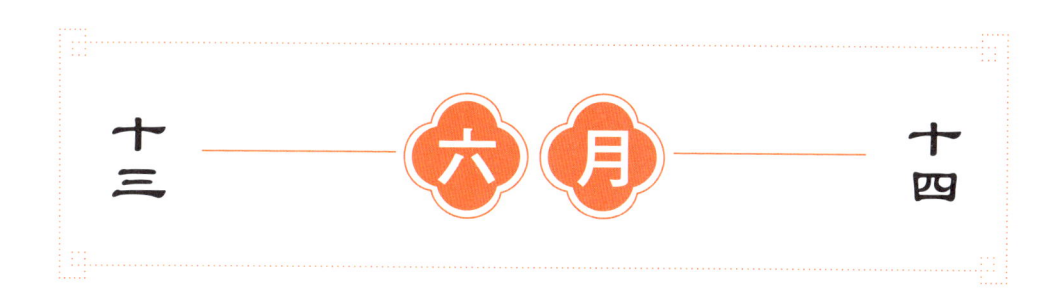

十三 — 六月 — 十四

小龙王生日 （诸城县）六月十三日，俗谓"小龙王生日"，每落雨。（《古今图书集成》）

游水 清明，（富平县）每户请名山之泉源水，共礼一神，刑牲祷丰，曰"游水"。亦有在六月六日、十三日举者。（《古今图书集成》）

祭黄陵庙 黄陵庙在湘阴县北四十里，唐韩愈有记。《水经注》："大湖水两流，径二妃庙南，世谓之黄陵庙。言大舜之陟方也，二妃从征，溺于湘江，故名，为立祠于水侧焉。荆州牧刘表刊石立碑，树之于庙中。"按，庙尝以六月十四日祭，至今因之。（《大清一统志》）

娥皇女英

十五 —— 六月 —— 十六

半年圆 六月望日，人家俱用米粉和红曲为圆，以祀其祖先。祭毕，阖家饮酒、食汤圆，名曰"半年圆"。（《澎湖厅志》）

服饰尚简 乾隆二年六月十五日，上谕总管等：告知诸母妃，照看小阿哥、公主所穿衣服，不必用织绣等物过于华丽，只用随常衣服，为幼年人惜福之道。（《国朝宫史》）

逸事：进士关宴 慈恩寺，在朱雀街东第三街自北次南第十五坊，贞观二十二年（648），（唐）高宗在春宫为文德皇后立此寺，故名"慈恩"。南临黄渠，水竹森邃，为京师之最。寺西院塔崇三百尺。神龙后，杏园六月十五日进士关宴，悉于塔下选同年中能书者题名其上。《（松窗）杂录》则曰："张莒实始为之，遂成故事。"而钱希仁：《南部新书》则曰韦肇初及第，偶于慈恩塔下题名，后人慕效，遂为故事。"未知孰是。（《雍录》）

城隍诞 （乳源县）六月十六日，本县城隍诞，阴阳官著各乡老抬各土神，诣庙朝贺，金鼓闹神为庆。（《古今图书集成》）

祀天井之神 （显济）庙在鄞县西南六十里四明山，祀天井之神。并凡今内有金线蜥蜴，能兴云雨。宋嘉定九年，赐额。岁六月十六日祭。（《浙江通志》）

◎神龙，705年至707年，武周皇帝武则天和唐中宗李显的年号。

六月

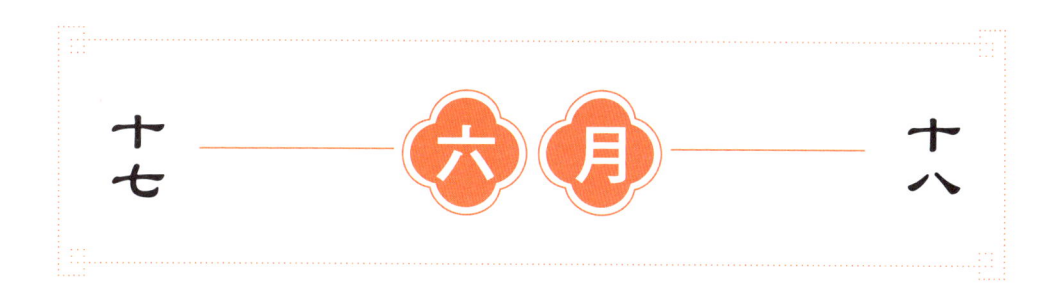

十七 —— 六月 —— 十八

诗咏：玩月　碧沼溶溶月照怀，好风时送嫩凉来。细思黄卷多新益，懿行嘉谟实快哉。（明·吴与弼《六月十七日沼上玩月》）

陶神过街　（都昌县）六月十八日，俗有陶神过街之例。各乡神像毕集以导，各居民俱以香烛迎之。（《古今图书集成》）

彭祖婆飓　海上飓信，六月十二日为彭祖飓，十八日为彭祖婆飓，二十四日为洗炊笼飓。自十二日起至二十四日止，皆系大飓旬。（《诏安县志》）

逸事：沈复、芸娘游太湖　吴江钱师竹病故，吾父信归，命余往吊。芸私谓余曰："吴江必经太湖，妾欲偕往，一宽眼界。"余曰："正虑独行踽踽，得卿同行，固妙，但无可托词耳。"芸曰："托言归宁。君先登舟，妾当继至。"余曰："若然，归途当泊舟万年桥下，与卿待月乘凉，以续沧浪韵事。"时六月十八日也。是日早凉，携一仆先至胥江渡口，登舟而待，芸果肩舆至。解缆出虎啸桥，渐见风帆沙鸟，水天一色。芸曰："此即所谓太湖耶？今得见天地之宽，不虚此生矣！想闺中人有终身不能见此者！"闲话未几，风摇岸柳，已抵江城。（《浮生六记》）

◎吴与弼（1391—1469），江西崇仁人，初名梦祥，字子傅，吴溥子。学者称康斋先生，有《康斋文集》。

六月 十九 二十

观音大士会 六月十九日，福业院作观音大士会。祷赛者，每三步一拜，至像前献供。(《海盐县志》)

逸事：观稻赏竹 景祐二年(1035)六月十九日辛未，幸后苑，观稻、赏瑞竹，宴太清楼。(《玉海》)

谕祭天妃 康熙二十二年，钦差册封琉球，赐蟒玉正一品汪林等官，时在福省，于六月二十日谕祭天妃于怡山院。(《天妃显圣录》)

祀关羽 各公所均祀关羽，每以六月二十日为其忌日、以五月十三日为其生诞，皆庆祝。(《清稗类钞选录》)

律吕神 弘州人张圭，晚憩神溪孤石上，有神人自空而下，言曰："律吕，律吕，上天敕汝，六月二十日行硬雨。"语毕而去。圭至家，遍语邻村人，使速收麦。未及收者，至期为雨所伤。事闻朝廷，遣使祭焉，遂立律吕神于孤石上。(《月令辑要》)

祭曹玮武穆 秦州伏羌城三都，各有曹玮武穆与羌酉李遵战胜之地，羌人到今畏慑，不敢耕，草木弥望。武穆以六月二十日生，邦人遇其日，大作乐，祭于其庙云。(《闻见后录》)

六月

二十一 —— 六月 —— 二十二

祭火神庙 （彰德府）火神庙在南关来鹤楼北，岁以六月二十一日祭。（《古今图书集成》）

祀火德之神 天启元年（1621）三月，命太常寺官，以六月二十二日祀火德之神，著为令。（《日下旧闻考》）

主火神

六月 二十三 二十四

火神诞 火神诞在六月念（廿）三，佑圣观中敬演神戏，一月有馀……日则祀神，用歌司打唱，夜则花调等书，通宵热闹，夜夜不绝。歌司、花调等见下《声色类》。(《杭俗遗风》)

致祭火帝 每年六月二十三日，火帝诞辰，例应致祭，行二跪六叩头礼（穿补服）。(《山阳县志》)

祭马王 马王者，房星也，凡营伍中及蓄养车马人家，均于六月二十三日祭之。(《燕京岁时记》)

年朝 四川儌外猓猓俗以六月廿三日为年朝，是日解牛，并作诸肉牲为乡会。会毕，各以火把燋身，或须发衣服俱焚者，以为禳一年之灾。(《戒庵老人漫笔》)

吃麦糕 立夏吃乌饭糕、夏饼。端午吃粽子。六月廿三吃麦糕。中元吃馄饨、石花。中秋吃月饼。重阳吃栗糕。十月朝、冬至、新春、年下均吃年糕。(《杭俗遗风》)

祭雷声普化天尊 雷声普化天尊者，道家以为总司五雷，又以六月二十四日为天尊示现之日，故岁以是日遣官诣显灵宫致祭。(《明史》)

雷尊诞 六月二十四日，为雷尊诞。城中圆妙观各有神象，蜡炬山堆，香烟雾喷，殿前宇下，袂云而汗雨者，不可胜计。庙祝点烛之赀，何止万钱。有为首者，集众为醮会，伶人昇老郎象入观监斋，卤簿仪从，皆梨园子弟所充。羽流吟咏洞章，拜表焚疏，严肃整齐，不敢触犯天神，谓报应速也。自朔至诞日茹素者，谓之"雷斋"，郡人几十之八九，屠门为之罢市。或有闻雷茹素者，虽当食之顷，一闻虺虺之声，重御素肴，谓之"接雷素"。(《清嘉录》)

六月

祭关帝 六月二十四日致祭关帝,岁以为常。鞭炮之多,与新年无异。盖帝之御灾捍患有德于民者,深也。(《燕京岁时记》)

祭李冰 六月,农人耨秧,去稗锄草,以养佳禾。是月(六月)二十四日,涪人祭川主之神。其神名李冰,乃昔时蜀郡太守也,兴水利以惠民,逝而为神,蜀人建祠祀之。迄今村落中皆有石庙。二十四日乃诞辰也,故祭之。每遇旱年,祷雨立应。(《重庆府涪州志》)

剎生 六月二十四日,土人以为节,祀祖,有剎生之俗。作法:以年豕、鸡鱼之腥,细切为齑,捣椒蒜和之,以变其腥,然后碎切菜瓜,杂而噉之,名曰"生"。亦古人鲜食之道也。(《蒙自县志》)

角力 (呈贡县)六月二十四日,各村人多聚于绣毬山,角力、跌脚为乐。(《云南通志》)

辟蛛 自洱海卫城西行通蒙化,岐左有青华洞,中极宽衍,天光漏日。每岁季夏廿四日,土人士女杂至,以炬火爇之,云不尔,其地必有蜘蛛之孽。(《大明一统名胜志》)

观莲节 六月二十四日,为"观莲节",晁采与其夫各以莲子馈遗为欢。(《说郛》)

赏荷 六月二十四日赏荷,西则湖田,东则戈庄华汇,游舫颇多。(《常昭合志》)

游荷花荡 荷花荡,在葑门之外。每年六月二十四日,游人最盛,画舫云集。露帾则千花竞笑,举袂则乱云出峡。挥扇则星流月映,闻歌则雷辊涛趋。苏人游冶之盛,至是日而极矣。(《月令辑要》)

诗咏:荷花生辰 莲花莲子一时生,初度关门细雨声。檐押早呈三妇艳,盘餐不羡五侯鲭。空蒙似泛娄塘棹,烟景追思白下城。重与花神论昔梦,浣纱篇上不胜情。(清·钱陆灿《六月廿四日俗例荷花生辰,玄对斋有盘餐之约,雨不赴,瓶供花三蕊斋放,喜而有作》)

◎虺虺,雷声。◎绣毬山,在今云南澄江县东七里。◎蒙化,元至元十一年(1274)置,属云南行省。治所在今云南巍山彝族回族自治县西北郊开南村。◎《全唐诗》:"晁采,小字试莺,大历时人。少与邻生文茂约为伉俪。及长,茂时寄诗通情,采以莲子达意,坠一于盆,逾旬开花并蒂。茂以报采,乘间欢合。母得其情,叹曰:'才子佳人,自应有此。'遂以采归茂。"◎葑门,今江苏苏州旧城东门。◎雷辊,雷滚,雷鸣。◎游冶,出游寻乐。

荷芳闰节

荷杯泛绿

六月 —— 二十五 / 二十六

辛斋 六月二十五日为辛天君诞辰，谓天君为雷部中主簿神。凡奉雷斋者，至日皆茹素，以祈神佑。又月之辛日及初六日，俗呼"三辛一板，六不御荤"，谓之"辛斋"。案，《庄子》：颜回曰"回之家贫，不茹荤，不饮酒数日矣，可以为斋乎"，孔子曰"是祭祀之斋，非心斋也"云云。据此，则俗之辛斋，当是"心斋"之讹尔。（《清嘉录》）

星回节 六月二十五日为星回节，燃松炬于街衢，醵饮。相传孔明以是日擒孟获，侵夜入城，父老设燎以迎。后遂相沿成俗。（《楚雄府志》）

火把节 六月二十五日入夜，家家束松明为庭燎，杂以草花，高丈馀，燃之，杀牲祭祖，老少围坐火下，饮酒达旦，自官署都邑以及乡村田野，无不皆然，谓之"火把节"，又谓"星回节"。相传汉夷酋阿南夫为人所杀，誓不从贼，以是日赴火死，国人哀之，因为此会。详见献略。至唐，南诏亦假是日宴会，召五诏醉而焚之。人谓此节起于南诏，非也。一云孔明以是日擒孟获，侵夜入城，城中父老欢呼，设庭燎以迎之，未知是否。《通志》又云"为火炬照田苗，以火色占农，一曰焚虫，一曰逐疫"，皆属臆说。今但相沿为宴乐耳。（《滇略》）

谷王生日 （六月）二十六日，俗谓"谷王生日"，争观风之南北，以占岁之丰歉。是月，早稻渐熟，民间趁时收割，随插晚禾。（《石首县志》）

六月　二十七　二十八

沐浴　六月二十七日，常以日中沐浴兰汤，使身意清净。（《云笈七签》）

火节　滇省风俗，每年于六月二十八日，各家具束苇为槁，高七八尺，凡两树，置门首，遇夜炳燎，其光烛天。是日各家俱用生肉切为脍，调以醯蒜，不加烹饪，名曰"吃生"，总称曰"火节"。问其故，谓吊忠臣王祎留此记。盖祎受命入滇，说元梁王降，王反杀祎，醢其肉。若尔，则炳槁可也，奚忍食生为耶？夫楚人竞舟，吊屈子也；晋人禁烟，伤介推也，皆有不忍之意焉。王公被醢，而滇俗斫脍吃生，毋乃倒置乎？存炳火革，食生可也。（《雪涛谈丛》）

逸事：见神马　晋孝武帝太元十四年（389），宁州刺史费统上言，所统晋宁之滇池县，旧有河水，周回二百馀里。六月二十八日辛亥，神马二匹，一白一黑，忽出于河中，去岸百步。县民董聪见之。（《宋书》）

制醯

◎醯，用于保存蔬菜、水果、鱼蛋、牡蛎的净醋或加香料的醋。

六月

二十九 —— 六月 —— 三十

诗咏：观雨 青山山下是吾庐，六月丘园草尽枯。凭仗西风吹雨去，官田今岁又添租。（元·郭钰《六月二十九日观雨》）

诗咏：赏荷 凉沼承芳薰，急雨压炎暑。叶叶蚌触碎，顷刻万斛许。痕玉脸能薄，著得许多雨。骈头如有愬，低簪欲相语。摧拉翡翠翼，零乱鸳鸯羽。剩拟笺老天，细意写心膂。约束诛云师，前驱卷晴宇。红酣尽扶起，绿摇并寨举。蘋末风亦好，人间暍随愈。太一泠然舟，著我歌白苎。（宋·释居简《六月廿九神林寺池上荷花》）

逸事：流星 （唐武宗）会昌元年（841）六月二十九日，从一鼓至五鼓，小流星五十馀，交横流散。（《旧唐书》）

祀山神 工山在南陵县西，山有广惠庙。以六月晦日，祀其山神，或云晋何琦也。（《月令辑要》）

◎心膂，心与脊骨，喻主要辅佐人员。◎歌白苎，《乐府解题》曰："古词盛称舞者之美，宜及芳时为乐，其譽白纻曰：'质如轻云色如银，制以为袍馀作巾。袍以光躯巾拂尘。'"《唐书·乐志》曰："梁武帝令沈约改其辞为《四时白纻歌》。今中原有《白纻曲》，辞旨与此全殊。"

◎何琦，东晋庐江潜人，字万伦。事母至孝。好古博学，为郡主簿，察孝廉，除郎中，选补宣城泾县令。母亡，哀毁灭性，隐居不仕，以琴书自娱。丰约与乡邻共之。朝廷屡辟，不应，恒以著述为事。年八十二卒。撰《三国评论》。

附：三伏（初伏、中伏、末伏）

◇ 伏者，何也？金气伏藏之日也。四时代谢，皆以相生。立春木代水，水生木。立夏火代木，木生火。立冬水代金，金生水。至于立秋以金代火，金畏火，故至庚日必伏。庚者，金也。（《太平御览》）

◇ 从夏至后第三庚为初伏，第四庚为中伏，立秋后初庚为后伏，谓之"三伏"，曹植谓之"三旬"。（《渊鉴类函》）

◇ 六月初伏，荐麦、瓜于祖祢。（《太平御览》）

◇ 六月伏日，并作汤饼，名为辟恶。（《太平御览》）

◇ 六月初伏，荐麦、瓜。中伏，碧筒劝、竹篠饮。（《元明事类钞》）

◇ 六月初伏日会监司，中伏日会职官以上，末伏日会府县官，皆就江渎庙设厅。初，文潞公建设厅，以伏日为会避暑，自是以为常。早宴罢，泛舟池中，复出就厅。晚宴，观者临池张饮，尽日为乐。赵清献公使限钱，但为初伏会，今因之。（《岁华纪丽谱》）

◇ 伏日，具香烛、酒果，诣神庙。上三伏香。又有施茶饮于路傍祈福利者，至伏尽乃止。（《永丰县志》）

◇ 初伏：早起沐头，不生垢腻，曰"修佛头"。报蚕桑神，设蚕姑位，享以面条汤，即以劳蚕妇。供铜磁盆，洗涤石子，玩其奇巧纹绮，以清目火，又刷治太湖、英德、灵璧、将乐等玲珑奇石。供栀子、茉莉等花，又贮之马尾篮络，悬床帐。开北窗，设藤床竹簟、瓦枕磁墩，以消长昼。正午以扇搨手心，五体俱凉，不伤暑气。早食大麦粥，忌盐酱，谓之"白粥"，免嗽病。大麦饭，井水浇冷，盐醋调食，谓之"冷淘煮"，槐叶拌之，谓之"槐叶冷淘"，清脾肺火。煮荞麦仁或扁豆为饭，冷食，曰"清凉饭"。敲冰盘，内沁以蜂蜜、乌梅，晒日中，候冷，饮之，辟暑气。饮木瓜、豆蔻、酸梅、甘蔗各种暑浆。三伏饮酒，俱用玻璃、水晶等盏。镏冰为山，置架上，承以铜盘，冰水下滴，如寒泉淙瑟，令人生凉。琢冰为兽，饰以环带，置中堂，驱蝇。敲冰以针，

岁华纪胜·结夏

易解。又裹冰薄饼中，刀如切泥，或刮冰屑于盆内，如积雪然。汲井华水，藏之，可治疾，谓之"伏水"，亦曰"佛水"，造五醯，浸瓜茄不坏。是日造豆麦等酱，不生虫。斗叶子戏，即今纸牌，有游湖、混江、马弔诸类。（《节序同风录》）

◇ 中伏：献麦瓜，荐水族，酌泉凿冰于先祠，曰"伏祭"。扫治祖宗龛坐、影像、神牌，分而祭之，曰"晾主"，又曰"谛视"，即禘祀也。食热汤饼，名为"辟恶饼"，面片也，又曰"面叶"。割肉饮酒，不干他事，谓之"伏闭"。请牙侩媒妁，食以荞麦合漏汤，曰"热和乐"。正午浴身，不生热痱，曰"浴伏"。造粳面等面，不坏。为樗蒲、六博戏，今名"双陆"。（《节序同风录》）

◇ 末伏：祭织纺缝纫之神，享以鲜果蜜食，今用七夕。园林水阁，递相邀请，植画柱锦棚，与名姝闲坐，调冰削藕，沉李浮瓜，以辟暑气。刹菱米、芡实、莲子，冰沁嚼之。取大荷叶，掐破叶心，与柄通透，注酒饮之，名"碧筒劝"。坐深柳，听鸣蝉，拾蝉退畜之。造清酱香糟，为醃藏之需。为象戏，即今象棋。晚凉濯足，去脚气，曰"净佛脚"。（《节序同风录》）

◇ 水萝卜，正月、二月种，六十日根、叶皆可食。夏四月，亦可种。大萝卜，初伏种之。水萝卜，末伏种。皆候霜降。或腌或藏，皆得用。（《农桑辑要》）

◎祖祢，祖庙与父庙，泛指祖先。◎碧筒劝，《夜航船》："荷叶盛酒，以簪刺柄与叶通，屈茎轮囷如象鼻，持吸之，名碧筒劝。"

七月

孟秋之月,寒蝉鸣

七月曰孟秋、首秋、初秋、上秋、肇秋、兰秋,又曰凉月。(《纂要》)

十二月令图·七月

七月 ◆

七月好像还是夏季，但其实已经是"秋"了。七月的一些别称，如兰月、兰秋、上秋、肇秋、凉月……都很好听。

我国地域辽阔，七月时京兆地区的人民热到"竹床露宿"，《田家历》里女子们已经要"浣故衣、制新衣、作夹衣，以备新凉"。

七月比较盛大的节日是七夕和中元。

七夕是古代的"女儿节"之一，女子采凤仙花染指甲，"不论贫富，皆着新衣"，衣服上是时兴的牛郎织女鹊桥相会纹样。

簪戴方面，《节序同风录》里的记载比较全面，早起带黑白牵牛花，女子戴翡翠冠，或剪翠羽为花插鬓。另有一种戴"巧花"的，说是花，其实是花枝上以冰丝结的蛛网。古代女子不仅能把蛛网戴头上，还能"缠蛛丝为马灯，上缀鲜花梗叶、活蜂蝶，亦缠为围扇"，对于害怕蜘蛛的人来说是很难想象的。

蜘蛛也叫"蟢子"或"喜母"，因为擅长织网，被古人视为瑞虫，寓意"喜乐之瑞"。蜘蛛结网垂丝而下，叫"喜从天降"，《朝野佥载》说张文成家里"有蜘蛛大如栗，当寝门缘丝上"，过了几天，果然有喜事："经数日，大赦，加阶，授五品。"

如今蜘蛛的形象更多是偏负面的，所以古人七夕时把蜘蛛或蛛网放衣领里治健忘，对于不了解的人来说真像一场恶作剧。

而中元节，包括清明节，在今人刻板印象中不能"快乐"的节日，古人都发展出很多"快乐"的习俗。《寿阳记》云："每至七月半，乃于楼上作乐。楼下男女，盛饰游观行乐。"女子穿金纱、簪夜来香，男女老少捉玩萤火虫、赌西瓜、破甘蔗、放风筝、解连环、斗蟋蟀、听秋虫、看死佛、走月亮、赏灯、戏水等。

反倒是今人对"端午必须说安康""清明节中元节不能祝快乐"深信不疑，这样的说法及背后体现的某种心态，颇耐人寻味。

飓风作 七八月间，飓风间作，拔木偃禾。(《化州志》)

食新 （七月）是月谷始熟，家选吉辰，以荐新田祖及祖考，曰"食新"。(《重庆府涪州志》)

制新衣 收楮子，浣故衣，制新衣，作夹衣，以被始凉。刈蒿草，种蜀芥，种蜀芥，分薤，沤晚麻，耕菜地，收荷叶阴干。拭漆器，五月至此月，尽经雨后，漆器图画箱箧须晒干，则不损，收瓜蒂，收蒺藜。(《田家历·七月》)

斗促织 （七月）是月始斗促织，壮夫士人亦为之。斗有场，场有主者，其养之又有师，斗盆筒罐，无家不贮焉。(《帝京景物略》)

听金钟儿 金钟儿产于易州，形如促织。七月之季，贩运来京，枕畔听之，最为清越，韵而不悲，似生为广厦高堂之物。"金钟"之号，非滥予也。(《燕京岁时记》)

赏花 七月：丛奎阁前乞巧，餐霞轩五色凤仙花，立秋日秋叶，玉照堂玉簪，西湖荷花，南湖观鱼，应弦斋东葡萄，霞川水荭，珍林剥枣。(《武林旧事·张约斋赏心乐事并序》)

促织

瓜果梨枣方盛 （七月）是月，瓜果梨枣方盛。京师枣有数品：灵枣、牙枣、青州枣、亳州枣。鸡头上市，则梁门里李和家最盛。中贵戚里，取索供卖。内中泛索，金合络绎。士庶买之，一裹十文，用小新荷叶包，糁以麝香，红小索儿系之。卖者虽多，不及李和一色，拣银皮子嫩者货之。(《东京梦华录》)

龙眼熟 龙眼七月实熟，荔枝才过后，龙眼即熟。故谓之"荔枝奴"。(月令辑要)

◎斗促织，中国民间搏戏之一，即斗蟋蟀。◎金钟儿，亦称"虫铃"，属昆虫纲，直翅目，蟋蟀科，其声鸣似铃。◎鸡头，睡莲科，一年生草本，俗名鸡头菱，种子名芡实。◎李和，北宋汴京城里一个善炒栗子、芡实的生意人。◎金合，即金盒。

七月

初一

开地狱 七月一日,俗传为"开地狱"。家家设馔,致祭无主孤魂。是日,各庙坛皆植竹竿,高三四丈,夜燃以灯,高照四方,名曰"灯篙"。先后延请僧道坐座化食,并演杂剧,曰"普渡"。至三十日止,曰"闭地狱"。(《新竹县志初稿》)

祀海神庙 七月朔,妇女祀海神庙,络绎不绝,至七日乃罢。(《登州府志》)

祭灵卫庙 灵卫庙在小溜水桥北,俗称金祝庙。《咸淳临安志》:建炎三年十二月,完颜宗弼犯境,守臣康允之退保赭山。钱塘县令朱跸率民兵逆战,伤甚,犹叱左右负以击贼,遂遇害。时尉曹将金胜、祝威亦以力战殁,乡民瘗二人于钱塘门外,因立祠曰金、祝二太尉庙。淳祐十年,赐庙额曰"灵卫"。景定二年,封忠佐忠佑侯。咸淳二年,封朱令为显忠侯。四年,安抚潜说友建庙,设跸中坐,而坐胜、威于东西庑。《成化杭州府志》:洪武四年,礼部议,三人以死勤事,宜在祀典,称宋钱塘令朱公之神,宋尉曹将金公、祝公之神,祭以每岁七月初一日。(《西湖志纂》)

初二

祀晋祠圣母 昭济圣母庙在(交城县)县治东南隅,俗名"下庙",即晋祠圣母。七月二日祀。(《山西通志》)

七月　初三　初四

城隍生日　七月初三日，武进县城隍生日，庙建不久，神即以塑像日为生日。是日，亦演戏设祭。(《常州府志》)

置麹室　(七月)四日，命置麹室，具箔槌，取净艾。六日，馔治五谷磨具。七日，遂作麹，及曝经书与衣裘。作乾糗，采葸耳。处暑中，向秋节，浣故制新，作袷薄以备始凉，巢大小豆麦，收缣练。(《齐民要术》)

诗咏：赏紫薇花　蹙罗红线紧，镕蜡粉须黄。野寺花开日，平畴稻熟香。曾陪红药省，相对紫薇郎。尚忆丝纶合，新秋雨露凉。(宋·舒岳祥《七月初四日赋紫薇花》)

麹室

初五 ── 七月 ── 初六

三会日 七月五日是三会日,宜修迎秋斋。(《居家必备》)

大节 七月五日号大节,(安南)人民相庆,官僚以生日献王,王次日宴酬之。(《岭外代答》)

祭崞山神庙 崞山神庙在崞山。相传建邑时有神兵助役,名"鬼儿坪",立庙祀焉。魏孝文遣官致祭。又传神即秦将军蒙恬。宋政和五年(1115)重建祠,有司岁七月五日致祭。(《山西通志》)

祈谷 孟秋七月六日,田家以楮钱挂地头,祈谷。(《雄县志》)

洗车雨 七月六日,恒有雨,俗谓之"洗车"。七日亦恒有雨,谓之"天孙别泪"。(《岁华忆语》)

乞巧 明曰:古书皆以七月七日之夕,谓之"七夕"。今北人即以七月六日之夕乞巧。询其所自,则说有异端,静而思之,抑有由也。盖鼎峙之世,或中分之时,南北异文,车书不一。必北朝帝王,有当七日而崩者,故其俗间用六日之夕。南人不为之忌,不移七日之夕,由此而论,昭然可见。(《兼明书》)

七月 初七——初八

女节 七夕为女节，陈瓜果，祀天孙，以乞巧。(《宜阳县志》)

为织女助妆 （七月初七）散香膏脂粉于筵上，为织女助妆。(《节序同风录》)

小儿节 七月七日为乞巧会，以青竹戴绿荷，系于庭，作承露盘，男女罗拜月下，谓之"小儿节"。(《姑苏志》)

贺牛生日 七月七日，妇女于是夕陈瓜果醋脯，祭织女、天孙，结彩缕，穿针孔以乞巧。有蟢子网于瓜上，为得巧。牧童采野花插牛角，谓之"贺牛生日"。(《武定府志》)

穿鹊桥补子 七月初七日，宫眷穿鹊桥补子，宫中设七巧子，兵仗局伺候乞巧针。(《明宫史》)

染指甲 七夕，妇女采凤仙花，染指甲，设瓜果，祀织女星，以水盆曝日中浮影，以为乞巧之验。而士大夫家必以巧果相饷。果式不同，大约以面为人物花鸟，无定形。(《常州府志》)

化生 七夕，俗以蜡作婴儿形，浮水中以为戏，为妇人宜子之祥，谓之"化生"。(《陕西通志》)

水上浮、谷板、花瓜 禁中及贵家与士庶，为时物追陪，又以黄蜡铸为凫雁、鸳鸯、鸡鹙、龟鱼之类，彩画金缕，谓之"水上浮"。又以小板上传土旋种粟，令生苗，置小茅屋花木，作田舍家小人物，皆村落之态，谓之"谷板"。又以瓜雕刻成花样，谓之"花瓜"。(《东京梦华录·七夕》)

供七娘妈、出婆姐 七月七日，名曰"七夕"。人家多备瓜果、糕饼，以供织女（称曰"七娘妈"）。有子年十六岁者，必于是年买纸糊彩亭一座，名曰"七娘亭"。备花粉、香果、酒醴、三牲、鸭蛋七枚、饭一碗，于七夕晚间，命道士祭献，

七月◆

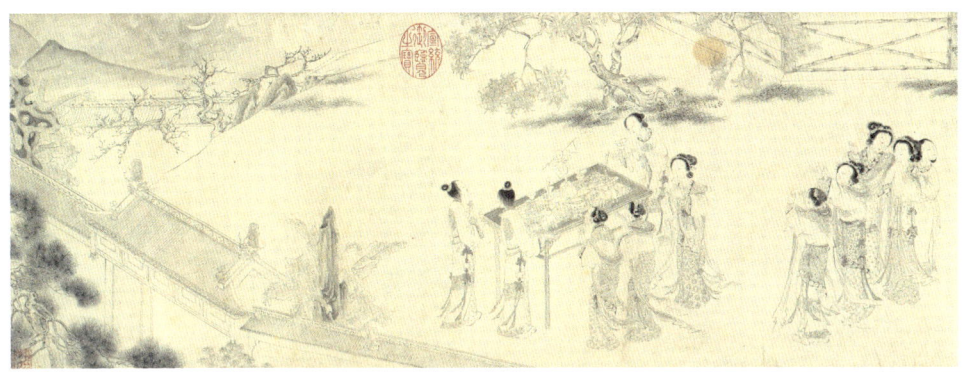

乞巧图（局部）

名曰"出婆姐"，言其长成不须乳养也。俗传男女幼时，均有婆姐保护。婆姐，临水宫夫人之女婢也。临水宫夫人陈姓，名进姑，福州陈昌女，生于唐大历二年，嫁刘杞，孕数月，脱胎祈雨，卒年二十有四。诀云："吾死后必为神，救人产难。"以故台南亦奉祀甚虔。庙在今之东安坊山仔尾，旁列泥塑三十六婆姐像。有初生子女者，多到庙虔请婆姐回家供祀，子女长大，然后送回。故虽有泥塑三十六像，无一存在庙中，仅存留壁间画像而已。（《安平县杂记》）

摩睺罗、穿针乞巧、蛛网验巧 七夕节，物多尚果食、茜鸡及泥孩儿，号"摩睺罗"。有极精巧饰以金珠者，其直不赀。并以蜡印凫雁水禽之类，浮之水上，妇人女子夜对月穿针，饾饤杯盘，饮酒为乐，谓之"乞巧"。及以小蜘蛛贮合内，以候结网之疏密，为得巧之多少。小儿女多衣荷叶，半臂手持荷叶效颦，摩睺罗。大抵皆中原旧俗也。七夕前，修内司例进摩睺罗十卓，每卓三十枚，大者至高三尺，或用象牙雕镂，或用龙涎佛手香制造，悉用镂金珠翠衣帽、金钱钗镯佩环、真珠头须及手中所执戏具，皆七宝为之。各护以五色，镂金纱厨制，阛贵臣及京府等处，至有铸金为贡者，宫姬市娃冠花衣领，皆以乞巧时物为饰焉。（《乾淳岁时记》）

戴牵牛花、翡翠冠 （七月初七）早起，带黑白牵牛花……女子戴翡翠冠，或剪翠羽为花插鬓。妇女带巧花，花枝上以冰丝结为蛛网……缠蛛丝为马灯，上缀鲜花梗叶、活蜂蝶，亦缠为围扇。（《节序同风录》）

笑靥儿、果食将军 七月七夕……又以油面糖蜜造为笑靥儿，谓之"果实花样"，奇巧百端，如捺香方胜之类。若买一斤数内有一对被介胄者，如门神之像，盖自来风流，不知其从，谓之"果食将军"。（《东京梦华录》）

雕瓜 七夕，小儿女供牛女，往往镂瓜茄为灯，或状花鸟，或镌诗句，极生动之致。（《岁华忆语》）

河灯济鬼 七月七日，于田禾上挂花红纸条，以辟冰雹。夜放河灯以济鬼。（《平遥县志》）

相连爱 至七月七日，临百子池，作于阗乐。乐毕，以五色缕相羁，谓为"相连爱"。（《西京杂记》）

鹊尾秃 七夕前后雨，则谓之"织女泪"。又云织女渡河，使鹊为桥，故是日人间无鹊，至八日，则鹊尾皆秃。（《古今图书集成》）

洒泪雨 《荆楚岁时记》以七月八日雨为洒泪雨，说本荒唐。然赋诗非失之笨，便失之迂，将错就错，以伪为真，方有风味。一说煞味又索然。余与香亭同作，忽王甥健庵有句云："不解女牛分别意，一年有泪一年无。"两人叹其超绝。（《随园诗话》）

斋孤 自七月七日后，坊中多延僧作佛事，谓之"斋孤"，至中元始已。大坊小弄，连台讽诵，榜黄纸文市头，曰"荐度孤魂"。僧众弗给，则招游方者充数。俗语谓"七月和尚，烧火者亦上台"也。亦有高搭灯棚，清音坐唱者。大率人家无赖子弟，以不受值，故曰"走白局"。莲灯灿烂，妇孺喧阗，往往达旦。此非美俗，后来已为官厅禁止，诚是也。（《岁华忆语》）

七月

初九 —— 七月 —— **初十**

祀潭神 西龙潭，在（鹤庆）府西七里，源出覆釜山，有龙潜焉，东溉诸村屯。岁以七月九日，太守率使民祀潭神，徧望境内山川，筑室南山之椒，修祀所也。又名"上潭"。（《大明一统名胜志》）

逸事：解语杯 （元顺帝）至正庚子（1360）秋七月九日，饮松江泗滨夏氏清樾堂上。酒半，折正开荷花，置小金卮于其中，命歌姬捧以行酒。客就姬取花，左手执枝，右手分开花瓣，以口就饮。其风致又过碧筒远甚，因名为"解语杯"。（《南村辍耕录》）

拜荐故鬼 是月（七月）初十，俗云故鬼归来，家家设醴肴拜荐，至十五夜止。祭毕，焚冥衣冠楮钱于门间，布灰于地，以验家神之去留焉。（《常宁县志》）

设祖先位 七月十五为中元节，自十日至十五日，各家设祖先位，早晚供羹饭如生前，剪楮为衣。（《攸县志》）

逸事：铸开元通宝 （唐高祖）武德四年（621）七月十日丁卯，铸开元通宝，径八寸，重二铢四参，十钱重一两，得轻重大小之中，其文以八分隶篆三体。（《月令辑要》）

逸事：柳子厚归葬 子厚以（唐先宗）元和十四年（819）十一月八日卒，年四十七。以十五年七月十日，归葬万年先人墓侧。（唐·韩愈《柳子厚墓志铭》）

◎柳宗元（773—819），河东郡人，字子厚，世称柳河东。宪宗元和十年（815）徙柳州刺史，人称柳柳州。与韩愈并称"韩柳"，共倡古文运动。有《柳河东集》。

七月 十一 —— 十二

中元节之始　（姚安府）中元节自七月十一日为始，各设牲醴祀祖先，日进三献，俨如生事之礼。至望日，暮焚楮钱送之。彝人是日炒豆麦献之，以其馀交相馈送。（《古今图书集成》）

逸事：凌烟阁画像绘制　（唐宣宗）大中二年（848）七月十一日，史馆奏选堪上凌烟阁功臣，除所有旧真形并有子孙在中外任官令写进外，三十七人敕旨令御史台牒诸县寻访子孙，图写真形以进。（《玉海》）

——

溪流圣柰　河州凤林关有灵岩寺，每七月十二日，溪穴流出圣柰，大如盏，以为常。（《月令辑要》）

祭尉迟公　尉迟公庙在府治西北，有司岁以七月十二日祭。（《彰德府志》）

祭先祖　中元前三日，具酒馔祭先祖。将祭，男妇序拜迎于门，如生归者。十四日，焚楮钱，仍拜送之。（《龙山县志》）

◎凌烟阁，唐朝为表彰功臣而建筑的绘有功臣图像的高阁，位于唐朝皇宫内三清殿旁。
◎柰，苹果的一种，通称"柰子"，亦称"花红""沙果"。

七月 十三 — 十四

迎节 七月十三日至十五日，迎节、送节、笑节。(《燕北杂记》)

招魂 七月十三晚，迷童男女，以招前死者之魂。(《临高县志》)

放水灯 树杞林堡本为属地，则概不从同。历年皆以七月十三日先放水灯，十四日举行祭事，名曰"盂兰会"(俗言"中元普度")。(《树杞林志·典礼志》)

寄包袱 中元，先期十一日，中堂设香案，迎接祖先。十三、四等日，具牲醴饼菓祀之，以纸封楮钱成帙，上书祖先亲姻名号，谓之"寄包袱"。(《宜都县志》)

中元节 旧俗，惠(州)民多居南雄，因元兵将至，预于十四日祀祖，次日避兵，故今居惠犹循十四日为中元节，家备酒肴，荐楮衣，祀先祖。龙川中元或从惠，十四日或十五日。和平先一日，乡里各挂纸钱，谓之"吊田纸"。(《古今图书集成》)

秋禊 刘桢《鲁都赋》曰："素秋二七，天汉指隅，人胥祓禳，国子水嬉。"此用七月十四日，指秋禊也。(《丹铅总录》)

田了节 东莞麻涌诸乡以七月十四日为田了节，儿童争吹芦管以庆，谓之"吹田了"，以是时早稻始获也。(《南越笔记》)

猺人拜年 诸猺率盘姓，有三种，曰高山，曰花肚，曰平地，平地者良。岁七月十四拜年，以盘古为始祖，盘瓠为大宗。(《南越笔记》)

目连节 七月十四日谓"目连节"，备物祀先老，幼皆闭门不出，路无行人，名曰"躲鬼"。(《广西通志》)

七月 十五 十六

中元节 七月十五日为中元节，俗传地官赦罪之辰。人家多持斋诵经，荐奠祖考，摄孤判斛，屠门罢市。僧家建盂兰盆会，放灯西湖及塔上河中，谓之"照冥"官府亦祭郡厉、邑厉坛。(《西湖志》)

中天节 （七月十五日）俗曰"鬼节"，曰"中天节"。自十四日为始，曰"迎节"，十五日曰"笑节"，十六日曰"送节"，凡三日，其有丧者曰"哭节"。设瓜枣、新米、新酱，祭祖先，曰"大庆之节"……各家门外沿路插香，曰"路香"，燃灯曰"地灯"，曲折数里，以接幽冥……僧巫糊纸为舟，如白莲花，曰"法船"。人以米絮、钱楮投之，谓之"寄讯"。(《节序同风录》)

瓜节 七月十五日，家祀祖先，设瓜果，俗名"瓜节"。(《齐东县志》)

荐祖先 中元，室神前陈瓜果、麻谷，焚香楮，并荐祖先，挈祭品拜墓。(《肃宁县志》)

荐新 （南皮县）七月十五日，携瓜果脯醴、楮钱、登丘陇，持麻谷至陇上，谓之"荐新"。(《天津府志》)

庙市 江南城隍庙在正阳门外南横街之东，先农坛西北。本朝康熙年建，内有城隍行宫。每岁中元及清明、十月一日有庙市，都人迎赛祀孤。(《燕京岁时记》)

烧包 粤人于七月半，多以纸钱封而焚之，名曰"烧包"，各以祀其先祖。(《新齐谐》)

结缘 （七月）十四日，浮屠盂兰盆会，剪纸为衣，以祀其先。望日，以龙眼花果相馈遗，曰"结缘"。(《广州府志》)

插夜来香 中元亦祭祖之期，家家设供。有焚法船或纸鞋伞者，谓先魂当出游也。游人恒集清凉山驻马坡一带，购夜来香以归。当时物贱，夜来香数十朵，以铜

岁华纪胜·中元

丝串成柄，可供妇人插柄者，只索青钱二三枚耳。(《岁华忆语》)

赌西瓜 （七月十五日）小儿剖西瓜赌赛，以子与瓤色样奇异者为胜。破甘蔗同。小儿解连环为戏，曰"开锁"，又曰"解难星"。其环以竹篾及铜铁丝为之，或一转即脱，或数十转放解，亦有结巾带解之者。(《节序同风录》)

走月亮 时已上灯，忆及七月十五夜之惊，相扶下亭而归。吴俗，妇女是晚不拘大家小户皆出，结队而游，名曰"走月亮"。(《浮生六记》)

搭台演戏 是日落成，为七月十五，自大父以下，男女老稚靡不集焉。以木排数重搭台演戏，城中村落来观者，大小千余艘。(《陶庵梦忆》)

茄饼 吾乡届中元节，人家祀先，取茄子切成丝，和面，用油煎之，曰"茄饼"。(《金陵岁时记》)

面羊 中元旧俗，牧羊家于是日屠羊赛神，则畜羊繁庶，颁胙于亲族。贫无羊者，蒸面作羊形代之。(《长子县志》)

面人 中元，以麦面蒸作孩提状，曰"面人"，互馈亲戚之卑幼者。(《马邑县志》)

赛金纱 余屡为溧阳之行，每岁七月半，郡人倾城出南门外祭奠，妇人悉穿金纱，谓之"赛金纱"，以为节序之称也。(《山居新话》)

放满池灯 中元节，浮图作盂兰会，放满池灯。(《金坛县志》)

放河灯 至中元日例有盂兰会，扮演秧歌、狮子诸杂技。晚间沿河燃灯，谓之"放河灯"。中元以后，则游船歇业矣。(《燕京岁时记》)

燃灯 中元黄昏以后，街巷儿童以荷叶燃灯，沿街唱曰："荷叶灯，荷叶灯，今日点了明日扔。"又以青蒿粘香而燃之，恍如万点流萤，谓之"蒿子灯"。市人之巧者，又以各色彩纸制成莲花、莲叶、花篮、鹤鹭之形，谓之"莲花灯"。（《燕京岁时记》）

———

洗钵雨　七月十六雨，名"洗钵雨"。（《居家必备》）

逸事：定服饰之制　武德四年（621）七月十六日敕：三品已上，服大科细绫及罗，其色紫，饰用玉。五品已上，服小科细绫及罗，其色朱，饰用金。六品已下，服细布、杂小绫、交棕及双𬘘，其色黄。六品、七品饰银。八品、九品输石。流外庶人之服，细绫、绁布，其色通用黄白，饰用铜铁。（《唐会要》）

拂郎国献天马

七月

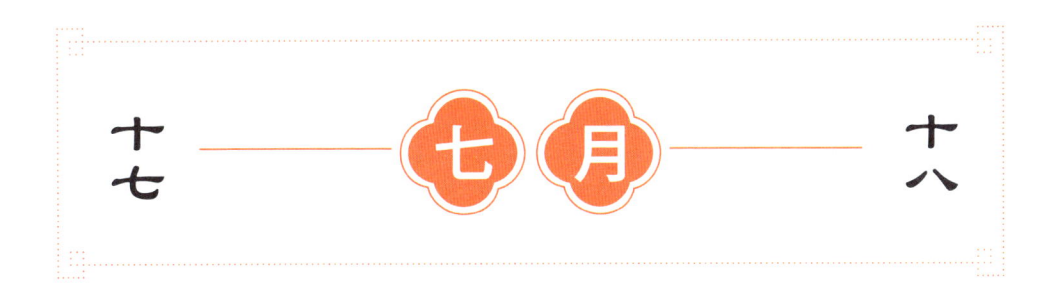

十七 ——— 七月 ——— 十八

逸事：习射　王以下，闲散宗室觉罗官以上，及王等护卫，每年习射于七月十七日起，至次年四月十七日止。本府王公监视，若适逢闰七月，即于闰七月十七日起。（《钦定大清会典则例》）

祀九宫贵神　七月十八日，祀九宫贵神，臣次合监祭，职当检察礼物。（《旧唐书》）

散盂兰盆宴　七月十八日，大慈寺散盂兰盆宴，于寺之设厅。宴已，就华严阁下散。（《岁华纪丽谱》）

逸事：罗马教皇献天马　（元顺帝）至正二年岁壬午（1342）七月十有八日，西域拂郎国遣使献马一匹，高八尺三寸，修如其数而加半，色漆黑，后二蹄白，曲项昂首，神俊超逸，视他西域马可称者，皆在膊下。金辔重勒，驭者其国人，黄须碧眼，服二色窄衣，言语不可通，以意谕之。凡七度海洋，始达中国。是日天朗气清，相臣奏进，上御慈仁殿，临观称叹，遂命育于天闲，饲以肉粟酒湩。仍敕翰林学士承旨臣巙巙，命工画者图之，而直学士臣揭傒斯赞之。盖自有国以来，未尝见也。殆古所谓"天马"者邪？（元·周伯琦《天马行应制作》）

十九　七月　二十

千佛之日　七月十九,力吉祥国圣母化生贤劫,千佛之日。(《佛书》)

棉花生日　(七月)二十日,俗传棉花生日,忌雨。谚云:"雨打七月廿,棉花弗上店。"案,《岁时琐事》:"七月二十日,谚谓陈棉花生日,喜晴。"(《清嘉录》)

采棉

七月

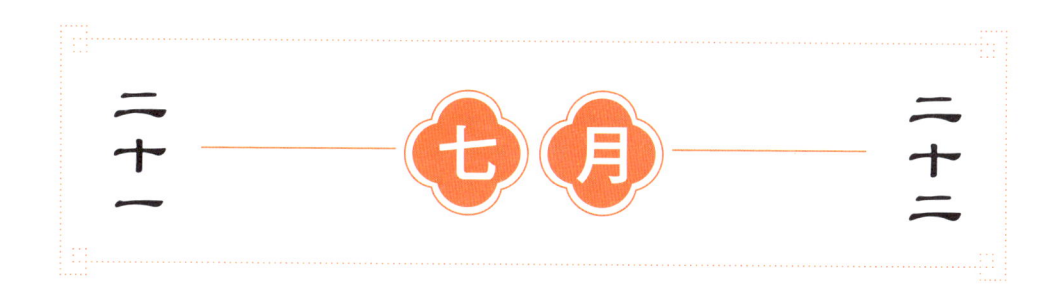

二十一 —— 七月 —— 二十二

设观音像、延僧侣诵经 七月二十一日，打猫下街亦设观音大士一身，延僧侣五人，诵经忏三日，与顶街同，较之顶街加倍闹热，馀皆同。(《嘉义管内采访册·打猫南堡》)

祭财神庙 财神庙在北门内，康熙八年（1669）建，每岁七月二十二日赛祭。(《平遥县志》)

逸事：霍夫人守城 七月二十二日甲午，贼赵四儿率六千余人，东渡山西，入沁水县。县东北有窦庄，系故忠烈铨里居。先是，铨父尚书五典谓海内将乱，筑墙为堡甚坚。至是，贼犯窦庄，五典、铨已死，铨子道浚、道泽俱官京师，惟铨妻霍氏守舍。众议弃堡避去，霍氏语其少子道隆曰："避贼而出，家不保，出而遇贼，身更不免。等死耳，死于家，不犹愈死于野乎？且我坚守，贼必不得志。"乃躬率僮仆为守御。贼至，环攻之，堡中矢石并发，贼伤甚众，越四日乃退。其避山谷者，多遇贼淫杀，惟张氏宗族得全。冀北兵备王肇生表其堡曰"夫人城"。(《明季北略·山西窦庄》)

七月 二十三 · 二十四

赛龙神会 七月二十三日，西洱河滨有赛龙神之会。至日，则百里之中，大小游艇咸集，祷于洱海神祠。灯烛星列，椒兰雾横，尸祝既毕，容与波间。郡人无贵贱贫富，老幼男女，倾都出游，载酒肴笙歌，扬帆竞渡。不得舟者，列坐水次，藉草酾歌。而酒脯瓜果之肆，沿堤布列，亘十馀里。禁鼓发后，踉跄争驱而归，遗簪堕舄，香尘如雾，大类京师高粱桥风景也。（《滇略》）

祀河神 河神庙二，一在西城外龙王庙右，七月二十三日祀；一在西北瓦窑河卧虹堤，四月十五日祀。（《山西通志》）

祝城隍庙 （增城县）七月二十四日，祝城隍庙。相传是日立城云。（《古今图书集成》）

孩童会 东岳庙，旧传谓嘉应侯小张元帅之庙。复传七月二十四日为侯生日，先期庙祝散纸号，鸣锣三日，令童男女往庙销号，名曰"孩童会"。（《兰溪县志》）

逸事：苏轼磻溪祷雨 （嘉祐八年，1063年）七月二十四日，以久不雨，出祷磻溪。是日，宿虢县。二十五日晚，自虢县渡渭，宿于僧舍，见壁有前县令赵荐留名，有怀其人，诗："龛灯明灭欲三更，欹枕无人梦自惊。深谷留风终夜响，乱山衔月半床明。故人渐远无消息，古寺空来有姓名。欲向磻溪问姜叟，仆夫屡报斗杓倾。"（《苏轼集》）

◎磻溪，河川名。在今陕西宝鸡东南，源出南山，合成道官水，北流入渭水。相传为姜太公垂钓处。

七月

二十五 — 七月 — 二十六

盘瓠庙祭 武溪山高可万仞，半有槃瓠石窟，可容数万人。窟中有石似狗形，蛮俗相传即槃瓠也。每岁七月二十五日，<u>种类</u>四集于庙，扶老携幼，环宿其旁，凡五日，祠以牛虆酒鲊，椎歌欢饮即还，惟不用犬云。(《天中记》)

游蒲涧 宋咸平中，姚成甫于涧侧遇一丈夫，曰："此菖蒲，<u>安期生</u>所饵，可以忘老。"倏然而逝。今俗以七月二十五日，安期生上升，相率为蒲涧之游，<u>履綦</u>骈错。(《大明一统名胜志》)

地藏王诞 （七月）二十六日，俗传地藏王诞，有持斋一月，谓之"地藏素"。三十日夜，沿门点香烛，名"点地灯"。或以木屑和油，沿路焚之，谓之"油香塔"。(《归安县志》)

祭张乖崖 七月二十六日，张乖崖仙游，（崇阳县）士民不忍忘德，效成都故事，祭于北峰亭。(《古今图书集成》)

◎种类，指槃瓠后裔。传说槃瓠为帝高辛氏所畜犬，其毛五彩。时犬戎侵暴，帝募能得犬戎吴将军头者，妻以少女。后槃瓠衔其头来，帝即以女配之。槃瓠负女入南山石室，子孙繁衍于南方山地。◎安期生，传说中的仙人。秦、汉间齐人，从河上丈人习黄帝、老子之说，卖药东海边。秦始皇东游，与语三日夜，赐金璧数千万，皆置之阜乡亭而去，留书及赤玉舄一双。秦始皇遣使入海求之，未至蓬莱山，遇风波而返。◎履綦，足迹，踪影。
◎张咏在自画像上题赞"乖则违众，崖不利物，乖崖之名，聊以表德"，人称"张乖崖"。

七月

祭宁靖王庙 宁靖王庙在县辖维新里竹沪庄。田为王所辟,薨后与元妃罗氏合葬于此。佃人建庙立像祀,至今庄人犹称"老祖"。每年以七月二十七日、九月二十五日致祭。庙前古榕两株,荫大数亩,境极清闲。(《台湾通史·凤山县》)

祭青山圣母庙 青山圣母庙在(五台县)西北十里,七月二十八日祀。(《山西通志》)

祭青白二龙庙 青白二龙庙在辛安社,每岁七月二十八日、八月二十七日致祭。(《林县志》)

逸事:苏轼薨 苏长公以绍圣四年丁丑(1097)二月责授琼州别驾,安置儋州。六月渡海,七月十三日至儋,侨寄城南,邻于天庆观。观有乳泉,故公为援笔赋此。元符三年庚辰(1100),公居儋已四年,会正月祐陵登极,大赦天下。五月移公廉州。六月还琼,复渡海至廉。七月,又以皇长子生,国有大庆,迁舒州团练副使,量移永州。七月终,方自廉启行。赋后题云"七月十三日书",则正在廉时也。十一月,行至英州,又复朝奉郎,提举成都玉局观,任便而居。公遂度岭南还。明年为建中靖国元年辛巳(1101),五月至毗陵,六月因疾告老,以本官致仕。七月廿八日遂薨。公之书是赋时,年已六十有五,距其薨仅隔一岁,实为晚年之笔。(《六研斋笔记》)

逸事:赤光 乾隆三十五年(1770)七月二十八日,肥城有赤光自北方起,夜半渐退;长山西北见赤气弥天,中有白气如缕间之,四更后始散。(《清史稿》)

七月

二十九 —— 七月 —— 三十

童子普 七月二十九日，下街有童子普。此举自道光年间始设，推其未设之由，因街内众童子嬉戏，公捐多少钱，买些少物件，在孤枰脚致祭童子孤魂，连祭二年，一年不祭，遍街路下午时鬼声啼哭，悉属童子之声，阴风阵阵，哭声不绝，街内童子多不平安。公议涂大士一身，延僧道士五人，诵经忏一天，超度童子孤魂，遂为定例，曰"童子普"。（《嘉义管内采访册》）

酒食欢呼 每以七月二十九日，土人吏卒陟乘岾，设帷幕，酒食欢呼，而东西送目，壮健人夫，分类以左右之。自望山岛，驳蹄骎骎而竞凑于陆，鹢首泛泛而相推于水，北指古浦而争趋。盖此昔留天神鬼等望后之来，急促告君之遗迹也。（《三国遗事》）

逸事：观《嘉禾图》 （宋真宗）大中祥符六年（1013）七月二十九日，诏辅臣观粟于后苑御山子，观御制文阁御书及《嘉禾图》，赐饮。是日，皇子从游。（《宋史》）

地藏生日 （七月）三十日，为地藏生日。东岳行宫之西有证度庵，士女进香极盛。（《常昭合志》）

地藏开眼日 （七月）三十日，俗名"地藏开眼日"。夜间沿街烧烛，谓之"点地灯"。（《崇明县志》）

免产厄 七月晦日，为幽明教主诞辰，妇女群集开元寺烧香，脱红布裙，谓"免产厄"，家家门首点地灯。（《苏州府志》）

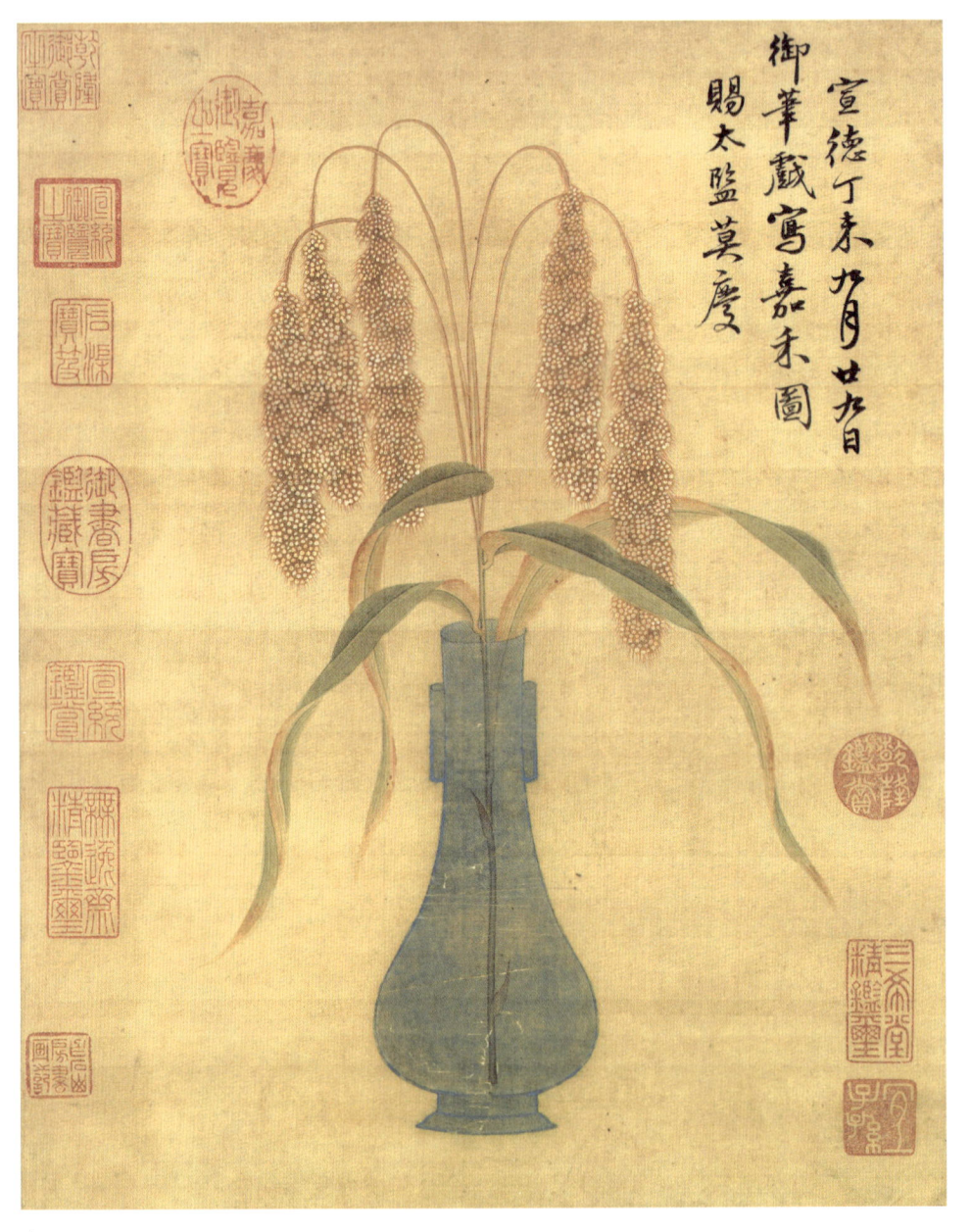

宣德丁未九月廿九日
御筆戲寫嘉禾圖
賜太監莫慶

嘉禾图

八月

仲秋之月，鸿雁来

八月仲秋，亦曰仲商。（《渊鉴类函》）

十二月月令图·八月

八月 ◆

八月桂花开，成都有桂市，宫中开始赏秋海棠、玉簪花。

每到八月，太姥山上的乌桕落叶，山顶处的兰溪源水色秀碧，传说是太姥取水染衣处，附近的居民也等待着八月天晴的时候摘叶取水，沤蓝染帛。

说起八月的节日，绕不开中秋，而中秋绕不开兔子。中秋节有月宫玉兔纹衣服、首饰，有绘有月宫玉兔的月光马儿，还有顶盔束甲、站立起舞、饮酒燕乐等各种形象的兔儿爷……

女子穿着月宫玉兔纹的衣服，簪桂花、戴珊瑚环、珍珠花、同心续命丝、攒珠累丝金凤，在八月十五、八月十六一起守夜，陪伴远在月亮上的姐妹——嫦娥。无数诗人曾感叹嫦娥在广寒宫中寂寞孤苦，但只有这些女子"联女伴同志者，一茗一炉，相从卜夜，名曰伴嫦娥"（《藜床沉馀》），非常温暖和贴心。

八月还有一个充满泪水与苦难的日子，即二十四日小脚娘娘生日。《清嘉录》里记载，大部分未缠足的女童都会在今天吃糍团、被缠足，据说吃了糍团后缠出的足，符合"瘦、小、尖、弯、香、软、正"的标准。

缠足是一个极其痛苦的身体改造过程，古代女子从四五岁起便开始缠足，一旦骨骼扭曲变形，新的肌肉惯性形成，即使放足，也不可能恢复原状。女性既是缠足的主体，又是客体。男性并不参与具体的身体改造过程，但通过权力和话语权，就足以从社会风俗上进行道德和实践的双重规范。

车若水在《脚气集》里说："小儿未四五岁，无罪无辜，而使之受无限之苦，缠得小来不知何用。"即使古人也知道缠足的痛苦，但缠足依然拥有悠久的历史。新中国成立后，缠足恶习才被废止，直到1999年11月，最后一家专为缠足女性制鞋的鞋厂停止最后一条生产线，缠足才逐渐退出历史。

南吕之月 南吕之月，蛰虫入穴（南吕，八月也），趣农收聚（仲秋大雨，故收聚），无敢懈怠，以多为务（务犹事也）。(《吕氏春秋》)

蒲萄风 大月氏国，善为蒲萄花叶酒，或以根及汁酝之。其花似杏，而绿蕊碧须。九春之时，万顷竞发，如鸾凤翼。八月中风至，吹叶上，伤裂有似绫纨，故风为蒲萄风，亦名"裂叶风"也。(《金楼子》)

荻苗水 八月菼乱华，谓之"荻苗水"。(《宋史》)

豆花雨 八月雨，谓之"豆花雨"。(《荆楚岁时记》)

霜降信 （八月）中气前后起西北风，谓之"霜降信"。有雨谓之"湿信"。未风光雨，谓之"料信雨"。(《田家五行》)

祭灵星 《通典》：周制，仲秋之月，祭灵星于国之东南。(注：东南祭之，就岁星之位也。岁星为星之始，最尊，故就其位。王者所以复祭灵星者，为人祈时以种五谷，故别报其功也。)(《五礼通考》)

祀老人星 仲秋之月，祀老人星于国都南郊老人庙。(《东汉会要》)

龙舟竞渡 八月，各乡皆以龙舟竞渡，报赛神庙，与各处端午竞渡不同。(《宁波府志》)

做漉酪 作漉酪法：八月中作。取好淳酪，生布袋盛，悬之。当有水出，滴滴下。水尽，著铛中暂炒，即出。于盘上，曰"曝浥"。浥时作团大，如梨许。亦数年不坏。(《齐民要术》)

赏花 八月，宫中赏秋海棠、玉簪花。(《明宫史》)

赐鸠杖 仲秋之月，赐八九十老人杖，杖端有玉鸠。鸠，不咽之鸟，盖取不咽也。(《弇州四部稿》)

采棉纺织 （隆安县）八月，禾登场，始种麦，雁来宾，促织鸣，绵花盛出，民妇日夜攻绵，收穫两鬻。诗曰："惊寒灯夜短，半枕动鸡鸣。颠倒衣裳去，田间满桱声。"(《古今图书集成》)

染衣 蓝溪，源出太姥山顶，每岁八月，乌桕落叶，溪中色皆秀碧。俗传太姥染衣，居民候其时，取水沤蓝，染帛最佳。(《名胜志》)

剪羊毛 白羊，三月得草力，毛床动，则铰之。五月，毛床将落，铰取之。八月初，胡葈子未成时，又铰之（……漠北塞之羊则八月不铰，铰则不耐寒。中国必

八月 ◆

须铰，不铰则毛长相著，作毡难成也）。(《齐民要术》)

采棉

纺线

织布

练染

◎荑，初生的荻。《尔雅·释草》："荑，蓲。"◎铚声，割取的声音。铚，一种短的镰刀。◎乌桕，落叶树，实如胡麻子，多脂肪，可制肥皂及蜡烛等。◎胡葈，草名，又名苍耳。《广雅》："枲耳也。亦云胡枲……形似鼠耳，丛生如盘。"

八月

初一

灶君圣诞 灶君庙在崇文门外。每至八月，初一日起，开庙三日。盖即灶君诞日也。(《燕京岁时记》)

雁生日 （八月一日）俗曰"八月朝"，曰"雁节"……击鼓板、木鱼、薄铙、星儿、荡儿、云锣等，以候雁来，曰"打十番儿"……为候雁会，俗云八月初一雁门开，又曰"雁生日"。(《节序同风录》)

蟹输芒 蟹，俗传八月一日，取稻芒两枝，东行输送其长。故今南方捕蟹，差早则有衔芒须，霜后输芒方可食之。(《月令辑要》)

送往 （德安府）八月，醮荤如清明制。间有不行者，行则自朔日起，先后不拘，曰"送往"。(《古今图书集成》)

食来丰糕糜 八月朔，食来丰糕糜。白露后种麦，霜降前淹菜。(《怀柔县新志》)

天灸 百草头上，秋露未晞时收取，愈百疾，止消渴，令人身轻、不饥，悦泽。别有化云母作粉服法。八月朔日，收取（百草头上秋露），摩（磨）墨，点太阳穴，止头痛，点膏肓穴，治劳瘵，谓之"天灸"。(《本草纲目》)

初二

释奠于孔子 （神宗万历）四年（1576）八月初二日，帝幸太学，释奠于孔子。先期遣官行取衍圣公并三氏子孙、族人陪祀观礼。(《山东通志》)

◎来丰糕糜，用黍子米等农作物做成的糕。◎悦泽，光润悦目。◎瘵，多指痨病。

八月

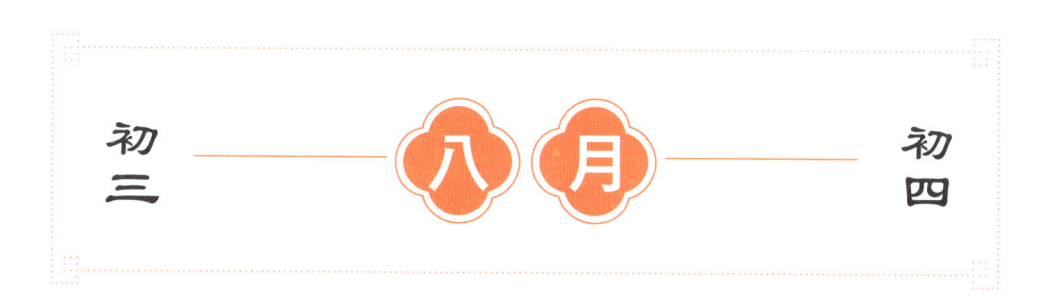

初三 —— 八月 —— 初四

灶神生日 司命灶神，八月初三日生。神姓张，名单，字子郭，状如美女。夫人字卿忌，有六女，皆名察，即六癸女也。白人罪状，大者夺纪二三百日，小者夺算一二百日，故为天地督使。凡治灶于屋中央，口向西，灶四边令去釜九寸以传，及细土墐之，勿令穿折。灶神以壬子日死，不可用此日治灶。五月辰日，猪头祭灶，令人治生万倍利益。鸡毛入灶有非祸，大骨入灶出狂子。正月己巳日，白鸡祭灶，宜蚕。五月己丑祭灶吉。四月丁巳日祭灶吉。神衣黄披发，从灶中出，知其名呼之，可除凶恶云。（《搜神记》）

彩丝续命 八月四日，以彩丝就北辰星下祝求长命。（《遵生八笺》）

逸事：弈棋 戚夫人侍儿贾佩兰，后出为扶风人段儒妻，说在宫内时……八月四日，出雕房北户，竹下围棋，胜者终年有福，负者终年疾病。取丝缕，就北辰星求长命，乃免。（《西京杂记》）

弈棋

八月 初五——初六

千秋节 （唐玄宗开元）十七年（729），丞相源乾曜、张说以八月初五今上生之日，请为千秋节，百姓祭皆就此日，名为"赛白帝"。群臣上万岁寿，王公戚里进金镜绶带，士庶结丝丞（承）露囊，更相遗问。(《隋唐嘉话》)

锁院 宋解试，诸路并以八月五日锁院。而福建则用七月，川、广则用六月，以道远故也。(《日下旧闻考》)

天妃上升 神，闽之莆田人。《兴化志》载：五代闽王时，都巡简林公愿第六女，殁而为神，赐号天妃。而藁城倪中《天妃庙记》则云："神生宋元祐八年，一云太平兴国四年。神生有灵异，幼通悟秘法，豫知休咎，比笄不字，能乘席渡海，御云以游岛屿，众呼为龙女。雍熙四年上升，或云景德三年，或云绍兴乙丑八月六日，闻空中乐声氤氲，有绛云若乘自天而下，神乘之上升。是后常衣朱衣，飞翻海上，里人祀之。"数说者未知孰是。然考宋世神凡十四益封，明永乐、嘉靖间屡著神异，晋封奉神，而夫人游江海及水旱疾疫，每祈辄应。若程君之事，不一而足，则其为有功德于民，而可列诸祀典无疑也。扬邗江虽小，然去淮海近，淮故有天妃闸，凡滨海之民与享神功，扬之立庙固宜。程君克举旷祀，功在不祧，独《神语》所谓"回关丁"者，终不可晓。世之博雅君子，必有能知者。(《江南通志》)

逸事：梁孝元帝生日之礼 生日之礼，古人所无。《颜氏家训》曰："江南风俗，儿生一期，为制新衣，盥浴装饰，男则用弓、矢、纸、笔，女则刀、尺、针、缕，并加饮食之物及珍宝、服玩，置之儿前，观其发意所取，以验贪廉智愚，名之为试儿。亲表聚集，因成宴会。自兹以后，二亲若在，每至此日，常有饮食之事。无教

八月 ◆

之徒虽已孤露,其日皆为供顿,酣畅声乐,不知有所感伤。梁孝元(帝)年少之时,每八月六日载诞之辰,尝设斋讲。自阮修容薨后,此事亦绝。"是此礼起于齐梁之间。逮唐宋以后,自天子至于庶人,无不崇饰。此日开筵召客,赋诗称寿,而于昔人反本乐生之意,去之远矣。(《日知录》)

林默娘(天妃/妈祖)圣迹

◎锁院,宋代考选官吏时,为求严密公正及防止舞弊,封锁试院的制度。◎解试,科举时代唐宋州府举行的考试。

◎斋讲,宣讲佛法之集会。◎阮修容(474—540),阮令嬴,梁武帝萧衍修容。本姓石,会稽余姚人。初嫁齐始安王遥光,遥光谋反被杀,东昏侯收入宫。萧衍称帝,纳为彩女。天监七年(508)生梁元帝,拜为修容。谥号宣。◎反本,返其所自出。◎乐生,以生为乐。

八月 初七 — 初八

逸事：题跋　观东坡公赋赤壁，一如自黄泥坂游赤壁之下。听诵其赋，真杜子美所谓"及兹烦见示，满目一悽恻。悲风生微绡，万里起古色"者也。宣和五年（1123）八月七日，德麟题。（宋·赵令畤《乔仲常后赤壁赋图跋》）

竹醉日　八月八日，为竹醉日，种竹易活。（《月令辑要》）

八字娘娘生日　（八月）八日为八字娘娘生日，北寺中有其像，诞日香火甚盛。进香者多年老妇人，预日编麦草为锭式，实竹箩中。箩以金纸糊之，两箩对合封固，上书某门某氏姓氏，是日焚化殿庭，名曰"金饭箩"。谓如是，能致他生丰足。案，八字娘娘像在城中北寺内，一半老妇人，插花满头，相传与人生前造命，妇女蒸香献履，再生可转男身。（《清嘉录》）

城隍会　三月十八日，为府城隍会，以优伶一部，演剧数日，择期举神像出游，妆饰鬼怪，或扮演小说中故事，导以前行，伞、扇、旗、锣、鼓、吹交作，执事者咸肃恭从事。所过之家，焚香致敬，名曰"出神"。县城隍会亦如之，其期则八月八日也。（《阆中县志》）

八月 ◆

初九 —— 八月 —— 初十

元成节 （宋徽宗）政和三年（1113）以八月九日，青华帝君生辰，为元成节。（《宋史》）

琉球糯米赤豆饭 八月初十、十五，蒸糯米饭交赤小豆相饷。（《琉球入学见闻录》）

琉球风俗图卷·谷物商

◎东极青华大帝，道教称太乙救苦天尊。

八月

逸事：开始观潮　郡人观潮，自八月十一日为始，至十八日最盛。盖因宋时，以是日教阅水军，故倾城往看，至今犹以十八日为名，非谓江潮特大于是日也。是日，郡守以牲醴致祭于潮神，而郡人士女云集，儗倩幕次，罗绮塞涂，上下十馀里，间地无寸隙。伺潮上海门，则泅儿数十，执彩旗，树画伞，踏浪翻涛，腾跃百变，以夸材能。豪民富客，争赏财物。其时优人百戏，击毬斗扑，鱼鼓弹词，声音鼎沸。盖人但藉看潮为名，往往随意酣乐耳。瞿宗吉《看潮》诗云："嘉会门边翠柳垂，海鲜桥上赤栏欹。行人指点山前石，曾刻先朝御制诗。""出郭游人不待招，相逢都道看江潮。今年秋暑何曾减，映日争将画扇摇。""一线初看出海迟，司封祠下立多时。须臾金鼓连天震，忙杀中流踏浪儿。""垆头酒美劝人尝，紫蟹初肥绿橘香。店妇也知非俗客，奚奴背上有诗囊。""沙河塘上路岐赊，扶醉归来日已斜。怪底香风来不断，担头插得木樨花。""步入重门小院偏，金猊飞袅夜香烟。家人笑问归何晚，已备中秋赏月筵。"（《西湖志》）

盐生日　八月白露日雨，主损菜。十二日为盐生日，十三日为卤生日，雨则盐贵。二十四日为稻藁生日，雨则藁腐。俗言是日，上午雨为灶上荒，言米贵也。下午雨则灶下荒，言薪贵也。（《松江府志》）

迎神像入寺　池人以八月十五日为昭明诞辰，先期十二日，知府率僚属迎神像入祝圣寺，十五日躬致祭，十八日送还庙所。盖贵池里社无不祀昭明为土神者，或朱甍飞栋，或数椽栖神，或片石筑坛，水旱必祷，灵响异常，诚福主也。（《杏花村志》）

八月 ◆

秋讲 万历二年（1574），定春讲以二月十二日起，至五月初二日止，秋讲以八月十二日起，至十月初二日止，不必题请。（《明史》）

观潮

◎僦赁，租赁。◎幕次，临时搭起的帐篷。◎罗绮，罗与绮，皆丝织品，常为妇女所服。比喻女子。◎塞涂，堵塞道路。形容人多拥挤。◎嘉会门，南宋临安城南门。吴越时名龙山门，北宋改利涉门。元末张士诚重修杭州城，将南城缩入数里，嘉会门废。◎踏浪儿，弄潮儿。◎奚奴，僮仆。◎金猊，香炉的一种。炉盖作狻猊形，空腹。焚香时，烟从口出。
◎萧统（501—531），南朝梁南兰陵人，字德施，小字维摩。梁武帝长子。遍览众经，东宫藏书三万卷。引纳才士，商榷古今，恒以文章著述。谥昭明，世称昭明太子。编有《文选》，以"事出于沉思，义归乎翰藻"为标准，选录各体诗文，为现存最早诗文总集。另有《昭明太子集》。贵池《秀山志》载"梁大同三年（537），石城士庶请太子衣冠卜兆于秀山"并立庙纪念。石城即今池州贵池。◎灵响，灵应。

八月 十三 / 十四

佑顺侯生辰　八月十三日，佑顺侯胡公生辰。（永康县）各分村落为会，挂大帛为旗，长二三丈，导以鼓乐，从以伞盖，或以纸为马，登方岩赛神而还。盖一郡香火之盛也。（《古今图书集成》）

詹家天忌　（建阳县）八月十三日至二十三日，号"詹家天忌"，凡事男女各往寺观礼佛焚香，谓之"受生广南香"。秋分在社前，斗米换斗钱。秋分在社后，斗米换斗豆。（《古今图书集成》）

天灸　八月十四日，民并以朱水点儿头额，名为"天灸"，以厌疾。又以锦彩为眼明囊，递相遗饷。按，《述征记》云："八月一日作五明囊，盛取百草头露洗眼，令眼明也。"（《荆楚岁时记》）

逸事：月华　余自幼闻"月华"之说，终未见也。同年王大司农秋瑞，梦月华而生，故小字华官。后见平湖陆陆堂先生云："康熙辛酉八月十四夜，曾见月当正午，轮之西南角，忽吐白光一道。已而红黄绀碧，约有二十余条，下垂至地。良久结轮三匝，见月不见天矣。"先生赋云："今宵才见月华圆，织女张机也失妍。五色流苏齐着地，三重轮廓欲弥天。"（《随园诗话》）

◎胡则（963—1039），字子正，婺州永康人。宋太宗端拱二年（989）进士，为许田尉。真宗大中祥符七年（1014）为京西转运使。乾兴初知信州。仁宗天圣中历福州、杭州、永兴军，累迁工部侍郎、集贤院学士。明道二年（1033）知杭州。景祐元年（1034）以兵部侍郎致仕。徽宗宣和间封佑顺侯，理宗淳祐间进正惠公，宝祐初加忠佑。

◎詹家天，《俚言解》卷一"沾天雨"条："沾天雨，一曰征天雨。或以梅雨为征天，非也。自秋分后映客壬谓之进沾。其时多蒙密细雨，俗又呼狗毛雨。"《田家实录》："八月十三日至二十二日凡十日为詹家天，不论壬日也。谓詹氏曾以此月战斗旬日，能兴雾雨，死为神，有细雨之验。其说甚谬。《田家五行》：落天雨忌栽种。"

八月

十五 — 八月 — 十六

中秋、月夕 八月十五日中秋节，此日三秋恰半，故谓之"中秋"。此夜月色倍明于常时，又谓之"月夕"。此际金风荐爽，玉露生凉，丹桂香飘，银蟾光满。王孙公子，富家巨室，莫不登危楼，临轩玩月。或登广榭，玳筵罗列，琴瑟铿锵，酌酒高歌，恣以竟夕之欢。至如铺席之家，亦登小小月台，安排家宴，团圞子女，以酬佳节。虽陋巷贫窭之人，解衣市酒，勉强迎欢，不肯虚度。此夜天街买卖，直至五鼓，玩月游人，婆娑于市，至晓不绝，盖金吾不禁故也。（《梦梁录》）

祭月 八月十五日祭月，其祭，果饼必圆分，瓜必牙错瓣刻之如莲华。纸肆市月光纸，缋满月像，趺坐莲华者，月光遍照菩萨也。华下月轮桂殿，有兔杵而人立，捣药臼中。纸小者三寸，大者丈，致工者金碧缤纷。家设月光位于月所出方，向月供而拜，则焚月光纸，彻所供，散家之人必遍。月饼月果，戚属馈相报，饼有径二尺者。女归宁，是日必返其夫家。曰"团圆节"也。（《帝京景物略》）

男女拜月 中秋京师赏月之会，异于他郡。倾城人家子女，不以贫富，能自行至十二三，皆以成人之服饰之。登楼或在中庭拜月，各有所期。男则愿早步蟾宫，高攀仙桂；女则愿貌似嫦娥，圆如皓月。（《新编醉翁谈录》）

兔儿爷 都下例于中秋，家家祀月中之兔，尊之为"兔儿爷"。逐利者肖其像如人状，有泥塑者、布扎者、纸绘者，堆积市上，几于小山。家人携小儿女购归，陈瓜果拜之。（《侧帽余谭》）

送月饼 八月馈月饼。士庶家俱以是月造面饼相馈，大小不等，呼为"月饼"。市肆至以果为馅，巧名异状，有一饼值数百钱者。（《宛署杂记》）

摘瓜芋 中秋，亲戚以月饼相馈遗，小儿设时果，携茶酒供月下，摘瓜芋相遗，曰"送子"。（《常山县志》）

岁华纪胜·玩月

月仙、玉兔蟒纱 自正旦灯景，以至冬至阳生万寿圣节，各有应景蟒纻；自清明秋千与九月重阳菊花，俱有应景蟒罗；自端阳五毒至八月月仙、玉兔，俱有蟒纱。（《酌中志》）

簪桂 八月中秋祭月，簪桂，亲友彼此相馈。（《罗山县志》）

花婆穿珠 （八月十五日）闺人赏月，戴珊瑚环、珍珠花，凡花婆穿珠，即于此日。（《节序同风录》）

玩月 中秋夜，贵家结饰台榭，民间争占酒楼玩月，丝篁鼎沸。近内庭，居民夜深遥闻笙竽之声，宛若云外，闾里儿童，连宵嬉戏，夜市骈阗，至于通晓。（《东京梦华录》）

走月亮 妇女盛妆出游，互相往还，或随喜尼庵。鸡声喔喔，犹婆娑月下，谓之"走月亮"。蔡云《吴歈》云："木犀球压鬓丝香，两两三三姊妹行。行冷不嫌罗袖薄，路遥翻恨绣裙长。"（《清嘉录》）

放水灯 禁中是夕有赏月延桂排当，如倚桂阁、秋晖堂、碧岑，皆临时取旨。夜深天乐，直彻人间。御街如绒线、蜜煎、香铺，皆铺设货物，夸多竞好，谓之"歇眼"。灯烛华灿，竟夕乃止。此夕，浙江放"一点红"羊皮小水灯数十万盏，浮满水面，烂如繁星，有足观者。或谓此乃江神所喜，非徒事观美也。（《武林旧事·中秋》）

摸秋 中秋，市糖饼以供月，谓之"月饼"，兼以馈亲友，晚则设筵欢饮，略如元宵。童子垒瓦作塔燃灯为戏。妇女联袂出游，遇菜圃，辄窃南瓜，为宜男兆，名曰"摸秋"。其有中年乏嗣者，亲友于是夕亦取南瓜，用鼓吹、爆竹饷之，谓之

"送子"。(《繁昌县志》)

伴嫦娥 长安妇女有好事者，曾侯家睹彩笺曰：一轮初满，万户皆清。若乃狎处衾帷，不惟辜负蟾光，窃恐嫦娥生妒。湉于十五、十六二宵，联女伴同志者，一茗一炉，相从卜夜，名曰"伴嫦娥"。凡有冰心，伫垂玉允。朱门龙氏拜启。(《藜床渖馀》)

守夜 中秋节，亲友馈送月饼、瓜果、酒殽之属，夕则守夜烧香，恭祀太阴星主。(《永宁州志》)

观月华 中秋俗重十六夜，召宾以观月华。(《天台县志》)

追月 粤中好事者，于八月十六夜，集亲朋治酒肴赏月，谓之"追月"。(《岭南杂事钞》)

拗节 端午、中秋之次日，吾乡均谓之"拗节"，方言也。殆谓拗转时日而流连光景耳。吾乡女子之出嫁者，率于拗节归宁。(《金陵岁时记》)

嫦娥奔月

八月 十七 — 十八

祭舜庙 在（垣曲）县北四十里，有舜庙，有井亭，每年八月十七日，有司致祭。（《山西通志》）

潮神生日 候潮门外至闸口，沿江十里均可观看，八月十八为潮神生日，前后三日均有潮。泛始起之时，微见远处如白带一条，迤逦而来，顷刻波涛汹涌，水势高有数丈，满江腾沸，真乃大观！螺蛳埠有秋涛宫，系南巡时供御览者。（《杭俗遗风》）

弄涛 浙江，在县南一十二里。《庄子》云"浙河"，即谓浙江，盖取其曲折为名。江源自歙州界，东北流经界石山，又东北经州理北，又东北流入于海。江涛每日昼夜再上，常以月十日、二十五日最小，月三日、十八日极大，小则水渐涨不过数尺，大则涛涌高至数丈。每年八月十八日，数百里士女共观，舟人渔子溯潮触浪，谓之"弄涛"。（《元和郡县志》）

串月之游 （八月）十八日，士女聚于石湖，舟楫如蚁，昏时登楞枷遥望，为串月之游。（《吴县志》）

斗牛、相扑 吴越武肃王钱氏，每值八月十八日，浙江潮水大至，谓之"看潮"。是日，必命僚属登楼而宴，及潮头已过，即斗牛，然后相扑。王谓人曰："为军家出力而激勇也。"（《角力记》）

八月

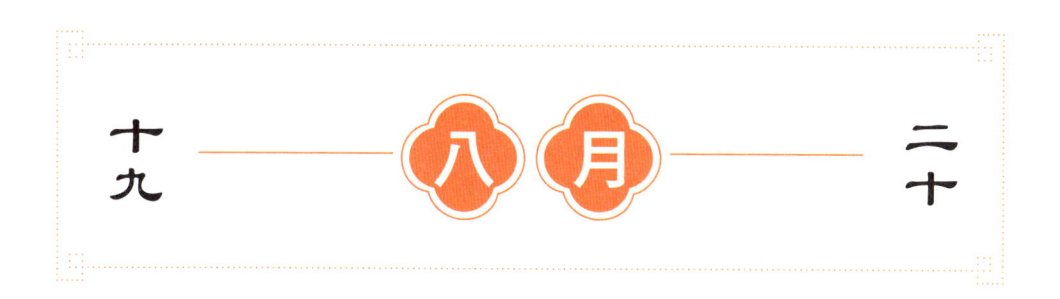

十九 —— 八月 —— 二十

诗咏：赏菊 春英无不惜开迟，秋菊常怀<u>素景</u>悲。惯负晚霜甘索寞，忽逢先闰促<u>离披</u>。欲移庭槛嫌伤早，拟泛<u>宾罍</u>未入时。自是寒花当守分，一违佳节速人嗤。（宋·韩琦《八月十九日赏菊》）

封西岳 （唐玄宗）先天二年（713）八月二十日，又封西岳为金天王。（《事物纪原》）

逸事：辛弃疾梦 己未（1199）八月二十日夜，梦有人以石研屏见饷者。其色如玉，光润可爱。中有一牛，磨角作斗状。云："湘潭<u>里中</u>有张其姓者，多力善斗，号张难敌。一日，与人搏，偶败，忿赴河而死。居三日，其家人来视之，浮水上，则牛耳。自后并水之山往往有此石，或得之，里中辄不利。"梦中异之，为作诗数百言，大抵皆取古之怨愤变化异物等事，觉而忘其言。后三日，赋词以识其异。恨之极，恨极销磨不得。<u>苌弘</u>事，人道后来，其血三年化为碧。<u>郑人缓也泣</u>。吾父攻儒助墨。十年梦，沈痛化余，秋柏之间既为实。　相思重相忆。被怨结中肠，潜动精魄。望夫江上<u>岩岩</u>立。嗟一念中变，后期长绝。君看<u>启母</u>愤所激。又俄顷为石。难敌，最多力。甚一忿沈渊，精气为物。依然困斗牛磨角。便影入山骨，至今雕琢。寻思人间，只合化，梦中蝶。（宋·辛弃疾《兰陵王》）

◎素景，秋季的景色。◎离披，零落分散的样子。◎宾罍，客人的酒杯。◎里中，指同村的人。◎苌弘，周之大夫。《庄子》："苌弘死于蜀，藏其血，三年化而为碧。"◎《庄子·列御寇》："郑人缓也呻吟裘氏之地。祇三年而化为儒，河润九里，泽及三族，使其弟墨。儒墨相与辩，其父助翟。十年而缓自杀。其父梦之曰：'使而子墨者予也。阖胡视其良，既为秋柏之实矣。'"◎岩岩，高大，高耸。◎启母，相传夏禹娶涂山氏之女，化为石后，石破生子启。

二十一 ——— 八月 ——— 二十二

先师诞辰、行释菜礼 考《闽书》：明万历四十年，提学副使冯珽下教各州府县儒学，以二月十八日先师忌辰，八月二十一日先师诞辰，行释菜礼，学官主其祭。(《台湾县志》)

逸事：明宪宗废吴皇后 宪宗登极，以天顺八年（1464）七月廿一日，册立吴氏为皇后，已诏告天下矣。至本年八月廿二日，复下诏曰："太监牛玉，偏殉己私，朦胧将先帝在时选退吴氏，于圣母前奏请立为皇后。吴氏言动轻浮，礼度粗率，略无敬慎之意。今废斥吴氏，退居别宫闲住。"……至本年十月十二日，又立王氏为皇后。诏中谓先帝临御之日，尝为朕简贤淑，已定王氏，育于别宫以待期，不意内臣牛玉云云。盖吴氏之得罪，实由万妃受挞而谮之，其祸遂不可解。而王氏即孝贞皇后，能委曲下之，故得安于位，在孝宗朝称皇太后，武宗朝称太皇太后，加尊号曰慈圣康寿。(《万历野获编》)

逸事：异兽甪端 元至正庚寅（1350），浙江乡试，八月二十二日夜二鼓，贡院仿佛见一物驰过甚疾，其状若猛兽。军卒因而喧哄，考官遂以"甪端"命赋题。甪端者，似麒麟而角在鼻上。(《西湖游览志》)

八月 二十三 / 二十四

逸事：置小学　（宋徽宗）崇宁元年（1102）八月二十三日，州县置小学，十岁以上入学，五年立课试法。（《玉海》）

开稻门　八月……二十四日割新稻，谓之"开稻门"，以祀灶。是月，田家祀先农，醵钱为会，曰"青苗社"（亦曰"谢天节"）。（《松江府志》）

祀灶　八月二十四日，以新秫米为糍饵，祀灶。（《长洲县志》）

裹足　（八月）二十四日，煮糯米和赤豆做团祀社，谓之"餈团"。人家小女子皆择是日裹足，谓"食糍团"。缠脚能令胫软。蔡云《吴歈》云："白露迷迷稻秀匀，糯团户户已尝新。可怜绣阁双丫女，初试弓鞋不染尘。"案，许慎《说文》："餈，稻饼。"谓炊半烂捣之，不为粉也。长、元、吴《志》及《常昭合志》皆云："二十四日，以新秫米为糍团祀灶。""餈"又作"糍"，见吴自牧《梦粱录》："怀信坊，俗呼'糍团巷'。"是糍团之名旧已。（《清嘉录》）

逸事：钱俶生日、忌日　俶以（后唐明宗）天成四年（929）八月二十四日生，至是八月二十四日卒，复与父元瓘卒日同，人皆异之。（《宋史》）

◎秫米，高粱米粒。◎钱俶（929—988）字文德，原名弘俶，杭州临安人。吴越文穆王钱元瓘第九子。乾祐元年（948）初即吴越国王位。助后周世宗、宋太祖攻南唐。宋太宗太平兴国三年（978），纳土归宋。宋封为淮海国王。辛谥忠懿。

二十五 八月 二十六

祭防风庙 湖州之名，始于隋仁寿二年（602），取太湖以为名。其地则古防风氏之国。今武康县封、禺二山间，有防风庙，岁以八月二十五日，有司致祭，是也。（《大明一统名胜志》）

诗咏：赏桂 中秋过十日，丹桂始堪夸。浸酒尝花味，张灯代月华。旧游人顿少，迟赏兴尤嘉。谑笑从狂客，清歌欠小娃。（明·李昱《八月二十五夜陈世恭邀赏桂花》）

逸事：出游 辛卯之秋八月末晦有六日，长啸子与客游于北山。未至赤松三里而近，有徐先之之别业焉⋯⋯于时丹枫缬林，香桂染袖，金粟垂颖，翠荚采豆，芙蓉靓冶，篱菊敷茂。紫兰分抗茎濯蕊于深幽，香稻分舂玉簌珠于践跞。悬颗苞于枣栗，縩青黄于橘柚。日暄而不燠，雨寒而不骤。正一年之佳景候也。（元·王柏《长啸山游记》）

逸事：张岱生日 蜀人张岱，陶庵其号也。少为纨绔子弟，极爱繁华，好精舍，好美婢，好娈童，好鲜衣，好美食，好骏马，好华灯，好烟火，好梨园，好鼓吹，好古董，好花鸟，兼以茶淫橘虐，书蠹诗魔，劳碌半生，皆成梦幻。年至五十，国破家亡，避迹山居，所存者破床碎几，折鼎病琴，与残书数帙，缺砚一方而已。布衣蔬莨，常至断炊。回首二十年前，真如隔世⋯⋯生于万历丁酉（1597）八月二十五日卯时，鲁国相大涤翁之树子也，母曰陶宜人。（明·张岱《自为墓志铭》）

夫人会 吴江有夫人会，恒于八月二十六日之夜行之。会所过之处，商店人家辄以纸花送夫人，喜娘即为之插带。明日，取花送还，谓可压邪，则又得犒资矣。

八月

枫蹬停车

(《清稗类钞》)

清宫节日　八月二十六日，为宫中节日。盖太祖未入关时，转战甚苦，一日粮绝，太祖及军士皆以树皮充饥，即是日也。故满人以为纪念日，屏除豪华，宫中尤重之，皆不食肉，以生菜裹饭而食，亦不用箸，以手代之，孝钦后亦然。盖专制君主，每以土地人民为私产，欲其子孙追念祖宗创业之艰难也。(《清稗类钞》)

◎防风，古传说中部落酋长名。《国语》："丘闻之，昔禹致群神于会稽之山，防风氏后至，禹杀而戮之。其骨节专车。"◎缬林，秋季叶红，树林呈红色。一般指枫林。◎垂颖，禾穗下垂。

八月 二十七 二十八

孔子诞辰 周灵王二十一年庚戌岁，即鲁襄公二十二年。当襄公二十二年冬十月庚子日，先圣生。十月庚子，即今之八月二十七日。是夕有二龙绕室，五老降庭。五老者，五星之精也。又颜氏之房，闻奏钧天之乐，空中有声云："感生圣子，故降以和乐笙镛之音。"（《孔氏祖庭广记》）

拜谒文庙 此日（八月二十七）为孔圣诞辰，拜谒文庙。邀宿儒、文士讲德课业。检阅文房器具，曰研、纸、笔、墨、水注、水丞、砚滴、笔架、笔格、笔床、笔屏、笔鼓、臂阁、笔洗、笔海、笔舔、墨床、墨匣、墨囊、镇纸、砑纸、压尺、裁刀、齐刀、裁尺、裁版、界方、笔船、界条、书锥、糊斗、糊版、笔筒、纸筲、纸阁、书压、蜡斗、砚盒、炙砚、书灯、灯遮、书签、印章、印色、印池、印荐、印盒、书帘、书裹、书套、书架、书箱、书案、都丞盘、柬札、封函。（《节序同风录》）

孔子

举祀事 （宋徽宗）崇宁四年（1105）八月，奉安九鼎，以蔡京为定鼎礼仪使，帝幸九成宫酌献……又诏以铸鼎之地作宝成宫，总屋七十一区，中置殿曰"神灵"，以祠黄帝；东庑殿曰"成功"，祀夏后氏；西庑殿曰"持盈"，祠周成王及周公、召公；后置堂曰"昭应"，祀唐李良及隐士嘉成侯魏汉津。太常礼部言："每岁欲于大乐告成崇政殿元进乐日，秋八月二十七日举祀事，祀黄帝依感生帝、神州地祇为大祀，币用黄，乐用宫架，祝文依祀圣祖称嗣皇帝臣名。其成功、持盈二殿，礼用中祀，币各用白。昭应堂礼用小祀，并以素馔。"（《宋史》）

逸事：节饮食说　东坡居士自今日以往，早晚饮食不过一爵一肉。有尊客，盛馔则三之，可损不可增。有召我者，预以此告之，主人不从而过是吾及是，乃止。一曰安分以养福，二曰宽胃以养气，三曰省费以养财。元丰六年（1083）八月二十七日书。（宋·苏轼《节饮食说》）

———

秋祭马神　原太仆寺每年祭马神，在通州北四十里安德乡郑村坝，春祭在二月二十二日，秋祭在八月二十八日。前期题请，遣少卿一员行礼。（《日下旧闻考》）

孔庙祭器

◎钧天之乐，指神话中天上的音乐。汉张衡《西京赋》："昔者大帝说秦缪公而觐之，飨以钧天广乐。"◎笙镛，亦作笙庸，古乐器名。镛，大钟。◎九鼎，华夏至尊神器。夏、商、周三代奉为象征国家政权的传国之宝。战国时秦、楚兴师到周王城洛邑求鼎。周显王时九鼎没于泗水下。武则天、宋徽宗曾重铸九鼎。
◎郑村坝，今北京市朝阳区东坝附近。明初燕王朱棣发动靖难之役，坐骑青骢马救驾有功，此处敕建马神庙。

八月 二十九 / 三十

祭谢晦庙 谢晦庙在黄山,刘宋谢晦刺荆州,尝过黄山,顾瞻久之,后卒,柩过不肯去,因葬焉。民为立祠,宋封显应公,本朝定名荆州刺史谢晦庙,祭以八月二十九日。(《明一统志》)

逸事:李可灼进药 (万历四十八年,1620)八月二十九日,李可灼进药(仙丹红丸),明日(九月初一),光宗崩。(《明季北略》)

中秋节 洪秀全据江宁时,有郭镐者,皖之贡生也,被执,遂降之。时洪以八月三十日为中秋节,郭撰一联为榜于门云:"明中秋月暗,暗中秋月明,好教我不明不暗。"翌日,有人投以下联云:"长头发日短,短头发日长,试问你谁短谁长?"(《清稗类钞》)

◎李可灼,明人,任鸿胪寺丞。明光宗即位后患疾,司礼监秉笔兼御药房太监崔文升进泻药,病转剧。李可灼进红丸,明光宗服两丸后身死,被遣戍。魏忠贤专政时翻案,免戍还。

附：秋丁、秋社

◇ 秋丁，与春丁同，祭馀残烛，给子弟夜读。秋社，立秋后第五戊日，为秋社，曰"燕去时"。晓起，采百草头上露，贮磁器内，磨浓墨，按针灸穴点百病。结屋枣树下，祀土谷神，馀与春社同，曰"青苗社"，又曰"谢天会"。造社饼名曰"金裹银"，每人一番，如春社也。粉面糟发，加果仁、蜂蜜、白糖，蒸为糕，曰"社糕"，又曰"丰糕"，俗曰"蜂糖糕"，祭神，毕，带归奉老人。社酒洗目，不昏。送聘婿酒肉饭糕，曰"还社礼"。女皆归宁，姨舅以新葫芦、新枣相送，谓宜良外甥。买豚饲之，至腊乃肥，谓之"追年猪"。（《节序同风录》）

◇（王文康）既达北庭，值秋丁，公奏行释奠礼，世祖说，即命举其事。（《辍耕录》）

◇ 八月上丁日，太宗、孝宗庠县学，俱行秋丁释奠礼。秋社日，朝廷及州县差官祭社稷坛，盖春祈而秋报也。（《梦粱录》）

◇ 秋社日应候，田园乐事，并与春社同，但景物异耳。（《田家五行》）

◇ 立秋后第五戊日，为社。西成，将告士女出游，谓之"走社"。乡人张乐赛神，曰"结秀"。（《长子县志》）

◇ 八月秋社，各以社糕、社酒相赉送。贵戚宫院以猪羊肉、腰子、奶房、肚肺、鸭饼、瓜姜之属，切作棋子片样，滋味调和，铺于饭上，谓之"社饭"。请客供养，人家妇女皆归外家，晚归，即外公姨舅，皆以新葫芦儿、枣儿为遗，俗云宜良外甥。（《东京梦华录》）

◇（宁武关）秋社日，小儿佩社线。（《古今图书集成》）

◇（商州）秋社日，祀先农于乡社。（《古今图书集成》）

◇ 八月社日，上冢拜扫。（《榆社县志》）

◇ 坊乡有社祭，春曰"燕福"，秋曰"鸿福"。家祀司土以粥。（《建安县志》）

◇ 春秋两备牲酒，具楮陈乐，村社行赛祷，略如古报赛礼。（《清河县志》）

◇（垣曲县）秋成，村社飨赛，报答神祇，盛集优倡，搬演杂剧，弦管挎蒲，沉酣达曙。如鲁人猎，较久而难变也。(《古今图书集成》)

丰乡报赛

◎王鹗（1190—1273），金元间曹州东明人，字百一。金哀宗正大元年进士第一。金亡，依万户张柔居保定。忽必烈遣使聘至藩邸，进讲《孝经》《书》《易》及齐家治国之道。加资善大夫，奏立翰林学士院、十道提举学校官。阿合马欲取相位，众莫敢言，独鹗不附。卒谥文康。有《汝南遗事》《应物集》。

九月

季秋之月，草木黄落

九月曰季秋，亦曰暮秋、末秋、暮商、季商、杪商，又曰元月。(《纂要》)

十二月月令图·九月

九月

九月，也叫"秋三月""季秋""暮秋"。

《诗经》云："七月流火，八月未央，九月授衣。"九月始寒，天气渐冷，"而蚕绩之功亦成，故授人以衣，使御寒也"（《诗集传》）。在唐朝，每到九月，学校还会专门放授衣假，让学子制备寒衣。

九月莼鲈正美，秋酒初香，菊有黄花。可登城把萸、东篱采菊、苏堤赏芙蓉，珍林尝时果。菊花是"四君子"之一，苗可以入菜，花可以入药，还能做枕、酿酒，古人认为服食菊花可以"轻身延年""乘云升天"，所以菊花也叫"周盈"和"傅延年"。

九月初九是重阳节，也是属于女性的"女儿节"。重阳节，端午、七夕都有女儿节的别称，端午女儿节侧重未婚嫁的女子、家中的女儿；七夕女节有无婚嫁均可庆祝；重阳女儿节侧重已婚女子。

重阳女儿节时，父母要迎接已出嫁的女儿归宁，送新婚女儿衣服首饰。因为节指重阳，菊花盛开，人们多置办菊花纹样的衣服、首饰。女儿归宁后，父母要给儿女准备重阳糕点或重阳节盒，设宴款待女婿，或把糕点切片，贴在儿女的额头上，祝愿孩子"百事俱高"。

当女儿跟着女婿回家时，还要带走一些父母家准备的花糕。《帝京景物略》载："九月九日……父母家必迎女来食花糕，或不得迎，母则诟，女则怨诧，小妹则泣望其姊姨，亦曰'女儿节'。"

重阳最可爱的风俗应该是《临高县志》记载的"赶山猫"了：重阳日，早起，群呼曰"赶山猫"，以为安富之兆。

不过随着世事变迁，节日也会迎来变化。1989年，我国政府将农历九月初九正式定为"中国老人节""敬老节"。2012年12月28日，《中华人民共和国老年人权益保障法》进一步在法律上明确规定，每年农历九月初九作为老年节。

至此，重阳节从"女儿节"变成一个属于老人的节日。

忙月 亦有早稻，先一月熟，是月（九月）艺麦豆，栽桑筑场，子妇竭作，亦谓之"忙月"。(《嘉兴府志》)

赛土神 各乡大赛土神，东乡有案会，西乡有朝会，皆迎梁昭明为主，诸神附之。或演戏文、设酒食待亲友。兴孝乡逢闰年九、十月间为朝会期。(《贵池县志》)

九皇会 九月，各道院立坛礼斗，名曰"九皇会"。自八月晦日斋戒，至重阳，为斗母诞辰，献供演戏，燃灯祭拜者甚胜。供品以鹿醢、东酒、松茶、枣汤，炉焚茅草、云蕊真香。(《帝京岁时纪胜》)

授衣假 诸学生通二经、俊士通三经，已及第而愿留者，四门学生补太学，太学生补国子学，每岁五月有田假，九月有授衣假，二百里外给程。(《新唐书》)

莼鲈正美 九月莼鲈正美，秫酒初香。胜客晴窗，出古人法书名画，焚香评赏，无过此时。(《徐氏笔精》)

赐杖 （开元二年，714年）九月庚寅，作兴庆宫。丁酉，宴京师侍老于含元殿，庭赐九十以上几杖，八十以上鸠杖，妇人亦如之，赐于其家。(《新唐书》)

合香茶 九月，取金鹅蕊捣去汁，合儿茶、毛茶为香茶。是月上日，延先天师人建九皇会，谓之"朝皇"，九昼夜止，斋戒沐浴至坛，禁言笑，有不洁者，非死即病，往往暧昧。事对神信誓，吉凶如响。(《保昌县志》)

乡射礼 《汉官仪》曰："明堂四面起土作堑，上作桥，中无水。明堂去平城门二里所，天子出，从平城门，先历明堂，乃至郊祀。"又曰："辟雍去明堂三百步，车驾幸辟雍，从北门入。三月、九月皆于中行乡射礼。辟雍以水周其外，以节观者。诸侯曰泮宫，西南有水，北无，下天子也。"(《玉海》)

教田猎 季秋之月，天子乃教于田猎，闲肆五兵，因以顺时取禽。其礼：将军执晋鼓，师率执提，旅率执鼙，以教坐作进退徐疾之节。(《太平御览》)

造新酒 雪香酒，味香冽而色白，松酒之最佳者。俗以九月初造新酒，名"开清"。(《松江府志》)

九月 初一 — 初二

祈年 九月朔日至九日，礼北斗祈年。（《云南通志》）

吃素净厨 九月初一至初十日止，杭城人家有大半吃素净厨。城里城外，山上山下，共有斗坛三百馀处，均系在家人纠分设供。其中铺设点缀，此强彼胜，每晚拜忏至三四更不等。有名讲究者，初六、七朝天上表，遍贴招知。并招儿童过关。士女之游斗坛，亦一大胜会也。山下宗阳宫、通玄观、旌德观等处为最。山上金龙阁，准提阁、火德庙、上下宝奎坛，其馀数十房头均有。所用桌帏幡幔，以及所点蜡烛，均皆黄色。（《杭俗遗风》）

荐衣陵寝 天宝二年七月二十七日敕："朕纂承丕业，肃恭祀事，至于诸节，常修荐享。且《诗》著授衣，令存休浣，在于臣子，犹及恩私，恭事园陵，未标令式。自今以后，每至九月一日，荐衣于陵寝，贻范千载，庶展孝思。"（《唐会要》）

———

作笔墨 又作笔墨法曰：作墨用鸡子白、真珠、麝香，合以和墨，宜用九月二日。（《太平御览》）

诗咏：郊游 靖节一生懒，秋来有底忙。妻儿团菊社，宾客守糟床。西肆驼蹄熟，东邻蟹甲香。山中无姓字，呼我作高阳。（明·袁宏道《九月二日，盛集诸公郊游，至二圣寺，仍用散木韵·其四》）

◎桌帏，围在桌边做遮挡的布或绸缎幡幔，佛道供台两边悬挂。◎荐享，祭献，祭祀。◎休浣，官员按例休假。

九月

初三　　　初四

五瘟生日　九月三日，五瘟生日，五方五瘟会于广山，此日大忌酒色。（《修真十书杂著捷径》）

诗咏：**得赐宝镪**　香蔼天门卫仗闲，例随鵷鹭入朝班。侍仪引进名初奏，给事传宣赏就颁。宫扇受风开雉尾，衮衣耀日动龙颜。腐儒何幸遭明圣，得预观光禁阙间。（明·董纪《九月三日奉天门早朝得赐宝镪》）

穿菊花补子蟒衣　九月，御前进安菊花。自初一日起吃花糕，宫眷内臣自初四日换穿罗重阳景菊花补子蟒衣。（《明宫史》）

逸事：**传国玺出**　（明熹宗）天启四年（1624）甲子九月初四日辰时，彰德府临漳县乡民邢一泰，经本县务本庄东磁州八里漳河西畔耕地，忽风火起，旋转半晌，随见河崖滩塌，声震如雷，祥光围绕，直腾而上。一泰就而视之，闪出黄白色物一块，大如斗，视有篆文，不能辨识。随报本邑生员王思桓、王灿同视，粹为至宝，不敢隐匿，呈知县何可及当堂净拭，见其晶洁异常，光灿陆离，龙纽斗形，方各四寸，厚三寸，重一百一十余两，其篆文曰"受命于天，既寿永昌"，览读骇异，即设香案叩拜，两院具疏，恭进朝廷。（《明季北略》）

◎宝镪，皇家所赐的钱。◎菊花补子，补子上绣菊花以示重阳节到来。

九月

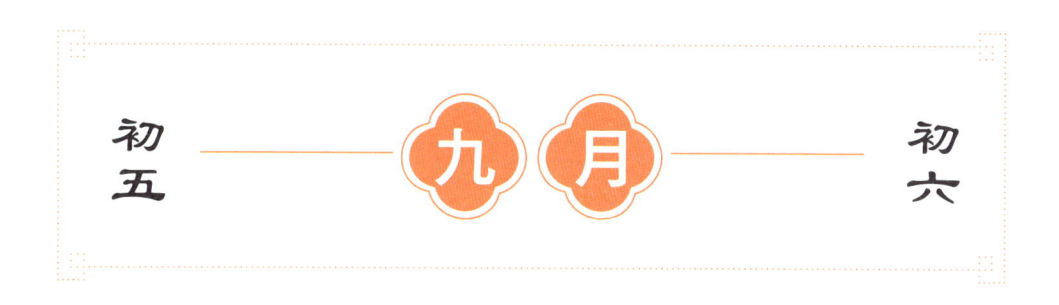

初五 —— 九月 —— 初六

皇极日　皇极日（五日）、息日（七日）、题糕（九日）、小重阳（十日）、菊花节、御沟红叶。(《月令演·九月》)

逸事：明熹宗登极　熹宗，光宗之子，万历四十八年庚申（1620）九月初六日登极，即泰昌之元年也。(《明季北略》)

明熹宗

◎《皇极经世书》载："至大谓之皇，至中为之极。"在数字中，奇数为阳，偶数为阴。阳数中九为最大，对应"皇"；而五居正中，对应"极"，因而九五之数对应"皇极"。

九月 初七 — 初八

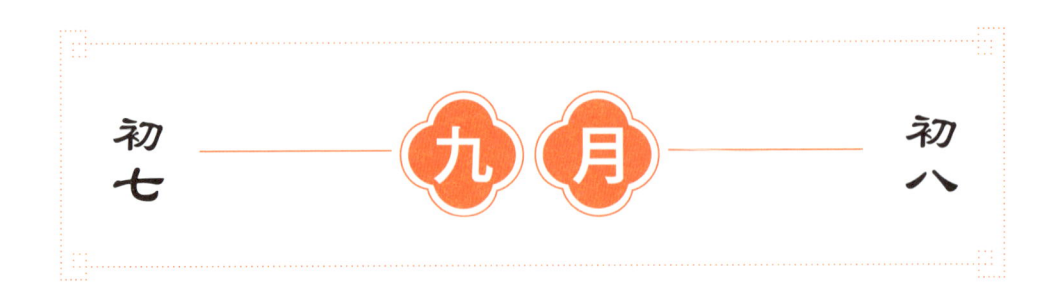

祭张煌言 每岁三月十九日，祭王忠烈公父子于天封塔寺。九月初七，祭张尚书于城西。(《鲒埼亭集》)

武会试 乾隆元年覆准：武会试向例于九月初七日起，至十二日止，考试马步射、技勇，为期甚迫。嗣后武会试外场，定于九月初五、初六、初七等日考试马射，初八、初九、初十等日考试步射、技勇。十一日，将合式武举内复加"简选""好"字号。十二、十三等日收卷，填明籍贯履历。十四日，将试卷移送贡院外帘各官编号点名。十五日，考试策论。(《钦定大清会典则例》)

逸事：游西山 都城之西有山焉，蜿蜒磅礴，首（西连）太行，尾（东接）居庸，东向而北绕，实京师雄观也。予自童时，尝嬉游其胜。比长，登仕，身系于公，无因而遂者，屡矣。今年九月七日，偶休暇，即速二三友，联镳出阜成门。指山以望，则烟霏杳霭，近远参差，旧路恍然如梦。缘溪而北，境渐开豁，梵寺仙宫，盘列掩映，廊檐台榭之覆压，丹艧金碧之炜煌，殆不可数计。(明·乔宇《游西山记》)

药市 唐王昌遇，梓州人，得道，号易玄子，大中十三年（859）九月九日上升。自是以来，天下货药辈，皆于九月初集梓州城，八日夜于州院街易玄龙冲地货其所赍药，川俗因谓之"药市"。迟明而散。逮宋朝天圣中燕龙图肃知郡事，又展为三日至十一日而罢。是则药市之起，自唐王昌遇始也。(《事物纪原》)

九月 ◆

骑马游山

◎张煌言（1620—1664），字玄著，号苍水。浙江鄞县人。南明儒将、诗人，与岳飞、于谦并称"西湖三杰"。
◎都城，此处指北京。◎联镳，策马并进。◎丹臒，涂饰色彩。◎乔宇（1457—1524），字希大，号白岩。山西乐平人。明宪宗成化二十年（1484）进士，授礼部主事。(明武宗)正德时官南京兵部尚书。朱宸濠叛，乔宇守备甚严。(明世宗)嘉靖初为吏部尚书，气象一新。以争"大礼议"忤帝意，被夺官。(明武宗)隆庆初追复官爵，谥庄简。有《乔庄简公集》。
◎天圣，宋仁宗年号，1023年到1032年。◎燕肃（961—1040），字穆之，一字仲穆，一署上谷，青州益都人。真宗大中祥符年间进士，官至龙图阁直学士，人称"燕龙图"。有指南车、记里鼓、莲花漏等仪器的创造发明，著有《海潮论》。

九月 初九—初十

重阳节 九月九日为重阳。魏文帝书曰："岁往月来，忽复九月九日。九为阳数，其日与阳并应，故曰重阳。"（《事物原始》）

女儿节 九月九日，载酒具、茶炉、食榼，曰"登高"。香山诸山，高山也；法藏寺，高塔也；显灵宫、报国寺，高阁也，释不登。赁园亭，闯坊曲为娱耳。面饼种枣栗，其间星星然，曰"花糕"。糕肆标纸彩旗，曰"花糕旗"。父母家必迎女来食花糕，或不得迎，母则诟，女则怨诧，小妹则泣望其姊姨，亦曰"女儿节"。（《帝京景物略》）

龙烛会 九月重阳，为龙烛会，以迎官山神。民间制糍糕颁食，互相馈遗，戏竹马逐疫。（《铜陵县志》）

登高会 九月九日，蒸重阳糕，标以红纸旗，供神佛。春红糍荐先，对菊，泛茱萸，尝新酒。或载酒于九峰、泖塔等处，为登高会。（《松江府志》）

迎霜宴 重阳前后，设宴相邀，谓之"迎霜宴"。席间食兔，谓之"迎霜兔"。好事者列菊花数十层于屋下，前者轾，后者轩，望之若山坡，五色灿烂，环围无隙，名曰"花城"。（《日下旧闻考》）

片糕搭额 九日天明时，以片糕搭儿女头额，更祝曰："愿儿百事俱高。"此古人九日作糕之意。（《遵生八笺》）

作迎凉脯、羊肝饼 洛阳人家，重阳作迎凉脯、羊肝饼，佩瘿木符。（《渊鉴类函》）

簪茱萸房、菊蕊 （九月九日）采茱萸房、菊蕊插鬓髻，除恶气，御乍寒。（《节序同风录》）

饮酒题诗 九月九日，士大夫登敖岭，览仙迹，游观甚众，或上大观墙，俯仰

岁华纪胜·登高

瞻眺，饮酒题诗。(《上高县志》)

菊花蟒罗 自正旦灯景，以至冬至阳生万寿圣节，各有应景蟒纻；自清明秋千与九月重阳菊花，俱有应景蟒罗；自端阳五毒至八月月仙、玉兔，俱有蟒纱。(《酌中志》)

赏菊 九月重阳，都下赏菊，有数种：其黄白色、蕊若莲房曰"万龄菊"，粉红色曰"桃花菊"，白而檀心曰"木香菊"，黄色而圆者曰"金铃菊"，纯白而大者曰"喜容菊"，无处无之。酒家皆以菊花缚成洞户。都人多出郊外登高，如仓王庙、四里桥、愁台、梁王城、砚台、毛驼冈、独乐冈等处。(《东京梦华录》)

放纸鸢 （重阳）士大夫仿古遗事，率登高饮菊花酒，儿童放纸鸢为戏。亦有作糕相遗，谓"重阳糕"。(《古今图书集成》)

枸杞煎 枸杞煎，补虚羸，久服轻身不老，神验方。九月十日，取生湿枸杞子一升、清酒六升，煮五六沸，取出熟研滤取汁，令其子极净，曝令干，捣末，和前汁微火煎，令可丸，酒服二方寸匕，日二，加至三匕。亦可丸，服三十丸。(《备急千金要方》)

九月 十一——十二

妆饰金花榜子 其金花榜子，以木为之，高一尺五寸，阔六寸，以绿为质，遍地以金花围饰，样具于后，以今日吉辰批出，以八月初三日吉辰制造，以九月十一日吉辰妆饰。（《宝庆四明志》）

英烈侯圣诞 英烈侯祠，在（天全六番宣慰使司）治西一里龙山之足。《志》称"飞霞赤口将军"，今土人亦只呼"将军神"。神龙目虎牙，靛面露骨，礴砢胃而长缨。旧说其始罗州人斩蛟驱怪，辟禁关外蛮彝诸路，俾行者通达无迷，遂以精英世镇于此。土民以岁九月十二日为神寿，或金碧其像，或献袍具，若缨若靴，享以膻腥芗旨，箫鼓喧呶彻夜。昧爽，神乃附其庙倛以降，示境之祥眚，及来秋为神赛会者。迟明，会主宴阂境助祀者以归，而祠事毕。（《古今图书集成》）

逸事：儋州醉书 吾始至南海，环视天水无际，悽然伤之，曰："何时得出此岛耶？"已而思之，天地在积水中，九州在大瀛海中，中国在少海中，有生孰不在岛者？覆盆水于地，芥浮于水，蚁附于芥，茫然不知所济。少焉水涸，蚁即径去，见其类出，涕曰："几不复与子相见。岂知俯仰之间，有方轨八达之路乎？"念此，可以一笑。（宋哲宗元符元年）戊寅（1098）九月十二日，与客饮薄酒小醉，信笔书此纸。（宋·苏轼《试笔自书》）

◎金花榜子，解诗录取通知书。
◎方轨，两车并行。

九月

十三 —— 九月 —— 十四

稻笋生日 以（九月）十三日为稻笋生日，宜晴。又云："十三晴不如十四灵，十四晴，钉靴挂断鼻头绳。"（《崇明县志》）

小重阳 （九月）十三日，为小重阳，宜晴。（《常昭合志》）

祭钉靴 十三日俗祭钉靴，占一冬晴雨，晴则无雨雪。谚云："九月十三晴，钉靴挂断绳。"案，《岁时琐事》：九月十三日为钉靴生日，是日宜晴。《江震志》皆云是日晴，主一冬少雨，利收获，谚云："九月十三晴，不用盖稻亭。"（《清嘉录》）

祭火神阏伯 （宋高宗）绍兴三年（1133），诏祀大火。太常寺言："应天府祀大火，今道路未通，宜于行在春秋设位。"（宋孝宗）乾道五年（1169），太常少卿林栗等言："本寺已择九月十四日，依旨设位，望祭应天府大火，以商丘宣明王配。二十一日内火，祀大辰，以阏伯配。大辰即大火，阏伯即商丘宣明王也。缘国朝以宋建号，以火纪德，推原发祥之所自，崇建商丘之祠，府曰应天，庙曰光德，加封王爵，锡谥宣明，所以追严者备矣。今有司旬日之间举行二祭，一称其号，一斥其名，义所未安。乞自今祀荧惑、大辰，其配位称阏伯，祝文、位板并依应天府大火礼例，改称宣明王，以称国家崇奉火正之意。"（《宋史》）

演剧祝诞 马舍公庙：一在阿密哩，里人公建，道光元年（1821）水冲圮；一在大墩街，祀辅顺将军，九月十四日演剧祝诞，四方辐辏，颇徵灵应。（《彰化县志》）

逸事：佩鱼袋 自永徽已来，正员官始佩鱼。至（唐玄宗）开元八年（720）

九月十四日，中书令张嘉贞奏："致仕及内外官五品已上，检校、试判及内供奉官，准正员例佩鱼。"自后恩制赏绯紫，例兼鱼袋，谓之"章服"。（《月令辑要》）

逸事：勘鱼契　（宋仁宗）皇祐二年（1050）九月十四日庚子，皇城司上新作文德殿香檀鱼契。契有左、右，左留中，右付本司。各长尺有一寸，博二寸八分，厚六分；刻鱼形，凿枘相合，镂金为文。车驾至门，勘契官执右契奏，阁门使降左契，勘契官跪奏。勘毕，奏云："外契合。"（《玉海》）

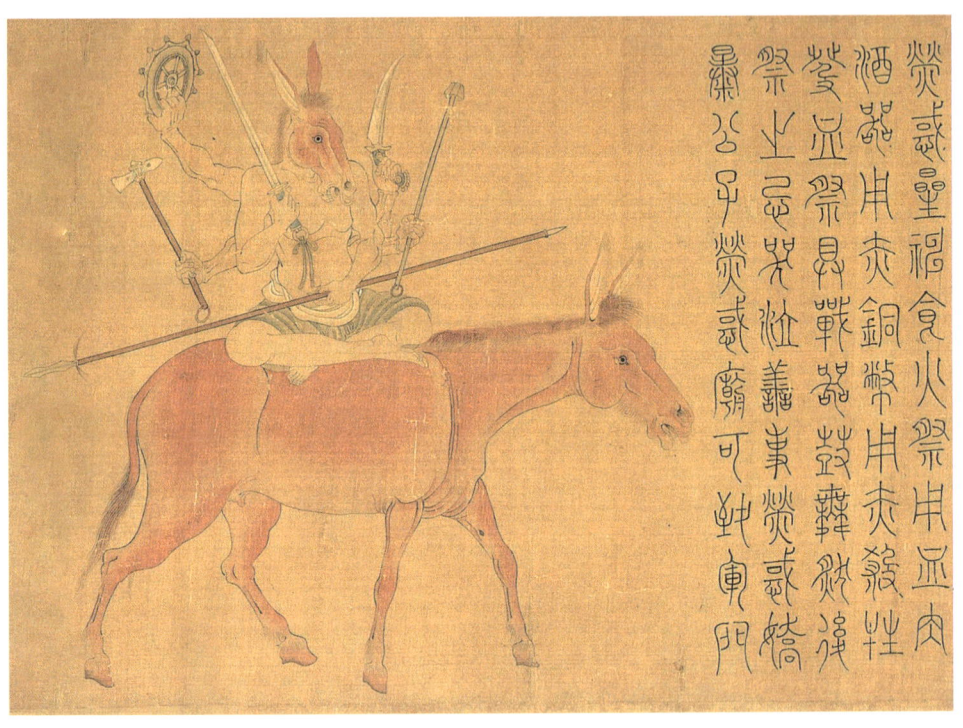

荧惑星

◎大火，星宿名，即心宿。《尔雅·释天》："大火谓之大辰。"◎荧惑，古指火星。因隐现不定，令人迷惑。◎绯紫，红色和紫色的官服。◎鱼契，鱼形符信。

九月

十五 — 九月 — 十六

财神庙开庙 财神庙在彰仪门外,每至九月,自十五日起,开庙三日。祈祷相属,而梨园子弟与青楼校书等为尤多。士大夫之好事者,亦或命驾往观焉。彰仪门即广安门也。(《燕京岁时记》)

祭朱熹 朱文公祠一在(徽州府歙县)县后,今圮待修;一在紫阳山,去府治五里,俱名"紫阳书院",祀太师徽国朱文公熹。岁以三月初九日忌辰,九月十五日诞辰致祭。配者二人:蔡西山、黄直卿。(《古今图书集成》)

无遮大会 至(大同)四年(538)九月十五日,高祖(梁武帝)又至寺设无遮大会,竖二舍利塔,各以金罂,次玉罂,重盛舍利及爪发,内七宝塔中。又以石函盛宝塔,分下两塔下,及王侯、妃主、百姓、富室所舍金银钏等,珍宝充积。(《册府元龟》)

明堂大礼 (宋孝宗淳熙六年,1179年)九月十五日,明堂大礼……十五日晴色甚佳,车驾自太庙乘辂还内,日映御袍,天颜甚喜,都民皆赞叹圣德。至巳时,太上直阁子官往斋殿传语官家:"且喜晴明,可见诚心感格。"赐御用段疋、玉鞭辔、七宝篦刀子事件、素食果子等,仍奏连日劳顿,免行饮福礼。上就遣知省回奏:"上感圣恩。天气转晴,皆太上皇帝圣心感格,容肆赦讫,过宫行礼,并谢圣恩。"(《武林旧事》)

诗咏:见黄花 又见黄花日,清觞且对飞。白头夫妇少,无事笑谈稀。官小何时去,家贫几日肥。更须烦德曜,相伴老残晖。(宋·周紫芝《九月十六日示内二首·其一》)

祭资福庙 资福庙，嘉靖《浙江通志》：在县东一里，祀刘宋令谢凤。元至正十九年赐额。《奉化县志》：庙旧在方胜碶旁，宋令周因徙今址，元封孚祐侯，明封宋县令谢公之神，嘉靖末燬，隆庆间重建，岁九月十六日致祭。(《浙江通志》)

老圃黄花

◎校书，唐代四川名妓薛涛，能诗能文，胡曾赠诗："万里桥边女校书，枇杷花下闭门居。"后以校书为妓女别称。◎无遮大会，佛教举行的以布施为主要内容的法会，每五年一次。无遮，指宽容一切，解脱诸恶，不分贵贱、僧俗、智愚、善恶，一律平等看待。◎太上直阁，南朝梁有东宫直阁，陈庆之、兰钦曾任此职。北齐置太子直阁，属左右卫坊。隋沿置，属左右卫率府。◎事件，用品，器物。
◎德曜，汉梁鸿妻孟光的字，后指贤妻。《后汉书》记，梁鸿、孟光夫妇耕织于霸陵山，后至吴地，鸿为佣工，每归，孟光为具食，举案齐眉，恭敬尽礼。

九月

十七 —— 九月 —— 十八

卫逖忌辰 金龙四大王庙在东仓头，相传沁水卫姓神也，讳逖，从唐太宗破窦建德，卒于牛口峪，司天下江河。忌辰在九月十七日，前后此十余日，行人不敢问津。（《河阴县志》）

增福相公圣诞 增福相公，九月十七日生。李相公讳诡，祖在魏文帝朝治相府事，白日管阳间决断邦国冤滞不平之事，夜判阴府是非狂错文案，兼管随朝三品以上官人衣饮禄料，及在世居民，每岁分定合有衣食之禄。至后唐明宗朝天成元年，赠为油号"增福相公"。（《搜神记》）

———

逸事：朱元璋生辰 朱氏，讳元璋，字国瑞，濠之钟离东乡人也……父仁祖，讳世珍，元世又徙居钟离之东乡。勤俭忠厚，人称长者。母太后陈氏，生四子，上其季也。方在娠时，太后常梦一黄冠自西北来，至舍南麦场，取白药一丸，置太后掌中，有光，起视之，渐长。黄冠曰："此美物，可食。"太后吞之。觉，以告仁祖，口尚有香气。明日上生，红光满室。时元天历元年（1328）戊辰九月十八日子丑也。自后夜数有光，邻里遥见，惊以为火，皆奔救，至则无有。（《明实录》）

明太祖朱元璋

九月 十九 / 二十

展重阳 （九月初九）次日赏残菊，曰"小重阳"。十九日再赏，曰"展重阳"。（《节序同风录》）

诗咏：展重阳诗会 不到虹桥漫四年，归来松菊尚依然。家山乍见翻疑梦，故友相逢尽似仙。旧雨一番文字饮，重阳两度暮秋天。芙蓉楼句何珍重，吴楚连江又放船。（清·阮元《癸亥九月十九日，与诸故友相聚于平山堂，为展重阳诗会，即以赠别》）

诗咏：观世音诞辰 梵刹风光数竹莲，观音生日集婵娟。瓣香争向慈云乞，一滴杨枝洒大千。（九月十九日，亦观世音诞辰。是日竹莲寺拈香，妇女最盛。）（清·陈朝龙《竹堑竹枝词》）

祭伍子胥 英卫公庙在吴山顶，旧名"忠清庙"，俗称"伍公庙"。《咸淳临安志》：神姓伍名员，字子胥。吴王夫差入越，句践使大夫文种行成，吴王许之。子胥谏不听，赐属镂以死。吴人怜之，为立祠江上，命曰"胥山"……明洪武四年（1371），改称"吴行人伍公之神"，每岁祭以九月二十日。（《西湖志纂》）

逸事：星陨天花 嘉靖二十五年（1546）九月二十日五更，天清月朗，星陨瑞安海上，色如金片。或曰："此天花也，其年必丰。"果然。（《温州府志》）

逸事：殿试改期 国朝每科殿试之期，在三月十五日。自辛丑科后，以三月十九日为万寿节，遂改殿试于二十日，至今为例。（康熙二十一年）壬戌（1682）科，驾幸盛京谒陵，改殿试于九月二十日。（《池北偶谈》）

九月 二十一 — 二十二

宜沐浴 （九月）二十一日，取枸杞煎汤沐浴，令人光泽不老。（《遵生八笺》）

祭灵惠庙 灵惠周孝子庙，在儒学后，如南经堂、义庄衖、兴贤桥、迎春桥、唐市、支塘、梅林俱有之。孝子名容，殁之明日，降于家，告其母曰："儿已为神，当输忠朝廷，尽力乡党。"淳祐十二年（1252），进士赵必𬭼奏神驱虎除蝗灵迹，赐庙额曰"灵惠"。洪武四年（1371），敕封宋周孝子之神。每年九月二十一日为孝子生辰，部额设奉祀生。已上两邑秩祀。（《常昭合志》）

诗咏：晚秋曲宴 昊穹垂佑福群生，凉德惟知监守成。禾黍三登占叶气，箫韶九奏播欢声。未央秋晚林塘静，太液波闲殿阁明。嘉与臣邻同燕乐，益修庶政答丕平。（宋·赵昚《九月二十二日晚秋曲宴》）

逸事：观酺 （天禧）二年（1018）九月二十二日庚辰，（宋真宗）御正阳门楼观酺。翌日，宴百官、宗室，帝作大酺七言十韵诗、劝酒四韵诗分赐之。（《玉海》）

逸事：观击毬 淳熙四年（1177）九月……二十二日，召群臣入东华门、选德殿观击毬。上击过毬门，回马御殿，皇太子以下称贺，使相、执政升殿进酒，群臣皆赐酒馔。（《玉海》）

九月 二十三 / 二十四

逸事：太平公主为女冠　崇福观，在颁政坊，本杨士远宅。咸亨元年九月二十三日，皇后为母度太平公主为女冠，因置观。初名"太清宫"，垂拱三年改为"魏国观"，载初元年改为"崇福观"。（《唐会要》）

天清节　周世宗，九月二十四日生，名天清节。百寮上表曰："寿丘降迹，爰符出震之期。里社应祥，式契承乾之运。候属澄河，时当降圣。鲽水鹣林，望尧云而献祝。桓圭穀璧，趋禹会以骏奔。请以二十四为天清节。所冀金相玉振，负宝历以弥新。地久天长，焕文编而不朽。"从之。（《月令辑要》）

◎女冠，亦称"女黄冠"、坤道、女道士。唐代女道士皆戴黄冠，因俗女子本无冠，唯女道士有冠。

九月

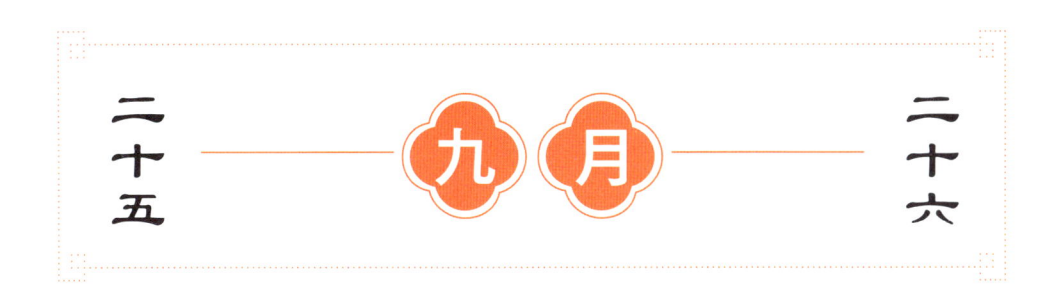

二十五 — 九月 — 二十六

逸事：北魏孝庄帝手刃尔朱荣　永安三年（530），逆贼尔朱兆囚庄帝于寺。时太原王位极心骄，功高意侈，与夺臧否肆意。帝恐，谓左右曰："朕宁作高贵乡公死，不作汉献帝生。"九月二十五日，诈言产太子，荣、穆并入朝，庄帝手刃荣于光明殿，穆为伏兵鲁遑所煞，荣世子部落大人亦死焉。荣下车骑将军尔朱阳都等二十人随入东华门，亦为伏兵所煞。唯右仆射尔朱世隆素在家，闻荣死，总荣部曲，烧西阳门，奔河桥。（《洛阳伽蓝记》）

逸事：借紫　天授二年（691）八月二十日，左羽林大将军、建昌王攸宁，赐紫金带。九月二十六日，除纳言，依旧着紫，带金龟。借紫自此始也。（《唐会要》）

◎尔朱荣（493—530），北魏北秀容川人，字天宝。孝明帝正光中，尔朱荣招纳侯景、高欢等。以功累官使持节、安北将军，都督桓朔讨房诸军，封博陵郡公。武泰元年（528），自晋阳入洛阳，立孝庄帝，溺杀胡太后与元钊于河阴，杀丞相高阳王雍以下二千余人。任都督中外诸军事、大将军兼尚书令、太原王。还晋阳，镇压葛荣起义，灭北海王元颢，镇压葛荣别部韩楼和万俟丑奴等，进位太师、天柱大将军。居晋阳遥控朝政，入朝时被孝庄帝杀于殿上。◎曹髦（241—260），字彦士，曹丕孙。齐王曹芳正始中，封高贵乡公。嘉平六年，司马昭废齐王，立髦为帝。尝幸太学，与诸儒论《书》《易》《礼》。甘露五年，不能忍受司马昭专权，帅殿中宿卫讨昭，为昭所杀。◎借紫，唐宋时规定官员的服色，三品以上服紫，未至三品者特许服紫。◎武攸宁，并州文水人，武攸暨弟。历迁凤阁侍郎、纳言、冬官尚书。武周圣历初，同凤阁鸾台平章事，为政贪暴，苛取民财。（唐）中宗神龙初，官岐州刺史卒。

九月 二十七 二十八

清虚真人诞 华存师清虚真人王君，讳褒，字子登，范阳襄平人也，安国侯七世之孙。君以汉元帝建昭三年（前36）九月二十七日诞焉。（《云笈七签》）

报土谷 九月二十八日，收获既毕，农家办祭品祀神，名曰"秋社"，以报土谷，以庆年丰。是月也，妇女纺织，比户闻机杼之声。（《上高县志》）

五显大帝生辰 九月二十八日为五显之生辰。盖五显者，五行五气之化也。（《蟊海集》）

祭五显灵顺庙 南京神庙，初称"十庙"。北极真武以三月三日、九月九日，道林真觉普济禅师宝志以三月十八日，都城隍以八月祭帝王后一日，祠山广惠张王渤以二月十八日，五显灵顺庙以四月八日、九月二十八日，皆南京太常寺官祭。（《明史》）

进补养之药 季秋之月，草木零落，众物伏蛰，气清风暴为朗，无犯朗风，节约生冷，以防疠病。二十八日，阳气未伏，阴气既衰，宜进补养之药以生气。卦剥。剥，落也。阴道将旺，阳道衰弱，当固精敛神。生气在申，坐卧宜向西南。（《遵生八笺》）

◎魏华存（252—334），字贤安，晋代女道士。道经中称为紫虚元君南岳魏夫人。任城人。传说得清虚真人王褒授《太上宝文》《大洞真经》《高仙羽玄》等上清道经。擅长隶书，在黄庭观念《黄庭经》十六年，亲注并手书《黄庭内景经》刻石嵌在黄庭观壁间。

◎五显大帝，又称五圣大帝、五通大帝、华光菩萨，姓马，名灵耀，民间俗称马王爷、马天君、马灵官。

九月

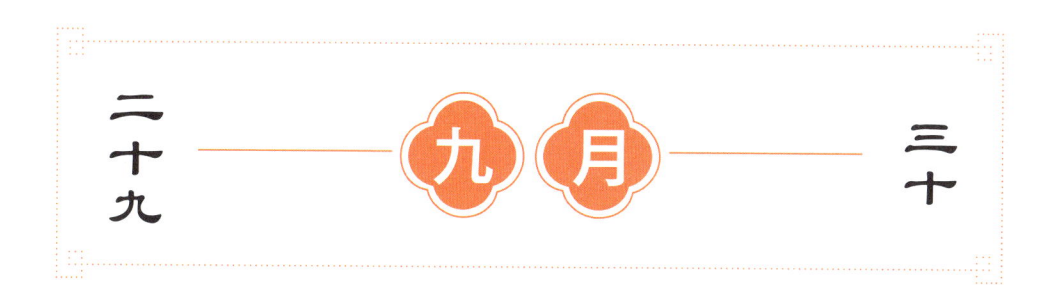

二十九　九月　三十

五王诞辰　九月二十九日，五王诞辰。每遇神圣诞日，诸行市户俱有社会，迎献不一。如府第内官，以马为社，七宝行献七宝玩具为社。又有锦体社、台阁社、穷富赌钱社、遏云社、女童清音社、苏家巷傀儡社、青果行献时果社、东西马塍献异松怪桧奇花社、鱼儿活行以异样龟鱼呈献。豪富子弟绯绿清音社、十闲等社。有内官府第，以精巧雕镂筠笼，养畜奇异飞禽，迎献者谓为可观。（《梦粱录》）

诗咏：登高游寺　竹裹将云去，窗间看鸟归。酒香沾净具，花气着僧衣。老圃推先达，星坛礼少微。尘劳君莫问，问着与心违。（明·袁宏道《九月二十九日，同罗服卿及社中诸兄弟登高二圣寺·其二》）

诗咏：登城门东望　减尽腰围白尽头，经年作客向夔州。流离去国归无日，瘴疠侵人病过秋。菊蕊残时初把酒，雁行横处更登楼。蜀江朝暮东南注，我独胡为淹此留？（宋·陆游《九月三十日登城门东望，凄然有感》）

◎少微，星座名。共四星，在太微垣西南。《史记》："廷藩西有隋星五，曰少微，士大夫。"◎二圣寺，《荆州府志》："二圣寺在（公安）县东北。晋太和三年建。一名兴化寺，一名万寿寺，又名光孝寺。寺凡数迁。初在江边，唐建于梅园。明洪武中，水倾，复徙椒园。"
◎夔州，唐武德二年（619年）以信州改名，治人复县（贞观中改奉节县，即今重庆奉节东，宋移今治）。天宝元年（742）改云安郡，乾元元年（758）复为夔州。辖境相当今重庆奉节、云阳、巫山、巫溪等。宋属夔州路。

附录：煖节

◇ 俗谓夏至后一百五日，有疾风暴雨为"煖食"，诗言"满城风雨近重阳"是也，今用重阳前五日。早浚井，禁汲水。刻核桃或桃核，为各种物像，佩之，亦谓之"桃符"，可以骇邪。豫制干储饼饵。以油面擦糇为饼，外缠芝麻，炙热，曰"芝麻烧饼"。以芝麻和油面，为箔饼，炙干食，曰"焦饼"。苏子炒黄，加油，和炒面，为饼，如指厚，斜切象眼块，炉干食，曰"苏炒儿"。取干桂花，浸水，和粳面，加糖，为饼，曰"桂花饼"。以玫瑰花酱包面，蒸食，曰"玫瑰饼"。白糯米和粳米二六分，芡实干一分，人参、白术、茯苓、砂仁总一分，磨细，用白糖滚汤，拌匀，上甑蒸食，曰"五香糕"。炒银杏、松栝子、梧桐子，或法制杏仁、半夏、橘皮、木皮、山查、橄榄、豆蔻、瓜子仁、宿砂仁，随意咀嚼，取其宽脾、润肺、解渴。蜜糖脂、酥麻油、箔荷和炒面为饼，炙令酥脆，曰"箔荷脆"。火炙枣、栗、榛、樞、菱、芡等，剥食。食酸梨、酸榴、梅干、柿干、山查糕，止渴。饮五香药酒，御初寒。其方：胡椒、丁香、甘松、三奈、藿香、砂仁各三钱，甘草、桂皮、大茴香各二钱，当归一两五钱，光乌五钱，共为末，每烧酒一斤，用药一钱三分、砂糖十两，入瓮，封口，埋地，一月即成。饮酒用织棕、编藤等盃，曰"药篮儿"。出古铜鼎彝、窑玉器具及奇木怪石，涤洗拂拭，与客鉴赏。投壶为欢，设鼓磬、壶矢、中算丰觯之具，礼赞弦歌之人，负者饮酒，胜者歌以侑觞，谓之"手谈"。有天壶、地壶、几上女壶，投法最多，载《投壶仪节》。儿女斗核桃赌胜。晚设枣栗，祭井水神，汲新水，合家饮之，涤宿滞。（《节序同风录》）

九月 ◆

烹葵剝枣

十月

孟冬之月,水始冰

孟冬十月,为阳月,曰良月、曰正冬、曰小春月,朔曰阳朔。(《古今图书集成》)

十二月月令图·十月

十月

十月已经是冬天了,所以也叫"孟冬""正冬"。

有的地区已经开始换上暖衣暖帽,有的地方还在穿单衣,《岳阳风土记》记载:"岳州地极热,十月犹单衣,或摇扇。蛙鸣似夏,鸟鸣似春。浓云疏星,震雷暴雨,如中州六七月间。"

还有的地方昼夜温差大,冷暖交替,早穿裘,午穿葛。康熙《长乐县志》载"是月也,寒暑候异,一日而裘葛屡更",所以十月虽然属于冬天,但也有"小春""小阳春"的别称。

十月时枫林如锦,古人"载酒赏之"。《清嘉录》里说天平山是赏枫的好地方,红枫上挂着白霜,"颜色鲜明,夕阳在山,纵目一望,琴氍珊瑚灼海"。

秦始皇统一六国后,宣布以十月为岁首,即十月为正月,十月初一相当于现在农历正月初一。汉高帝十月定秦,沿用十月岁首、行朝岁礼。汉武帝时改用夏正之历,十月才不具备岁首的含义。

虽然不再是岁首,但道教的岁腊节保留了这一含义。"岁腊",即"年终""年终祭祖"之意,在每年十月一日民岁腊,可祭拜祖先、修斋谢罪、祈求延年益寿等。

另外,十月一是寒衣节。古人会给花草树木搭建暖棚、包裹薪草,做好保暖工作。思妇给戍边服役的父亲、丈夫寄御寒衣物;对于已经逝去的亲友,古人也贴心地制作纸衣、纸被,用火焰"快递"到另一个世界,这叫"送寒衣"。

十月十五是下元节,传说中水官解厄之日,也是"人节",比起九九重阳"敬老节",十月半更像是古代的"敬老节",会开展多种敬老爱老活动。如送老人"百寿衣""福履",为老人设宴上寿,备寿桃、寿糖、长生面,还有用新鲜的蟹、鳌、虾、蛏、蜇、蚶、蛤蜊、螺蛳制成的"八仙盘"等,一方面是祝老人平安喜乐,另一方面也有沾老人的喜气,自己也福寿绵长之意。

应钟之月 应钟之月，阴阳不通，闭而为冬（应钟十月，阳伏在下，阴闭于上，故不通）。修别丧纪，审民所终（审慎终卒，修别丧服，亲疏轻重之纪，故曰审民所终也）。(《吕氏春秋》)

迎气乐 （汉章帝建初五年，80年）冬，始行月令，迎气乐。《东观记》曰："马防上言：'圣人作乐，所以宣气致和，顺阴阳也。臣愚以为可因岁首发太蔟之律，奏雅颂之音，以迎和气。'"时以作乐器费多，遂独行十月迎气乐也。(《后汉书》)

伏槽水 黄河水信，清明后二十日曰"桃汛"，春杪曰"菜花水"。伏汛以入伏始，四月曰"麦黄水"，五月曰"瓜蔓水"，六月远山消冻，水带矾腥，曰"矾山水"。秋汛始立秋，讫霜降，七月"豆花水"，八月"荻花水"，九月"登高水"。冬曰"凌汛"，十月曰"伏槽水"，十一月、十二月曰"蹙凌水"。河上老兵能言之。(《郎潜纪闻初笔》)

药水 十月天时和暖似春，故曰"小春"。此月内一雨，谓之"液雨"，百虫饮此而藏蛰，俗呼为"药水"。(《山堂肆考》)

十月牡丹 右安门外南十里草桥，唐时有万福寺，寺废而桥存，天启间建碧霞元君庙。其北土近泉，宜花，居人以种花为业。冬则蕴火暄之，十月中旬，牡丹已进御矣。(《日下旧闻考》)

逐疫 （广州府）十月，傩。数十人衣红衣，击锣鼓迎神，前驱辄入人家，谓之"逐疫"。或祷于里社，以禳火灾。(《古今图书集成》)

祀土谷之神 （洛阳）秋成十月间，各祀土谷之神，丰洁酒醴，以奢侈相尚。(《河南府志》)

祭社稷诸神 十月，西成毕，各村祭社稷诸神，以报田功。(《新田县志》)

迎桑神 十月中，迎桑神，以大纛为导，纸伞随之。(《馀姚志》)

袷祭 袷祭以冬十月。冬者，五谷成熟，物备礼成，故合聚饮食也。(《后汉书》)

祀先 十月朔举祀先礼，炊黏米，合赤豆为饭，见西成事毕之徵。(《泰州志》)

送寒衣 十月，制纸衣，往墓焚奠，谓之"送寒衣"。(《粤西丛载》)

十月白 乡田人家以草药酿酒，谓之"冬酿酒"，有秋露白、杜茅柴、靠壁清、竹叶清诸名。十月造者，名十月白。以白面造曲，用泉水浸白米酿成者，名"三白酒"。其酿而未煮，旋即可饮者，名"生泔酒"。蔡云《吴歈》云："冬酿名

高十月白,请看柴帚挂当檐。一时佐酒论风味,不爱团脐只爱尖。"(《清嘉录》)

鹅毛御腊 邕管溪峒不产丝纩,民多以木绵、茅花、鹅毛为被。土人家家养鹅,三月至十月挈取软毛,积以御寒。故柳宗元《柳州峒氓》诗:"郡城南下接通津,异服殊音不可亲。青箬裹盐归洞客,绿荷包饭趁墟人。鹅毛御腊缝山罽,鸡骨占年拜水神。愁向公庭问重译,欲投章甫作文身。"(《山堂肆考》)

著裘戴帽 华亭孙雪居太守,十月便以薪草缚柑橘上。陈眉公曰:"此为木奴著裘。"余小园中喜种菊,结苞时以龙眼壳罩之,直至腊后放壳始开。陈惟秦尝戏余云:"此为菊花戴帽。"可为的对。(《徐氏笔精》)

卖宪书 十月颁历以后,大小书肆出售宪书,衢巷之间亦有负箱唱卖者。(《燕京岁时记》)

熏炕 西山煤为京师之至宝,取之不竭,最为利便。时当冬月,炕火初燃,直令寒谷生春,犹胜红炉暖阁。人力极易,所费无多。江南柴灶,闽楚竹炉,所需不啻什百也。(《帝京岁时纪胜》)

坐火箱 十月以后渐寒,家家类坐火箱,晓起衣著,及暮夜卧,被必焙其中(坐火箱虽郁蒸,而泽国水气散之,故不为病)。(《乌程县志》)

里社报神

◎迎气,上古于立春日祭青帝,立夏日祭赤帝,立秋日祭白帝,立冬日祭黑帝,后汉除祭四帝,又于立秋前十八日祭黄帝,用以迎接四季,祈求丰年,谓之迎气。◎祫祭,古代天子诸侯所举行的集合远近祖先神主于太祖庙的大合祭。◎团脐,雌蟹腹甲形圆,称团脐。雄蟹腹甲形尖,称尖脐。◎山罽,山民用毛制作的毡毯一类的织物。

初一 —— 十月 —— 初二

民岁腊 十月朔，孟冬朔日，古谓之"民岁腊"。涂邑是日始以火御寒，市糕作供，曰"煖炉"，亲戚相馈。业此者彻日夕不暇，贾者群走其肆。侵晨设炉，童儿环拜其下。(《太平府志》)

秦岁首 十月朔日，黍臛，俗谓之"秦岁首"。未详黍臛之义，今北人此日设麻羹豆饭，当为其始熟尝新耳。(《荆楚岁时记》)

飨会 汉以高帝十月定秦，且为岁首，至武帝虽改用夏正，然每月朔朝，至于十月朔，犹常飨会。(《晋书》)

报牛劳 十月朔，以糯米造糍荐先祖，乡落则糊糍于牛角，是日不牧，使之自乐自归，以报其劳。(《长乐县志》)

祭厉坛 厉坛于清明日、七月十五日、十月初一日三次致祭，行四拜礼（地方官穿补服）。(《山阳县志》)

送寒衣 十月一日，纸肆裁纸五色，作男女衣，长足有咫，曰"寒衣"。有疏印缄，识其姓字辈行，如寄书然。家家修具夜奠，呼而焚之其门，曰"送寒衣"。新丧，白纸为之，曰新鬼不敢衣彩也。送白衣者哭，女声十九，男声十一。(《帝京景物略》)

戒火 十月一日戒火，造饭面壹斗。(《寺院破历》)

报赛 十月一日，具牲醴，剪彩纸为衣，焚黄炉，谓"送寒衣"。又以西成告毕，作乐祀庙，谓之"报赛"。(《清丰县志》)

宴佣人 十月朔，祭墓，送寒衣。农家皆设酒殽，燕（宴）佣人。(《滋阳县志》)

拜扫先墓 十月朔日，人家出城拜扫先墓。其乡饮酒则举于学宫，无祀祭则举于厉坛。皆不敢缺。(《宣府镇志》)

十月 ◆

煖炉 京人十月朔沃酒，乃炙臠肉于炉中，团坐饮啖，谓之"煖炉"。（《说郛》）

———

祀圜丘 （后梁开平三年，909年）是月，礼仪使奏："据所司择十月二日祀圜丘，今参详十月十七日以后入十一月节，十二月二日冬至，一阳生之辰，宜行亲告之礼。"从之。（《旧五代史》）

诗咏：观红叶 霜叶如花易失时，凋疏犹胜但空枝。归鞍拣作斋头供，后夜风狂自下帷。（清·陈宝琛《十月二日狮子窝观红叶》）

毡炉欣会

◎侵晨，天快亮的时候。
◎圜丘，古代帝王冬至祭天的地方。后亦用以祭天地。《周礼》："冬日至，于地上之圜丘奏之。"

十月　初三——初四

龙聚日　十月三日，四海三元龙王奏水府，曰"龙聚日"。(《月令辑要》)

祭乡厉坛　乡厉坛，洪武二年始置。今乡村每一百家筑坛一所，以祀鬼神之无祀者。每岁以清明后三日、七月十五日、十月初三日，各备羹饭，聚于一坛致祭。(《湖州府志》)

宫中饮食　十月初一日颁历。初四日，宫眷内臣换穿纻丝。吃羊肉、炮炒羊肚、麻辣兔、虎眼等各样细糖。凡平时所摆玩石榴等花树，俱连盆入窖。吃牛乳、乳饼、奶皮、蒸窝、酥糕、鲍螺，直至春二月方止也。是月也，始调鹰、畋猎、斗鸡。内臣贪婪成俗，是以性好赌博。既赖鸡求胜，则必费重价购好健斗之鸡，雇善养者，昼则调驯，夜则加食，名曰"贴鸡"。须燃灯亲看，以计所啄之数，有三四百口者更妙也。是时夜已渐长，内臣始烧地炕。饱食逸居，无所事事，多寝寐不甘。又须三五成朋，饮酒、掷骰、看纸牌、耍骨牌、下棋、打双陆，至三四更始散，方睡得着。又有独自吃酒肉不下者，亦如前约，聚轮流办东，帮凑饮啖，所谈笑概鄙俚不堪之事，多有醉后争怂，小则骂打童奴以迁怒，大则变脸挥拳，将祖宗父母互相换骂，为求胜之资。然易得和解，磕过几个头，流下几眼泪，即照旧欢畅如初也。(《明宫史》)

十月 ◆

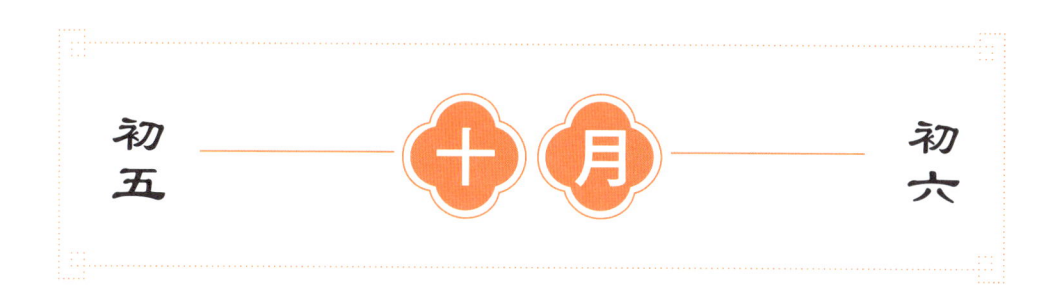

初五 —— 十月 —— 初六

祀土德 （太平）兴国八年（983）十月五日，祀土德于黄帝坛，<u>圭币</u>、<u>牢具</u>如大祠。（《玉海》）

五风信 吴俗以十月初五日为五风生日，太湖渔者千馀家，盛陈牲醴，飨并湖诸神祠，祈此日有风，则每五日风雨如期而至，终岁皆然。可以扬帆取鱼，谓之"五风信"。（《天中记》）

注生籍 （十月）初六日，天曹诸司、五岳五帝注生籍，其日建玉枢会，以保一月之安。（《天皇至道太清玉册》）

烟波渔乐（局部）

◎圭币，祭祀用的玉帛。◎牢具，古代遣奠时所用的经包裹的牲牢之体。

十月 初七 — 初八

称称生辰 吾小女称称，庆历七年（1047）十月七日生，至（庆历）八年（1048）三月二十一日死。呜呼，鸟兽蝼蚁犹有岁时之命，汝不然也！汝禀气血为人，丰然晰然，其目瞭然，耳鼻眉口手足备好。其喜也笑，不知其乐；其怒也啼，不知其悲。动舌而未能言，无口过；动股而未能行，无蹈危。饮乳无犯食之禁，爱恶无有情之系。若是，则得天真与保和，何病夭之遽乎！得不推之于偶然而生，偶然而化，偶然而寿，偶然而夭，何可必也！吾将衣汝衣，敛汝棺，葬汝于野，亦人道之常分。汝之魂其散而为大空，其复托为人，不可知也。其质朽而为土，不疑矣。富贵百年者尚不免此，汝又何冤！瘗之日，父母之情未能忘，故书之博，非欲传之久，且以志其悲云。铭曰：母孕而梦，梦维虺蛇。古占女祥，夫其岂然耶！复占我梦，我遗我称。我名命汝，平御妾媵。既厉而乖，胡然乎靡应！（宋·梅尧臣《宛陵先生集》）

宋时腊八 十二月八日，赐百官粥。民间亦作腊八粥，以米果杂成之，品多者为胜。此盖循宋时故事，然宋时腊八乃十月八日也。（《日下旧闻考》）

诗咏：咏木芙蓉 （宋神宗元丰四年，1081年）十月九日，孟亨之置酒秋香亭。有拒霜，独向君猷而开，坐客喜笑，以为非使君莫可当此花，故作是词。两两轻红半晕腮，依依独为使君回。若道使君无此意，何为，双花不向别人开。但看低昂烟雨里，不已。劝君休诉十分杯。更问尊前狂副使。来岁。花开时节与谁来。（宋·苏轼《定风波》）

庆成节 （十月初十）俗曰"重十"，曰"大成十"。是月为良月，十日就盈数，涤场圃，藏稻谷，堆薪积粪，凡物无不收聚。有篘茭在野者，听取不问主人。乡邻酿酒宰牲，作"牛马王会"，祭，毕，割胙欢饮。具烧酒豚肉，大劳农夫，曰"庆成节"。（《节序同风录》）

天宁节 初十日天宁节（宋徽宗诞辰）。前一月，教坊集诸妓阅乐。初八日，枢密院率修武郎以上，初十日，尚书省宰执率宣教郎以上，并诣相国寺，罢散祝圣斋筵，次赴尚书省都厅赐宴。（《东京梦华录》）

祀牛王 十月初一日，祀山神，是日散农作，祭祀先茔，谓之"送寒衣"。初十日，祀牛王，报成。（《宜阳县志》）

牛马王会 （临晋县）十月十日，古有牛马王会，民间多酿金置牲醴以赛神。祭毕，割胙欢饮，醉饱而散。樊桥站尤盛。是日商贾四集，诸货略备，买卖交易，三日乃罢。（《古今图书集成》）

祀土谷之神 （夏县）十月初十日，山中农家报祀土谷之神。（《古今图书集成》）

小儿逐球 （十月初十）小儿逐球以敌初寒。捣槐角，和石灰，为球子，如胡桃。先掘一坎曰"老窝"，外掘八坎曰"小窝"。每儿据一坎，以棒自护；一儿无坎，持棒逐球，令入老窝。众儿视其近，击不令入，幸而入焉则易窝，逐球者得据坎，无坎者又逐球。(《节序同风录》)

饮食 （十月初十）蒸油饼、油馍，其饼名"蓑衣"，馍曰"壮馍"。粳面和菜为团，外缠以糯粒，蒸熟，曰"茨团"，又曰"百穗团"。饮食用瓦盆、瓦碗质朴之器。割蜂蜜，以荞麦饼蘸食，甚甘美，农家谓之"苦尽甜来"。列瓮盎，醃菘白诸菜，为三冬之须，谓之"咸菹"。作虀方，以糯米焦捣为末，并研胡麻汁，和菜酿之，石榨令熟，菹既甜脆，汁亦酸美，其茎曰"金钗股"，醒酒所宜。(《节序同风录》)

蒸裹欢陈

◎孟震，字亨之，济州郓城人。及进士第，元丰间以承议郎为黄州通判，与苏轼相善。笃学力行，信于朋友，时号"孟君子"。◎徐大受（？—1083），字君猷，东海建安人。宋神宗熙宁进士，翰林学士。元丰二年（1079）任黄州知州。◎狂副使，苏轼在元丰年间贬为黄州团练副使，自号"狂副使"。
◎《日涉编》载：宋徽宗五月五日生，以俗忌因，改作十月十日生。宰臣章惇等请立天宁节。(出《合璧事类》，"以俗忌"出《异闻集》。)

十月

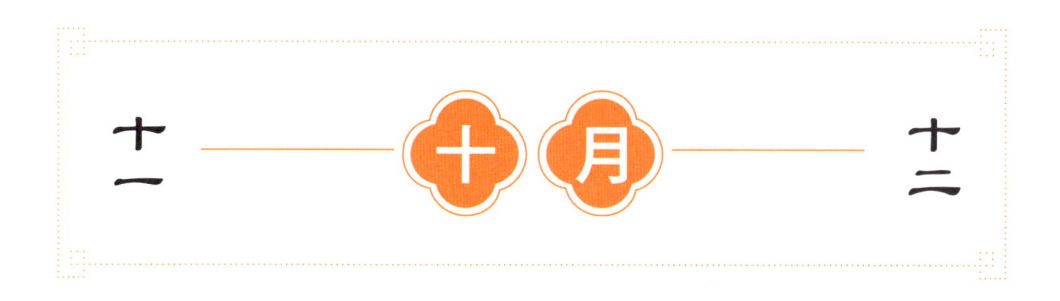

诗咏：闻雁 久别云林旧草亭，南江都邑岁彫零。可怜此夜长空雁，正在青松树底听。（元·范梈《十月十一夜，东署闻雁》）

诗咏：看菊 自是东篱巧傲霜，秋英烂漫艳华堂。白衣似爱陶潜兴，青眼从教阮籍狂。此日看花犹帝里，十年起草愧明光。独怜同舍兼同调，吟得诗成句里香。（明·唐伯元《十月十一日同诸僚友集吕鸿胪宅看菊，追次壁间韵二首·其一》）

逸事：苏轼探病 元丰六年（1083）十月十二日夜，故人有得风疾者，急往视之，已不能言矣。方死生之争，其苦有甚于刀锯木索者矣。予知其不可救，嘿为祈死而已。呜呼哀哉！此复何罪乎？酒色之娱而已。古人云："甘嗜毒药，戏猛兽之爪牙。"岂虚言哉！明日见一少年，以此戒之。少年笑曰："甚矣，子言之陋也。色吾之所甚好，而死生疾苦，非吾之所怖也。"予曰："有行乞于道，偃而号曰：'遗我一盂饭，吾今以千斛之粟报子'。"则市人皆掩口笑之。有千斛之粟，无一盂之饭，不可以欺于小儿，怖生于爱子。能不怖死生而犹好色，其可以欺我哉！今世之为高者，皆少年之徒也。戒生定，定生慧，此不刊之语也。如其不从戒定生者，皆妄也。如慧而实痴也，如觉而实梦也。悲夫！（《东坡志林》）

逸事：苏轼夜寻张怀民 （宋神宗）元丰六年十月十二日夜，解衣欲睡，月色入户，欣然起行。念无与为乐者，遂至承天寺寻张怀民。怀民亦未寝，相与步于中庭。庭下如积水空明，水中藻、荇交横，盖竹柏影也。何夜无月？何处无竹柏？但少闲人如吾两人者耳。（宋·苏轼《记承天寺夜游》）

◎张梦得，字怀民，清河人。元丰六年被贬黄州，寓居承天寺。

十月 十三 十四

祀朱衣星君 十月十三日，士人祀朱衣星君。（《通州志》）

进香保安寺 （十月）十三日，进香保安寺秽迹大士前，多笼画眉以往，以善鸣为得采。（《无锡县志》）

逸事：唐太宗冬猎 （唐太宗贞观四年，630年）冬十月壬辰，幸陇州，曲赦陇、岐二州，给复一年。十日，校猎于贵泉谷。十三日，校猎于鱼龙川，自射鹿献于大安宫。（《旧唐书》）

逸事：册谥徐皇后 成祖皇后徐氏崩，自次日辍朝，不鸣钟鼓……御华盖殿，鸿胪寺官引颁册宝官入行礼，传制曰："永乐五年十月十四日，册谥大行皇后，命卿行礼。"四拜毕，序班举册宝案至奉天殿丹陛上，置彩舆中，由中道出，入右顺门至几筵殿，以册宝置案，退俟于殿外。尚仪女官诣香案前，跪进曰："皇帝遣某官册谥大行皇后，谨告。"赞宣册。女官捧册宣于几筵之右，置册于案，宣宝如之上仪。奏礼毕，女官以册宝案置几筵之左。内官出报礼毕，颁册宝官复命。百日，礼部请御正门视朝，鸣钟鼓，百官易浅淡色服。帝以梓宫未葬，不允。至周期，帝素服诣几筵致祭，百官西角门奉慰，辍朝三日。在京停音乐、禁屠宰七日。礼部官于天禧寺、朝天宫斋醮。其明日，帝吉服御奉天门视朝，鸣钟鼓。（《明史》）

◎朱衣星君，即朱衣神，又称朱衣夫子。道教主管文运的"五文昌"神之一，相传此神着红衣，能细辨文章优劣。与文昌帝君、魁星、吕祖师、关帝君，合称"五文昌"。◎鱼龙川，今陕西陇县西千河上源北河。

十月

十五 — 十月 — 十六

祭木叶山 岁十月，五京进纸造小衣甲、枪刀、器械万副。十五日，天子与群臣望祭木叶山，用国字书状，并焚之。国语谓之"戴辣"。(《辽史》)

下元节 十五日为下元节，俗传水官解厄之辰，亦有持斋诵经者。(《西湖志》)

人节 此日（十月十五）为"上贞"，俗曰"人节"，早起为尊长上寿，如生辰。其前一夕，子孙男女铺设寿筵，洒扫薰香，请尊长观席尝酒，曰"煖寿"……敛百家缯，制衣献老者，曰"百寿衣"。献鞵，曰"福履"。寿筵，设中堂，老人居正位，亲朋列陪，谓之"拱寿"……访一邑一里中百寿翁媪各一人，群男女登堂拜之，曰"讨寿"。凡乡族亲眷有七八十岁老人，诸甥侄内外孙咸来拜之，如诞日也。(《节序同风录》)

施食 （金章宗）泰和五年（1205）三月，命给米诸寺，自十月十五日至次年正月十五日，作糜以食贫民。(《五礼通考》)

文成公主诞辰 十月十五日，为唐文成公主诞辰，士女盛妆参贺，比户皆饮酒。(《清稗类钞》)

赛神 十月十六日，各里酾金报赛，饮毕，以神之衣冠出游于市，曰"赛神"。(《连州志》)

寒婆生日 冬前霜多，主来年旱。冬后多，晚禾好。十六日为寒婆生日，晴，主冬暖。此说得之崇德举人徐伯和，自江东石洞秩满而归，云彼中客旅远出，专看此日。若晴煖，则但随身衣服而已，不必他备。言极有准也。(《农政全书》)

◎木叶山，《辽史》："东潢河，南土河，二水合流，故号永州……有木叶山，上建契丹始祖庙。"◎五京，辽上京临潢府、中京大定府、东京辽阳府、南京析津府、西京大同府的总称。◎水官，道教所奉天、地、水三神官之一。

十月 十七 十八

游览古长安城 （显庆）三年（658）十月十七日，上因于古长安城游览，问侍臣曰："朕观故城旧址，宫室似与百姓杂居。自秦、汉已来，几代都此？"礼部尚书许敬宗对曰："秦都咸阳，郭邑连跨渭水，故云'渭水灌都，以象天河'。至汉惠帝始筑此城。其后苻坚、姚苌、后周并都之'。"上又问曰："昆明池是汉武帝何年开？"敬宗对曰："武帝遣使通西南夷，为昆明国所蔽，故因滈之旧泽，以穿此池，用习水战。元狩三年事也。"上因命检秦、汉已来历代宫室处所以闻。（《唐会要》）

逸事：阅兵 熙宁六年（1073）十月……十八日，亲阅军校兵士，试武艺，赐银有差。上厉精武事，训肄有法，每旬一御后殿，程能否而观沮之。不数月，兵气一新。（《玉海》）

岁华纪胜·阅操

十月

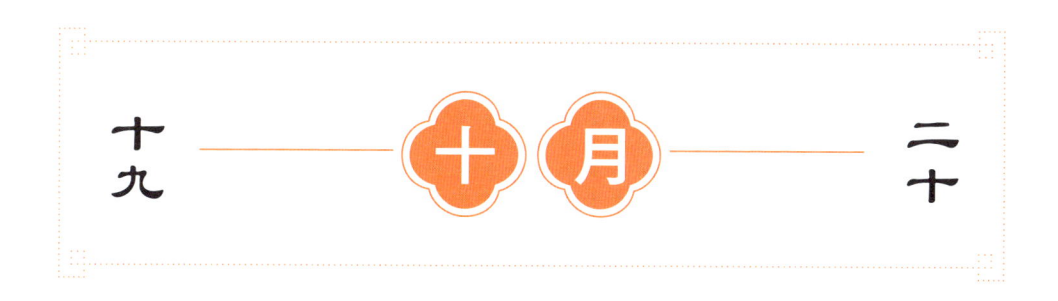

十九 —— 二十

诗咏：观李十二娘舞剑 大历二年（767）十月十九日，夔府别驾元持宅，见临颍李十二娘舞剑器，壮其蔚跂。问其所师，曰："余公孙大娘弟子也。开元三载（715），余尚童稚，记于郾城，观公孙氏舞剑器，浑脱浏漓顿挫，独出冠时。自高头宜春、梨园二伎坊内人洎外供奉，晓是舞者。圣文神武皇帝初，公孙一人而已。玉貌锦衣，况余白首，今兹弟子，亦匪盛颜。"既辩其由来，知波澜莫二，抚事慷慨，聊为《剑器行》。往者吴人张旭，善草书帖，数尝于邺县见公孙大娘舞西河剑器，自此草书长进，豪荡感激，即公孙可知矣。行曰：

昔有佳人公孙氏，一舞剑器动四方。观者如山色沮丧，天地为之久低昂。㸌如羿射九日落，矫如群帝骖龙翔。来如雷霆收震怒，罢如江海凝清光。绛唇珠袖两寂寞，晚有弟子传芬芳。临颍美人在白帝，妙舞此曲神扬扬。与余问答既有以，感时抚事增惋伤。先帝侍女八千人，公孙剑器初第一。五十年间似反掌，风尘倾动昏王室。梨园子弟散如烟，女乐馀姿映寒日。金粟堆南木已拱，瞿唐石城草萧瑟。玳筵急管曲复终，乐极哀来月东出。老夫不知其所往，足茧荒山转愁疾。（唐·杜甫《观公孙大娘弟子舞剑器行并序》）

逸事：宋太祖崩 开宝九年（976）十月二十日，太祖崩，遗诏："以日易月，皇帝三日而听政，十三日小祥，二十七日大祥。诸道节度防御团练使、刺史、知州等不得辄离任赴阙。诸州军府临三日释服。"群臣叙班殿庭，宰臣宣制发哀毕，太宗即位，号哭见群臣。群臣称贺，复奉慰，尽哀而退。（《宋史》）

买菊一株 十月二十日，买菊一株，颇佳，置于郡斋松竹之间，目为岁寒三友。（《梅溪集》）

诗咏：枇杷花　枝头红日退霜华，矮树低墙密护遮。黄菊已残秋后朵，枇杷又放隔年花。（宋·周紫芝《十月二十日晨起见枇杷花》）

菊英耐久

◎蔚跂，雄浑多姿。

十月

二十一 — 十月 — 二十二

逸事：戒烟　十月廿一日誓永戒吃水烟，洎已两月不吃烟，已习惯成自然矣。（《曾国藩家书》）

八关斋　间与何骠骑期，当为合八关斋。以十月二十二日，集同意者，在吴县土山墓下。三日清晨为斋始。道士白衣凡二十四人，清和肃穆，莫不静畅。至四日朝，众贤各去。余既乐野室之寂，又有掘药之怀，遂便独住。于是乃挥手送归，有望路之想。静拱虚房，悟外身之真。登山采药，集岩水之娱。遂援笔染翰，以慰二三之情。（晋·支遁《八关斋诗三首并序》）

诗咏：樱桃花　令节初冬逼下旬，樱桃数杪著花新。天寒翠袖宜深幕，日莫红帘讶美人。小颊预施三月粉，微脂未褪昨宵唇。梨花定不开天上，百姓人家借小春。//夏实每看当鸟尽，冬花何事向人妍。不堪憔悴行吟后，故弄阳春欲雪前。正苦白头愁兀兀，谁家黄蝶过娟娟。（明·徐渭《十月廿二日园西樱桃数花，便有蝶至两首》）

樱桃花

◎八关斋，佛教在家信徒一昼夜受持的八条戒律。《资治通鉴》："会上于华林园设八关斋，朝臣皆预。"胡三省注："释氏之戒：一，不杀生；二，不偷盗；三，不邪淫；四，不妄语；五，不饮酒、食肉；六，不着花鬘璎珞、香油涂身、歌舞倡伎故往观听；七，不得坐高广大床；八，不得过斋后喫食。以上八戒，故为八关。"

二十三 十月 二十四

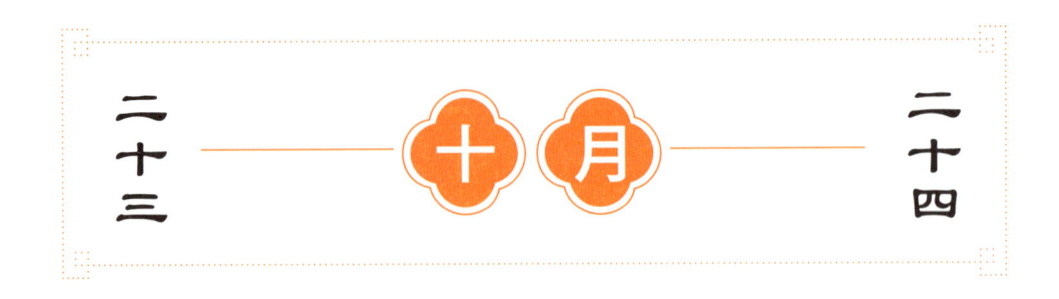

诗咏：游裴园 笋舆趁晓踏铜驼，休暇仍逢景色和。闲挈壶觞游翠霭，尽呼儿女看沧波。茫茫烟渚群鸥下，隐隐晴虹短棹过。最是小春奇绝处，梅花破萼未全多。（宋·喻良能《十月二十三日携家游裴园》）

降圣节 （大中祥符五年，1012年）辛未，躬谢太庙六室，又命大臣分告天地、社稷、后庙……诏："圣祖名上曰玄，下曰朗，不得斥犯。以七月一日为先天节，十月二十四日为降圣节，并休假五日。两京诸州，前七日建道场设醮，假内禁屠、辍刑，听士民宴乐，京城张灯一夕。改延恩殿为真游殿，重加修饰。"（《续资治通鉴长编》）

诗咏：以莱菔相款 趁溪茅舍竹篱阴，石径如蛇屈曲深。吏卒不行烟冷处，弟兄聊说岁寒心。床头无酒可归算，窗外有鸡留伴吟。过午忽修莱菔供，悠长滋味在山林。（宋·陈著《十月二十四日过弟观寓所，出莱菔相款》）

莱菔图

◎裴园，即裴禧园，南宋私家园林，在杭州西湖三堤路上。

十月

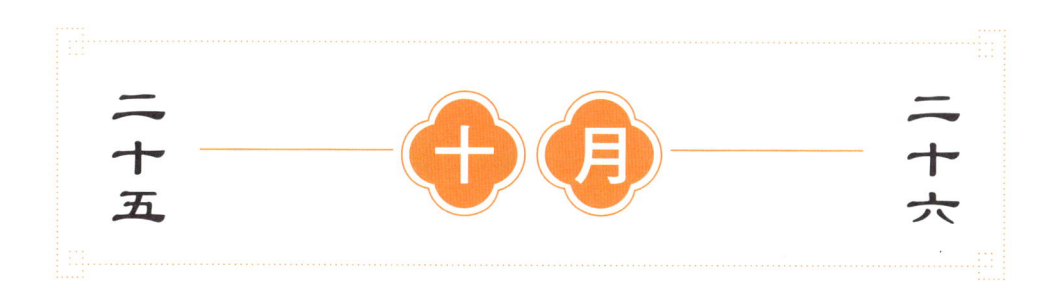

白塔燃灯 太液池之阳有白塔，为永安寺。岁之十月廿五日，自山下燃灯至塔顶，灯光罗列，恍如星斗。诸内侍黄衣喇嘛，执经梵呗，吹大法螺，馀者左持有柄圆鼓，右执弯槌齐击之，缓急疎密，各有节奏，更馀乃休，以祈福也。考白塔基址旧为万岁山，又为琼华岛。山顶有广寒、仁智等殿，玉虹、瀛洲等亭，塔西传为辽萧后梳妆楼，倾圮已久。顺治八年辛卯秋，建塔立寺，康熙己未重修。辛酉冬，运是山之石于瀛台，塔下仅存黄壤，悉听民居。雍正庚戌复为修葺。乾隆癸亥，塔前建龙光之坊，东为慧日亭，西为悦心殿，宫室焕然一新，仍为禁苑矣。（《帝京岁时纪胜》）

逸事：东封礼成 （大中）祥符元年（1008）十月二十六日，东封礼成，御朝觐坛肆赦。少府监言所设金鸡送山下，其竿盘、木马、夹耳等物，下经度制置使制造。从之。（《玉海》）

康熙南巡·泰山

◎大中祥符元年（1008），宋真宗在仪卫扈从下东封泰山。大中祥符四年（1011），宋真宗西抵山西汾阴（今山西万荣）祭祀后土，大赦天下。

十月 二十七 二十八

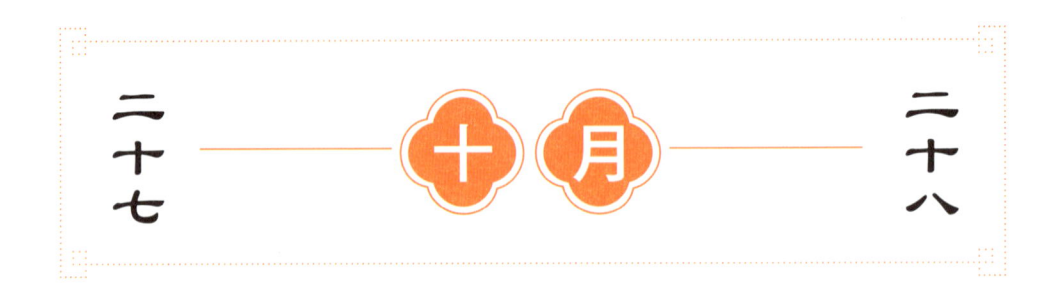

千人会 孟冬二十七日,太平村潭上天钟庵作佛会,礼佛约千许人,谓之"千人会"。(《富阳县志》)

逸事：别灊山神 维长庆三年(823)十月二十七日,朝议郎守尚书礼部郎中上轻车都尉李翱,谨遣舒州摄要籍司衙前军虞候吴潭,以清酒、鹿脯告辞于灊山大神之灵。翱自去岁,来临此邦。遭罹炎旱,淮左毕同。邻郡逃亡,十家六空。惟此舒人,安业于农。我政无能,遘此岁凶。灾同报异,乃神之聪。事幸无败,誉斯有融。遂忝帝命,复官南宫。皆神所祐,我亦何功。将赴京邑,路沿大江。遣使来辞,神鉴予衷。(唐·李翱《别灊山神文》)

逸事：陈邦彦被磔 城破,陈邦彦犹率兵巷战,力屈,索笔题其壁曰:"无拳无勇,何饷何兵;联络山海,喋血会城。天命不佑,祸患是撄。千秋而下,鉴此孤贞!"遂赴水。北兵出之,槛送广州。在狱不食五日,惟慷慨赋咏,所传有"大造兮多艰,时哉不我与;我后兮何之,我躬兮良苦"之句。十月二十八日被磔,监刑者视其肝,肝忽跃起击监者面,遂惊悸,数日死。(《南明野史》)

◎上轻车都尉,勋官号。唐高祖武德七年(624)改上开府仪同三司置,八转勋官,比正四品。
◎陈邦彦(1603—1647),字令斌,号岩野,广东顺德龙山人。"岭南三忠"之首,南粤硕儒名师。

十月 ◆

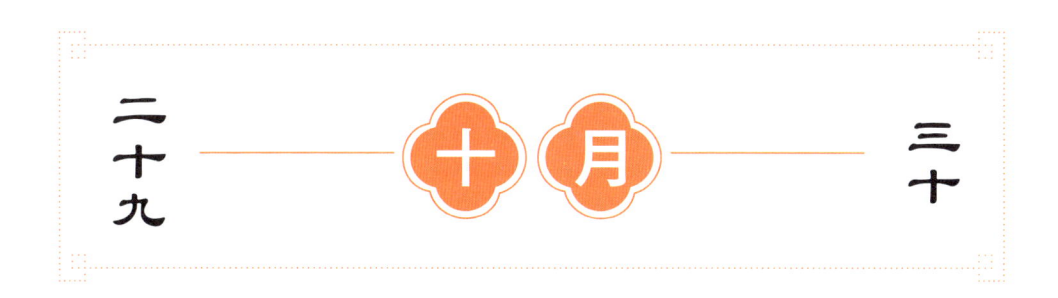

二十九 ── 十月 ── 三十

逸事：祠华岳 武德二年（619）十月二十九日甲子，亲祠华岳。（《玉海》）

逸事：观稻 （宋真宗天禧四年，1020年）十月二十九日，诏皇太子、宗室、近臣、诸帅赴玉宸殿翠芳亭观稻，赐宴，仍以稻分赐之。（《宋史》）

——

大节，祭鬼 蛮人在新添、丹江二处，男子披草蓑，妇人青衣，花布短裙。丧葬杀牛，歌舞。性犷悍，爱渔猎。以十月晦日为大节，祭鬼。在思南府之沿河司者，俗亦同。（《黔记》）

黔苗·蛮人

十一月

仲冬之月,麋角解

是月(十一月)曰元明月,又曰广寒月。(《纂要·仲冬》)

十二月月令图·十一月

十一月

十一月也叫"仲冬"，不像十月"小阳春"，此时大部分地区都开始进入寒冷模式，所以十一月也叫"广寒月"。

唐朝时，十一月会有一场"期末考"。《新唐书》载："每岁仲冬，州、县、馆、监举其成者，送之尚书省。"这场检验学习成果的考试要考六门，《大唐六典》载："其科有六，一曰秀才，二曰明经，三曰进士，四曰明法，五曰书，六曰算。"有"博综兼学"的，"须加甄奖"。

考完试，北方天寒地冻，古人可以开展一系列冰上游戏。比如溜冰。在鞋上绑上铁制冰鞋，就可以在太液池的冰面上玩耍，会溜冰的人"如蜻蜓点水，紫燕穿波"，颇具观赏性。

溜冰之外，还有冰床。冰床也叫凌床，最早可以追溯到宋代。《嘉祐杂志》记载："冬月载蒲苇，悉用凌床，官员亦乘之。"《梦溪笔谈》提道："冬月作小坐床，冰上拽之，谓之凌床。"

到了明代，冰床逐渐成为古人冬季休闲娱乐的工具，尤其盛行在北方。《明宫史》载："冬至河冻，可拖床，以木作平板，上加交床或稿荐，一人在前引绳，可拉三二人，行冰如飞。遇积雪残云，景更如画。""行冰如飞"可不是夸张，《日下旧闻考》中也有类似记载："原西苑池冰既坚，以红板作柁床，四面低栏，亦红色，旁仅容一人。上坐其中，诸珰于两岸用绳及竿前后推引，往返数里。"

《帝京岁时纪胜》里也说比坐骑、乘车速度更快、更便捷，还能在冰床上置办美酒佳肴，与三两友人欢饮高歌："都人于各城外护城河下，群聚滑擦，往还亦以拖床代渡。更将拖床结连一处，治酌陈肴于上，欢饮高歌，两三人牵引，便捷如飞，较之坐骥乘车，远胜多矣。"

而现在，每到冬天，北京的什刹海、北海公园、颐和园等冰面上，冰床作为一种娱乐项目，依然在给人带来美好体验。

黄钟之月　黄钟：黄者，中之色，君之服也；钟者，种也。天之中数五，五为声，声上宫，五声莫大焉。地之中数六，六为律，律有形有色，色上黄，五色莫盛焉。故阳气施种于黄泉，孳萌万物，为六气元也。以黄色名元气律者，著宫声也。宫以九唱六，变动不居，周流六虚。始于子，在十一月。(《汉书》)

仲冬之月　仲冬之月，招摇指子，昏壁中，旦轸中，其位北方，其日壬癸，其虫介，其音羽，律中黄钟，其数六，其味碱，其臭腐，其祀井，祭先肾。(《淮南子》)

梅市　十一月梅市。(《成都古今记》)

乡贡　每岁仲冬，州、县、馆、监举其成者，送之尚书省。而举选不繇馆、学者，谓之"乡贡"，皆怀牒自列于州、县。试已，长吏以乡饮酒礼，会属僚，设宾主，陈俎豆，备管弦，牲用少牢，歌《鹿鸣》之诗，因与耆艾叙长少焉。(《新唐书》)

报娘恩　十一月，人家堲户，藏花木于窖，食兔羹。女子嫁者多归宁，为母浣濯，曰"报娘恩"。琢石如弹丸，置于地，童子以足送之，前后交击为胜。始击羯鼓，鼓用铁为围，单皮覆之，每十人五人聚击，女子亦然。(《日下旧闻考》)

貂褂银　每至冬月，凡乾清门侍卫及大门侍卫等，均由本管支领貂褂银子，人各数十金。(《燕京岁时记》)

乌纱帽　（唐高祖）武德九年（626）十一月，太宗诏：自今已后，天子服乌纱帽，百官士庶皆同服之。(《古今注》)

教大阅　仲冬教大阅，如振旅之阵，遂以狩田如蒐法，致禽以享烝。(《文献通考》)

颁历　自置院之后，每年十一月内，即令书院写新历日一百二十本，颁赐亲王、公主及宰相、公卿等，皆令朱墨分布具注，历星递相传写，谓集贤院本。(《玉海》)

十一月

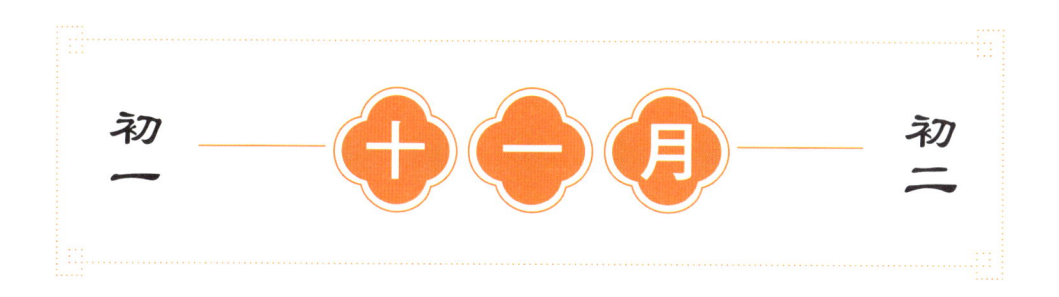

初一 —— 十一月 —— 初二

祭司门之神　司门之神，于承运门稍东设香案。十一月初一日，门官致祭。（《明会典》）

黑狐朝冠　皇帝朝冠，冬用薰貂，十一月朔至上元用黑狐。上缀朱纬。顶三层，贯东珠各一，皆承以金龙四，馀东珠如其数，上衔大珍珠一。夏织玉草或藤竹丝为之，缘石青片金二层，里用红片金或红纱。上缀朱纬，前缀金佛，饰东珠十五。后缀舍林，饰东珠七。顶如冬制。（《清史稿》）

翻褂子　冬至月初一日，臣工之得著貂裘者，均于是日一体穿用，谓之"翻褂子"。（《燕京岁时记》）

逸事：郡县主见舅姑之礼　（建中元年，780年）十一月二日，礼仪使颜真卿等奏，郡县主见舅姑，请于礼会院过事。明日早，舅坐于堂东阶上，西向，姑南向。妇执筭，盛以枣栗，升自西阶，东面再拜，跪奠于舅席前。舅举之，赞者彻以东。妇退，再拜，降于姑阶下，受筭，盛以腶脩。升进，北面再拜，跪奠于姑席前，姑举之。赞者受以东。妇退，又再拜，降之。诣东面，拜婿之伯叔兄弟姊妹讫，便赴光顺门谢恩。（《唐会要》）

逸事："满头花"生日　时开禧三年（1207）十一月二日，（韩）侂胄爱姬三夫人号"满头花"者生辰。（《齐东野语》）

◎筭，古代一种形制似笪的盛器。新妇向舅姑行贽礼时常用以盛干果等。

初三 ── 十一月 ── 初四

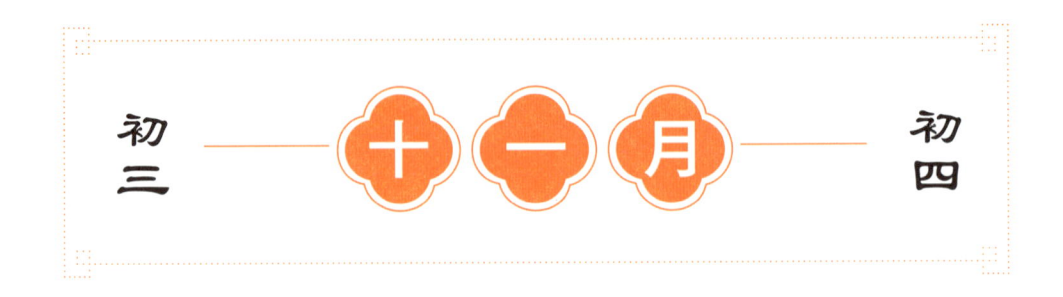

晏公生日　十一月初三日，武邑白云渡以水神晏公生日作会。(《常州府志》)

王羲之与郗家论婚　十一月四日，右将军、会稽内史琅邪王羲之，敢致书司空高平郗公足下：上祖舒，散骑常侍、抚军将军、会稽内史、镇军仪同三司，夫人右将军刘□（缺字）女，诞晏之，允之。允之，建威将军、钱唐令、会稽都尉、义兴太守、南中郎将、江州刺史、卫将军。夫人散骑常侍荀文女，诞希之、仲之。及尊叔廙，平南将军、荆州刺史、侍中、骠骑将军、武陵康侯。夫人雍州刺史济阴郗说女，诞颐之、胡之、耆之、美之。内兄胡之，侍中、丹阳尹、西中郎将、司州刺史。妻常侍谯国夏侯女，诞茂之、承之。羲之妻太宰高平郗鉴女，诞元之、凝之、肃之、徽之、操之、献之。肃之授中书郎、骠骑咨议、太子左率，不就。徽之黄门郎。献之字子敬，少有清誉，善隶书，咄咄逼人。仰与公宿旧通家，光阴相接。承公贤女，淑质直亮，确懿纯美，敢欲使子敬为门闾之宾，故具书祖宗职讳，可否之言，进退惟命。羲之再拜。(晋·王羲之《与郗家论婚书》)

十一月 初五 / 初六

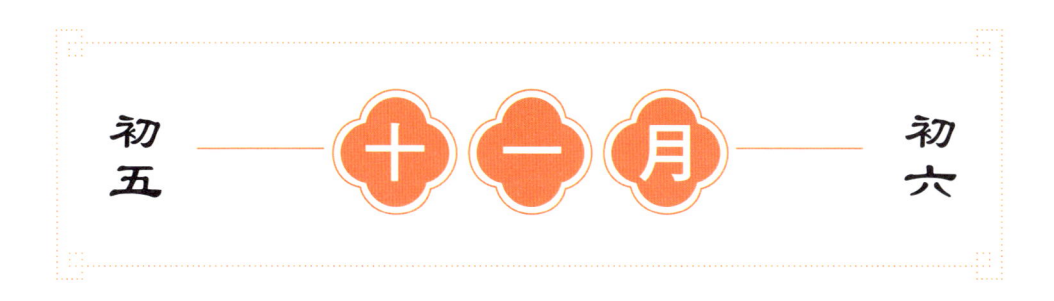

逸事：南唐、吴越朝宋 （宋太祖）开宝四年（971）十一月五日，江南李煜、吴越钱俶各遣子弟来朝，宴于崇德殿。（《宋史》）

逸事：岳飞渡百姓 《志》云："东沙汉以前无考，惟广陵志谓孙吴赤乌年间，有白马负土入江，遂起此州。"我朝嘉靖三年（1524），知县易东桂至西沙焦山港坍处，得一遗碣，云"此沙乃吴大帝牧马大沙，隔江一洲为牧马小沙"，则二沙之名亦既久矣。《宋史》："建炎四年（1130）庚戌，武功大夫、昌州防御使、通泰州镇抚使兼知泰州岳飞，十一月五日，下令渡百姓于阴沙。"时飞驻兵紫墟，以此沙在水南，故曰阴沙，飞精骑二百殿，金人不敢逼，遂屯江阴焉。（《大明一统名胜志》）

演剧祀寿 祖师庙：在林圮埔下福户。祀三坪祖师。街众于每年十一月初六日演剧祀寿，前为里人公建。一在大坪顶漳雅庄，祀阴林山祖师。七处居民入山工作，必带香火。凡有凶番出草杀人，神示先兆，或一、二日、或三、四日，谓之"禁山"；即不敢出入动作有违者，恒为凶番所杀。故居民崇重之，为建祀庙。光绪十九年，庄董黄谋倡捐修建。（《云林县采访册》）

逸事：祭谷神遇异事 （崇祯十六年，1643年）十一月初六日，先帝亲祭谷神于社稷坛，已就位。陈词方毕，行初奠礼，忽暴风自地发，庭燎祭烛，一时倾灭，不得亚献成礼。先帝于黑暗中恐防不测，急上辇回宫，文武陪祭及各执事举手扶肩，如无目者，相携相唤，出西长安门，而后得引归之烛。（《明季北略》）

初七 —— 十一月 —— 初八

逸事：大阅西郊 （宋太祖）建隆三年（962），帝御便殿讲习战士，是年十一月七日辛酉，又以殿前侍卫诸军及京都兵从驾出元化门，大阅西郊。（《玉海》）

逸事：严惩贪官 顺治十二年（1655）十一月初七日，钦奉世祖章皇帝谕旨："贪官虽经革职，犹得享用赃资，故贪风不息。今后内外大小贪官，受赃至十两以上者，不分枉法不枉法，俱籍没家产入官，仍依律定罪。钦此。"（《大清会典》）

王侯腊 五腊日：正月一日名天腊，此日五帝会于东方九气青天。五月五日名地腊，此日五帝会于南方三气丹天。七月七日名道德腊，此日五帝会于西方七气素天。十月一日名民岁腊，此日五帝会于北方五气黑天。十一月八日名王侯腊，此日五帝会于上方玄都玉京。其五帝攒会之日，此日酆都北阴天帝考校鬼魂，查生人祖考及见世子孙所行善恶，以定罪福。此日皆累生人，宜当醮谢，须凭法力祭祀，追赎涂苦，一一得福。常日祭祀，不可享也。（《天皇至道太清玉册》）

十一月　初九——十一月——初十

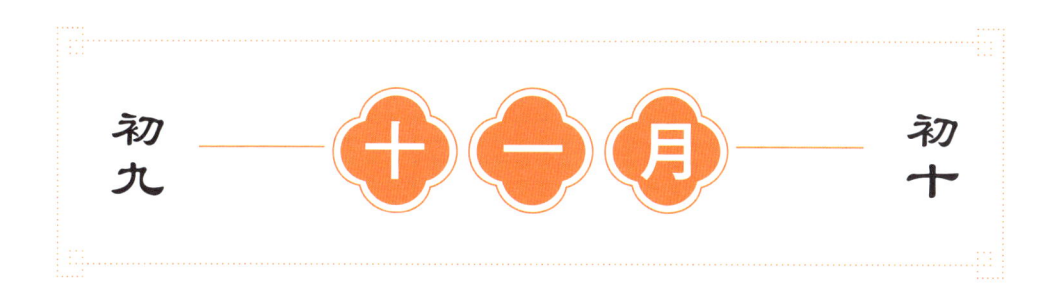

诗咏：消寒集会　放浪闲身又一年，溪山好处日周旋。寒犹未峭交初九，月已分明过上弦。卢橘花繁香太洌，红梅枝老影逾妍。行吟却笑天随子，奄有吴松赋自怜。（明·黄钺《十一月九日，子卿招饮湖亭，为消寒第一集》）

逸事：定车服制度　（宋太宗）端拱二年（989）十一月九日，诏曰：国家先定车服制度，闻士庶尚有奢僭，于是鞍辔、服带、幞头、巾子并为条制，复禁泥金真珠服饰。（《玉海》）

逸事：赐香茗　绍兴二十三年（1153）十一月九日，赐讲读官御筵于秘书省，就赐香茗。皆作诗以谢，自是为故事。（《玉海》）

———

诗咏：海棠　风流太守。未春先试回春手。天寒修竹斜阳后。翠袖中间，忽有人红袖。天香国色浓如酒。且教青女休僝僽。梅花元是群花首。细细商量，只怕梅花瘦。（宋·王质《一斛珠·其一·十一月十日知郡宴吴府判坐中赋海棠》）

逸事：赐宴　（宋真宗大中祥符）七年（1014）十一月十日壬辰，御乾元门观酺者五日，是日近臣咸与宴，京畿父老于楼下，赐锦袍、茶绢，日有五色晕庆云见。（《玉海》）

◎僝僽，憔悴。◎王质（1135—1189），字景文，号雪山。郓州人，后徙兴国。（宋）高宗绍兴三十年（1160）进士。官太学正。博通经史，有《雪山集》《绍陶录》《诗总闻》等。

九阳消寒图

十一月

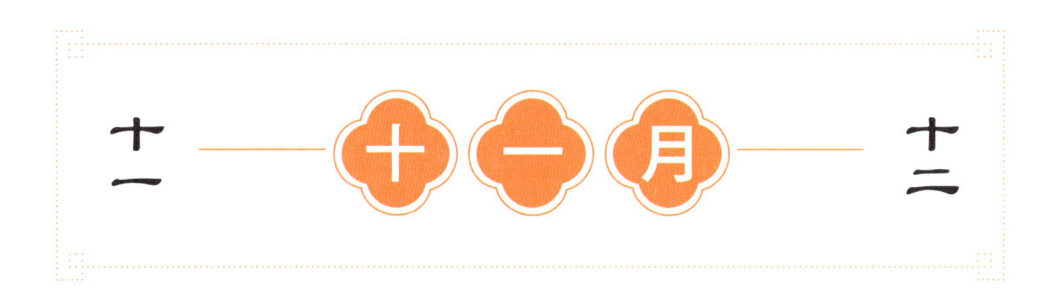

一阳节 俗曰"一阳节"。是日始戴"一阳巾",即"幅巾"也。添裘,加煖领。养老以饱食,取糯米饭摊甑内,敷以糖馅,剥枣穰、熟芋、蒸栗、松仁缀其上,重蒸熟食,曰"糕糜饭",又曰"一阳糕"。蒸山药熟,捣作剂,裹以糖馅,重蒸热,松软易化,亦曰"益阳糕"。作馓粥,俗云"豆沫儿",磨豆为汁,加菜丝、盐料,熬为浓糊,又名"一阳粥"。烧豚、炉鸡,作兔羹、兔醢,饮羊羔酒,与家人为欢,婢仆皆足,谓之"富贵有馀"。饮用乌木、紫檀、黄杨、花梨各种镶盃,取其温而轻。是日雪,为瑞雪大丰之兆,设宴赏之。滴酥为花及诸事件,盛以宝盒,又糖培蜜煎佛手、香橼、木瓜、冬瓜、橙丝、橘片各色品味,及肉冻鱼生,如春盘饳饤,携以赏雪。小院培雪作狮,饰以金铃彩索,又作雪山、雪洞、雪灯、雪花等捲幔玩赏。簷溜冰条,折以供瓶,曰"玩冰筋"。暖窗晒水仙花。壮者率射御徒众,牵犬臂鹰,设穽罟,持权棒,再猎。命樵青执斧斤入山采伐。筑栏蓄牛,以避寒气,曰"祝牛宫"。女子嫁者,是日归宁,为母浣濯,曰"报娘恩"。与小女穿耳孔,不痛。小儿琢石如弹丸,置平地以足送之,令前后相击为胜。是日忌沐浴及火炙背,恐致疾。(《节序同风录》)

逸事:妖书案 万历三十一年(1603)十一月十二日,提督东厂太监<u>陈矩</u>奏称:办事蒋臣等,访得《国本攸关》刊书一本,封进圣览。《国本攸关》本书用缸连纸刷印,皮面上签,是此四字,无边栏。《续忧危竑议》,本书第一张第一行是此五字。(《万历野获编》)

◎饳饤,食品堆迭在盘中,摆设出来。◎簷溜,檐沟。亦指檐沟流下的水。
◎陈矩(1539—1607),司礼监掌印太监、提督东厂。

十一月 十三 — 十四

诗咏：玩月 霜月两澄鲜，孤篷夜悄然。自携双鬓雪，独对一江烟。僵树立如铁，寒星摇满天。横斜几枝桨，也学榜人眠。（清·袁枚《十一月十三日冷水步夜起玩月》）

逸事：王安石生日 王介甫，（宋真宗天禧五年辛酉，1021年）十一月十三日辰时生。五十八岁，自首厅求出，知江宁府。继乞致仕，以避午上禄败之运。安闲养性，又仅延十年之寿而死。（《能改斋漫录》）

水仙暴 十一月十四日水仙暴、二十七日普庵暴、二十九日西岳朝天暴。凡十一月，时朔风司令，无日无风。然而南风尽绝，凡背北处皆可泊船。（《澎湖纪略》）

土地神会 十一月十四、五、六日，云盖寺土地神会。（《镇安县志》）

驻驾铺会 十月十五日，施庄庙会。十一月十四、十五二日，驻驾铺会。十一月二十六日，故城店会。（《柏乡县志》）

十一月

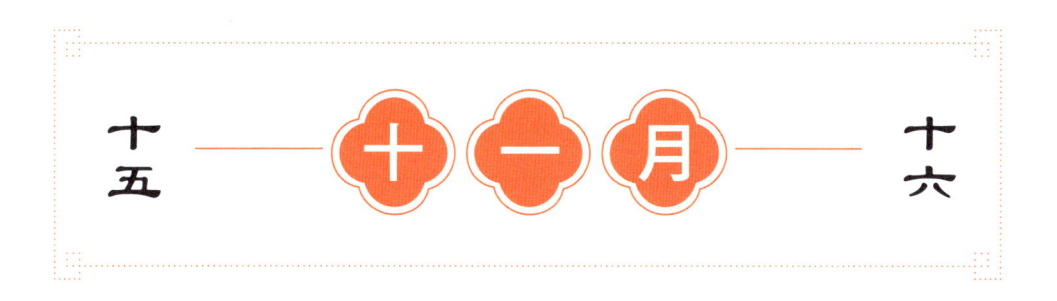

十五 —— 十一月 —— 十六

月当头　冬月十五日月当头，如遇望时，则塔影无尖，人影亦极短。小儿女之好事者，必无睡以俟当头，临阶取影以验之。(《燕京岁时记》)

洱海月　洱海月在下关，每十一月十五夜，月落已尽，水中犹见一轮。(《云南通志》)

海南重九　唐文宗开成元年（836），诏曰："去年重阳取十九日，今改九月十三日为重阳。"又张说上《大衍历序》，宋璟上《千秋表》，并以八月五日为端午。苏子瞻云："菊花开时即重九。在海南艺菊九畹，以十一月望与客泛酒作重九。"古人不拘类如此。在今日，则为笑话矣。(《古今谭概》)

逸事：合祭天地　宋乾德元年（963）十一月十三日，斋崇元殿，服通天冠、绛纱袍，执镇圭，乘玉辂，由明德门朝飨太庙。十六日，奉衮冕，执圭，合祭天地。(《玉海》)

逸事：天鼓鸣　（正德）十五年（1520）十一月十六日，天鼓鸣，有火自西南流入海，光焰烛天，至冬，桃李华，二麦颖。(《崇明县志》)

十一月 十七 十八

弥陀佛降生 （十一月）十七日，相传为弥陀佛降生。东土农人候风占米价，若吹东南风主米贵，西北风主米贱。谚云："风吹弥陀面，有米弗肯贱；风吹弥陀背，无米弗肯贵。"（《清嘉录》）

逸事：赐花作乐 （庆历）六年（1046）十一月十七日，讲诗彻，宴近臣，赐花作乐，从官皆献诗颂。（《玉海》）

逸事：袁枚忌日 君卒于嘉庆二年（1797）十一月十七日，年八十二。夫人王氏无子，抚从父弟树子通为子。既而侧室钟氏又生子迟。孙二：曰初，曰禧。始，君葬父母于所居小仓山北，遗命以己祔。嘉庆三年（1798）十二月乙卯，祔葬小仓山墓左。桐城姚鼐以君与先世有交，而鼐居江宁，从君游最久。君殁，遂为之铭曰："粤有耆庞，才博以丰。出不可穷，匪雕而工。文士是宗，名越海邦。蔼如其冲，其产越中。载官倚江，以老以终。两世阡同，铭是幽宫。"（清·姚鼐《袁随园君墓志铭》）

逸事：作瑞雪诗 （宋真宗景德）四年（1007）十一月辛巳（十八日），雪，宴近臣于中书，馆阁于崇文院，帝作瑞雪五言诗，令馆阁即席和进。（《玉海》）

逸事：增石塘 浙江石塘，创于钱氏。（南宋）乾道七年（1171）十一月十八日，帅臣沈复修石堤成，增石塘九十四丈。（《枫窗小牍》）

◎弥陀，阿弥陀佛的省称。意译为无量寿佛，西方极乐世界的教化之主。与释迦、药师并称三尊。◎赐花，即簪花制度。宋代皇帝在喜庆场合，向近侍臣僚赏赐花朵，所赐花色按官位高低有所不同。◎从父弟，袁枚堂弟，名树，字乡亭。◎祔，祔葬，合葬。◎小仓山，在江苏南京清凉山东面。

十一月

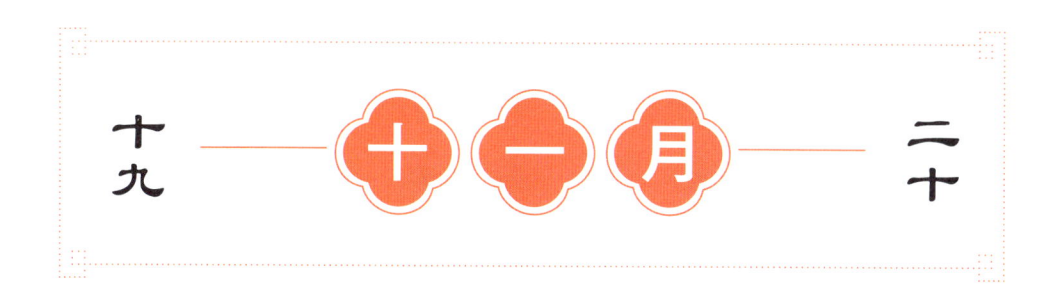

十九 —— 十一月 —— 二十

九莲菩萨诞辰 明慈圣太后（李氏），生于漷县之永乐店，事佛甚谨，宫中称为"九莲菩萨"。每岁十一月十九日为其诞辰，百官率于午门前称贺，长安百姓妇孺俱于佛寺进香祝釐，享天子奉养四十三年。古今太后称"全福"者，所未有也。（《日下旧闻考》）

太阳生日 三月十九日，各寺庙设醮诵经。相传为前明国难日，讳之曰"太阳生日"。案，《玉芝堂谈荟》：十一月十九日，日光天子生；《时宪书》亦同，俗易于三月十九日，为忠义之士所更，今沿其旧。（《定海厅志》）

逸事：赐老人绢棉米肉 （康熙）六十一年（1722）十一月二十日，钦奉恩诏，赐老人绢棉米肉，悉如（康熙）五十二年（1713）恩诏之数。（《贵州通志》）

逸事：观宋太宗书画 （天禧）四年（1020）十一月二十日，（宋真宗）御龙图阁曲宴，诏近臣观太宗草、行、飞白、篆、籀、八分书及画。（《宋史》）

◎祝釐，祭神，祈福。

十一月 二十一 / 二十二

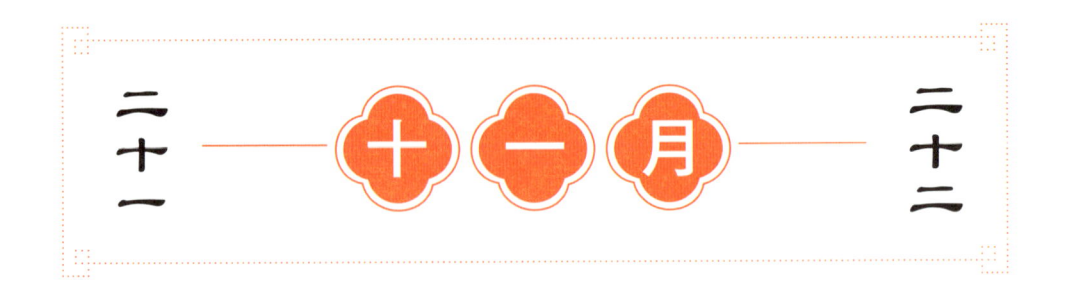

诗咏：独游香山寺　祸福茫茫不可期，大都早退似先知。当君白首同归日，是我青山独往时。顾索素琴应不暇，忆牵黄犬定难追。麒麟作脯龙为醢，何似泥中曳尾龟。[唐·白居易《九年十一月二十一日感事而作（其日独游香山寺）》]

逸事：讲武台　显庆二年（657）十一月二十一日，讲武于滍水之南，行三驱之礼，上设次于尚书台以观之。许州长史封道宏奏："尚书台本因汉南郡太守马融讲《尚书》于此，因以为名。今陛下亲降此台，以观校习，请改为讲武台。"从之。（《唐会要》）

逸事：赐老妇米布绢疋　（雍正）十三年（1735）十一月二十二日，钦奉恩诏，赐老妇米布绢疋，悉如雍正元年（1723）恩诏之数。（《云南通志》）

逸事：沈复生日　余生乾隆癸未年（1763）冬十一月二十有二日，正值太平盛世，且在衣冠之家，居苏州沧浪亭畔，天之厚我可谓至矣。东坡云"事如春梦了无痕"，苟不记之笔墨，未免有辜彼苍之厚。因思《关雎》冠三百篇之首，被列夫妇于首卷，余以次递及焉。所愧少年失学，稍识之无，不过记其实情实事而已，若必考订其文法，是责明于垢鉴矣。（《浮生六记》）

◎泥中曳尾，拖着尾巴在泥路中爬行。比喻宁愿贫困而逍遥自在，不愿尊贵礼遇而备受拘束。《庄子·秋水》："吾闻楚有神龟，死已三千岁矣，王巾笥而藏之庙堂之上。此龟者，宁其死为留骨而贵乎？宁其生而曳尾于涂中乎？"

十一月

二十三 · 十一月 · 二十四

诗咏：阅武 圣主从容事阅兵，銮舆向晓出都城。三军勇悍今无敌，万骑骁腾旧有名。牙帐风生鸣鼓角，期门日暖动旄旌。早须汉北销氛祲，海晏河清颂太平。（明·金幼孜《冬十一月廿三日随驾阅武于齐化门外》）

逸事：见九尾狐 （魏文帝）黄初元年（220）十一月二十三日，于甄城县北见众狐数十，首在后，大狐在中央，长七八尺，赤紫色，举头树尾，尾甚长大，林列有枝甚多，然后知九尾狐。斯诚圣王德政和气所应也。（魏·曹植《上九尾狐表》）

祭冼夫人 诚敬夫人庙在高州府电白县，各州县俱有行祠。夫人冼氏，京凉人，陈高州太守冯宝妻。陏（隋）初平陈，岭南共推冼氏为主，保境拒守，既而降陏（隋）。厥后高州刺史李迁仕及番禺夷王仲宣等反夫人，又皆讨平之，累封谯国夫人，卒谥诚敬。宋苏轼诗："冯冼古烈妇，翁媪国于兹。策勋梁武后，开府隋文时。三世更险易，一心无磷缁。锦伞平积乱，犀渠破馀疑。"岁以十一月二十四日祭之。（《日涉编》）

演戏迎神 十一月二十四日，谯国冼夫人诞辰，乡邑多演戏迎神。（《电白县志》）

逸事：阅兵 乾道二年（1166）十一月……二十四日，幸候潮门外大教场，进早膳，次幸白石教场阅兵。三衙率将佐等导驾诣白石，皇帝登台，三衙统制、统领官等起居毕，举黄旗，诸军皆三呼"万岁"拜讫，三衙管军奏报取旨，马军上马，打围教场。举白旗，三司马军首尾相接。举红旗，向台合围，听一金止。军马各就围地，作圆形排立，射生官兵随鼓声出马射獐兔，一金止。叠金，射生官兵各归阵队。举黄旗，射生官兵就御台下献所获。帝遂慰劳，赐赉诸将鞍马、金带，以及士

卒。诸军欢腾，鼓舞就列，百姓观者如山。时久阴曀，暨帝出郊，云雾解驳，风日开霁。(《宋史》)

出警图（局部）

◎磷缁，亦作磷淄。磷，谓因磨而薄。缁，谓因染而黑。后因以比喻受外界条件的影响而起变化。◎候潮门，杭州十大古城门之一，始建于五代吴越，名竹车门。筑城时以竹笼石，车运之定城基，故名。南宋绍兴二十八年（1158）在竹车门旧基重建。

十一月

二十五 — 十一月 — 二十六

逸事：岭南雁来　大历二年，岭南节度使徐浩奏："十一月二十五日，当管怀集县阳雁来，乞编入史。"从之。先是，五岭之外，翔雁不到，浩以为阳为君德，雁随阳者，臣归君之象也。(《唐会要》)

诗咏：梅花盛开　春风岭上淮南村，昔年梅花曾断魂。岂知流落复相见，蛮风蜒雨愁黄昏。长条半落荔支浦，卧树独秀桃榔园。岂惟幽光留夜色，直恐冷艳排冬温。松风亭下荆棘里，两株玉蕊明朝暾。海南仙云娇堕砌，月下缟衣来扣门。酒醒梦觉起绕树，妙意有在终无言。先生独饮勿叹息，幸有落月窥清樽。（宋·苏轼《十一月二十六日松风亭下梅花盛开》）

梅雀图

十一月 二十七 / 二十八

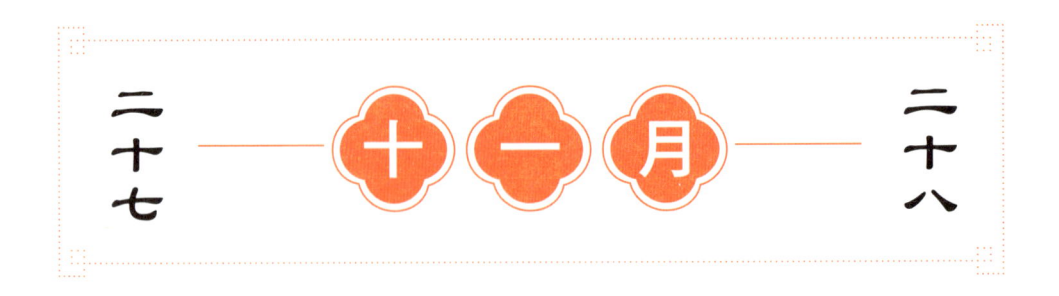

逸事：金陵城陷　开宝八年（975）十一月二十七日夜半，金陵城陷，大将军入。予六岁矣，父母昆弟十三人，空宅号泣而出，未知藏匿之所。天渐明，行至广济仓东北角姑之子张成家。成见予父母，泣且言："兵至矣，去将安适？此有梯，可踰垣入仓，大军若来，必不烧仓。成家老小，幸相随而度，度讫毁梯，勿使人觉。"父异其言，骨肉由是皆入。既而成欲去梯，父曰："不可也。我与汝即免，后人何从？但留之，俾来者得踰垣，则众皆济矣。"于是果有人沿梯而上，复有惊肩臼而登者。父乃与仲氏取廥中官梯两只掷于外。至卯辰间，大军既入，火照台城。少顷，果有百馀甲士，持赤帜立于墙外，实守仓敖。是则张成所谋，盖得济者众，由我父不使去梯而又益之也。二十八日，招安城中多被杀伤，惟此间老幼近二十人获全云。（《雁门野说》）

逸事：饮姜蜜酒　元祐四年（1089）十一月二十八日，既雨，微雪，予以寒疾在告，危坐至夜，与王元直饮姜蜜酒一杯，醺然径醉，亲执铨匕，作莼青虾羹，食之甚美。他日归乡，勿忘此味也。（宋·苏轼《书赠王元直·其三》）

◎王箴（1049—1101），眉州眉山人，字元直。苏轼妻兄。举进士不第，专心读书。哲宗元祐中诏征，力辞而免。

十一月

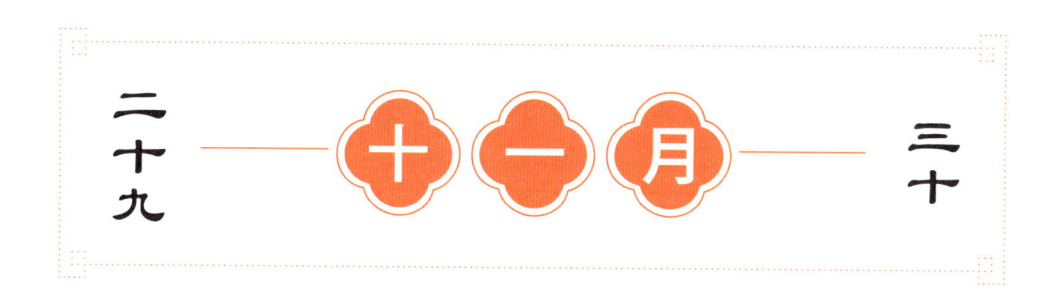

二十九 — 十 一 月 — 三十

诗咏：赏雪　撚冰惊起冻髯翁，一色楼台晓未融。酤肆定应昂酒价，篙工是处打船篷。读书窗上纸偏白，跃马街头尘不红。忧国愿丰心绝喜，可能儿女絮因风。（元·方回《十一月二十九日壬子喜雪》）

逸事：封五岳后号　大中祥符四年（1011）十一月二十九日，诏加上东岳淑明后、南岳景明后、西岳肃明后、北岳靖明后、中岳正明后之号。（《宋会要》）

逸事：见彗星　万历元年（1573）九月晦日，彗星见西方，形如白云，势若曳练，根五丈馀，阔三丈馀，长约十丈，由尾历箕，越斗度牛，至十一月晦乃止。（《南安府大庾县志》）

岁华纪胜·赏雪

◎絮因风，咏雪的典故。晋太傅谢安在雪天与子侄集会，论文赋诗。俄而雪骤，谢安欣然曰："白雪纷纷何所似？"侄儿谢朗曰："撒盐空中差可拟。"侄女谢道韫曰："未若柳絮因风起。"

十二月

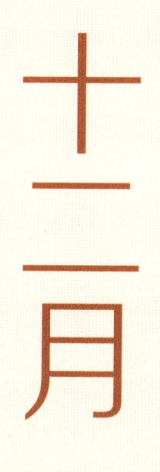

季冬之月，鹊始巢

十二月季冬，亦曰暮冬、杪冬、除月、暮节、暮岁、穷稔、穷纪。（《纂要》）

十二月月令图·十二月

十二月 ◆

一

十二月的所有节日和活动，其实都围绕着"辞旧迎新"而开展。

辞旧迎新离不开丰富的祭祀活动，据不完全统计，十二月的祭祀活动有猎祭赛乐、作年福、报岁功、庆坛神、烧年常、大傩逐疫、八蜡之祭等。

八蜡之祭要迎猫祭虎。因为猫和虎能吃扰田的老鼠和野猪、保护庄稼，所以要迎而祭之。《夜航船》记载："天子大蜡八：一先啬（神农），二司啬（后稷），三农（田畯），四邮表畷（田畔屋），五猫（食田鼠）虎（食田豕），六堤（蓄水，亦以障水），七水庸（沟受水，亦以泄水），八昆虫（螟螣之类）。"

十二月初五、初八和二十五日，都有吃粥的习俗。《梦粱录》记载，二十五日煮红豆粥祀食神，这种红豆粥也叫"人口粥"，家里的猫猫狗狗也要参与食粥仪式。但不知道出于什么典故。

《松江府志》的记载也许可以解答："出外者亦留以与之，名口数粥。兼饷亲里之持丧者。"外出的人和猫猫狗狗都是家中的一分子，即使不在一起，也要留一碗温暖的红豆粥给他们。

这是很含蓄、很温暖的表达，让我真正理解了红豆"最相思"的意义。只是不知道这些外出的人，知不知道家乡的饭桌上有一碗特意留出来的红豆粥。这些摆在桌上等人"领养"的红豆粥，是一点点变凉，还是慢慢暖化某位归人满身的风雪和霜尘？

除了吃粥，十二月还能吃爆米花。爆米花也叫炮谷、米花、孛娄花，古人认为吃爆米花可以"卜流年之休咎"，所以也叫"卜流花"。

古代的爆米花不仅可以吃，还能制成"梅花"拿在手里赏玩，"折枣棘枝，攒着米花于刺针上。游人暮归时，各擎一枝，宛然驿使梅花"，还可以穿成花状戴在头上，"彩线贯之，簇成花状，插于髻"。

这样普通的食物，居然有这些别出心裁的玩法，古人真是有趣啊！

蜡祭 季冬寅日，蜡祭百神于南郊。大明、夜明，用犊二，笾、豆各四，簠、簋、登、俎各一。神农氏及伊耆氏，各用少牢一，笾、豆各四，簠、簋、登、俎各一。后稷及五方、十二次、五官、五方田畯、五岳、四镇、四海、四渎以下，方别各用少牢一，当方不熟者则阙之。（《旧唐书》）

祭五通之神 是月（十二月）农事告成，民间多有刲羊豕以祭五通之神，谓之"烧利市"。其报岁事者，在郭曰"烧年常"，在野曰"谢场"。祭毕，速亲友餕之，谓之"年常酒"。（《嘉定县志》）

迎猫迎虎 岁十二月，合聚万物而索飨之也。蜡之祭也，主先啬，而祭司啬。祭百种以报啬也。飨农及邮表畷、禽兽，仁之至、义之尽也。古之君子，使之必报之。迎猫，为其食田鼠也；迎虎，为其食田豕也。迎而祭之也。（《四书通证》）

驱疫鬼 疫神：帝颛顼有三子，生而亡去，为鬼。其一者居江水，是为瘟鬼；其一者居若水，是为魍魉；其一者居人宫室枢隅处，善惊小儿。于是，命方相氏，黄金四目，蒙以熊皮，玄衣朱裳，执戈扬盾，常以岁竟十二月，从百隶及童儿而时傩，以索宫中驱疫鬼也。桃弧、棘矢、土鼓，鼓且射之，以赤丸、五谷等播洒（撒）之，以除疾殃。（《蔡中郎集》）

进清醇 十二月，进清醇以告蜡，竭恭敬于神明。二十四日作傩，俗名"逐疫"。或师巫，或丐者为之。（《宜兴县志》）

悬猪羊耳 悬腊月猪羊耳，著堂梁上，可大富。（《齐民要术》）

作年福 腊月，以豕为牲，召巫祀之，曰"作年福"，以果物佐牲醴相遗馈。岁终，拂屋上尘，修垣宇，备酒果，为新年燕客。（《诸暨县志》）

报岁功 （攸县）十二月，无贵贱，率请巫师，朱衣象笏，音乐大作，诵经杀猪，报岁功也。（《古今图书集成》）

庆坛神 腊月……民延巫觋庆坛神。虽近古大傩之礼，然歌舞鄙俗可笑，必终夜乃止。士大夫家间亦有之，为其神专司六畜，故相沿莫禁也。（《夹江县志》）

祭天 （夫馀国）以腊月祭天，大会连日，饮食歌舞，名曰"迎鼓"。是时，断刑狱，解囚徒。（《后汉书》）

作腊犯 季冬之月，正居小寒、大寒时候。若此月雨雪连绵，以细民不易，朝廷赐关会，给散军民赁钱，公私放免不征。自冬至后戌日，数至第三戌，便是腊日，谓之"君王腊"。腊月内，可盐猪羊等肉，或作腊豝、法鱼之类，过夏皆无损坏。惠民局及士庶修制腊药，俱无虫蛀之患。(《梦粱录》)

正齿位 季冬之月正齿位，则县令为主人，乡之老人年六十以上有德望者一人为宾，次一人为介，又其次为三宾，又其次为众宾。年六十者三豆，七十者四豆，八十者五豆，九十者及主人皆六豆。宾主燕饮，则司正北面请宾坐，宾主各就席立。司正适篚，跪取觯兴，实之，进立于楹间，北面，乃扬觯而戒之以忠孝之本，宾主以下皆再拜。司正跪奠觯，再拜，跪取觯饮，卒觯，兴，宾主以下皆坐。司正适篚，跪奠觯兴，降复位。乃行无算爵，其大抵皆如乡饮酒礼。(《新唐书》)

谒先师 贞元九年（793）季冬，贡举人谒先师，日与亲享庙同。有司言"上丁释奠与大祠同，即用中丁"，乃更用日谒于学。(《新唐书》)

揭蒲 腊节，乃以蒲藻盖鹅公石上，江渚寒鱼皆依之。太守泛舟，张乐揭取，名曰"揭蒲"。(《陕西名胜志》)

考德 古者天子常以季冬考德，以观治乱得失。凡德盛者，治也；德不盛者，乱也。德盛者得之也，德不盛者失之也。是故君子考德，而天下之治乱得失，可坐庙堂之上而知也。德盛则脩法，德不盛则饰政，法政而德不衰，故曰王也。(《大戴礼记》)

讲武 （后齐）河清中定令：每岁十二月半后讲武，至晦遂除。二军兵马，右入千秋门，左入万岁门，并至永巷南下，至昭阳殿北，二军交。一军从西上阁，一军从东上阁，并从端门南出阊阖门前桥南，戏射并讫，送至城南郭外罢。(《隋书》)

诸戏 江淮之俗，每作诸戏，必先设嗔拳笑面。有诸行戏时，尝在故腊之末，所作之人，又多村夫，初不知其所谓也。按，《荆楚岁时记》有谚语云："腊鼓鸣，春草生，村人并细腰鼓，戴胡公头，及作金刚力士以逐除。"今南方为此戏者，必戴面如胡人状，作勇力之势，谓之"嗔拳"，则知其为荆楚故俗旧矣。(《事物纪原》)

打耗 湖州土风，岁十二月，人家多设鼓而乱挝之，昼夜不停，至来年正月半乃止。问其所本，无能知者。但相传云："此名打耗。"打耗云者，言警去鬼祟也。(《演繁露》)

街市所卖 十二月，街市尽卖撒佛花、韭黄、生菜、兰芽、勃荷、胡桃、泽州饧。(《东京梦华录》)

斑皮竹笋 湘源县十二月食斑皮竹笋，诸笋无以及之。(《月令辑要》)

菠薐萝葍 季冬之月，东京花开，梅花盛发，菠薐、萝葍俱可食。间或薄冻下雪，青阳渐畅。(《长乐县志》)

酒蟹 酒蟹，须十二月间作。于酒瓮间撇清酒，不得近糟。和盐浸蟹一宿，却取出于䐡中去其粪秽，重实椒盐讫，叠净器中，取前所浸盐酒，更入少新撇者，同煎一沸，以别器盛之。隔宿候冷，倾蟹中，须令满。(《蟹谱》)

堂花 今京师腊月即卖牡丹、梅花、绯桃、探春诸花，皆贮暖室，以火烘之，所谓"堂花"，又名"唐花"是也。(《居易录》)

赏狍鹿 每至十二月，分赏王大臣等狍鹿。届时由内务府知照，自行领取。三品以下不预也。(《燕京岁时记》)

踢石毬 是月（十二月），小儿及贱闲人以二石毬置前，先一人踢一令远，一人随踢其一，再踢而及之，而中之为胜。一踢即着焉，即过焉，与再踢不及者同为负也。再踢而过焉，则让先一人随踢。其法初为趾踵苦寒设，今遂用赌如博然，有司申禁之不止也。(《日下旧闻考》)

藏冰 雪池冰窖，在北海陟山门内，为诸冰窖之冠，御用取给于此。都城内外，如地安门外火神庙后，德胜门外西，阜成门外北，宣武门外西，崇文门外东，朝阳门外南，皆有冰窖。以岁十二月藏冰，来岁入伏颁冰，各部院官学皆有之。掌以工部司员一人，以数寸之纸印为小票，名"冰票"，为领冰之券。然年久弊生，虽有此票，而给冰绝少，殆不能供一人之需。故亦不复领票，而冰多售于市矣。(《天咫偶闻》)

冰床 京师腊月河冰结时，水面多设冰床，往来络绎，以供行客，其捷如飞，较之坐骑乘车，远胜多矣。(《日下旧闻考》)

赏心乐事 十二月：绮互亭檀香蜡梅，天街阁市，南湖赏雪，安闲堂试灯，湖山探梅，花院兰花，二十四夜饧果食，玉照堂看早梅，除夜守岁。(《武林旧事·张约斋赏心乐事并序》)

◎朱衣象笏，身着红袍，手执牙笏，形容仪态端庄肃敬。朱衣，主考官。笏，古代大臣朝见皇帝时拿的手板，用作记事。◎䏑，腌制的肉干。◎齿位，年龄与官位。◎䐡，蟹腹下面的薄壳。

十二月

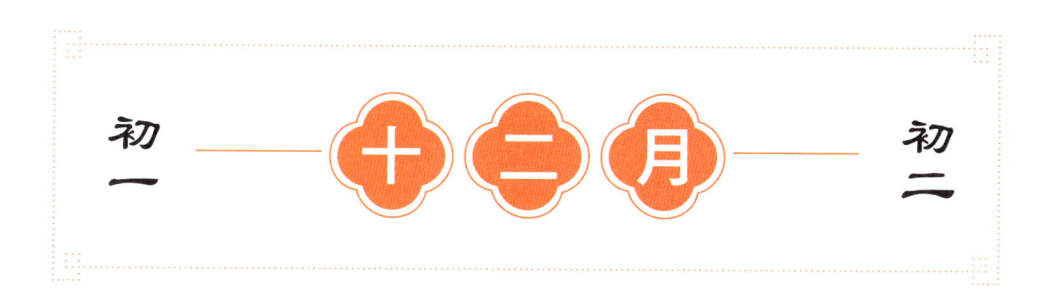

初一　十二月　初二

号佛　十二月一日至岁除夜，小民为疾苦者，奉香一尺，宵行衢中，诵元君号。自述香愿，其声乌乌恻恻，曰"号佛"。行过井，过寺庙，则跪且拜而诵，香尽尺乃归。(《帝京景物略》)

饮蚕　季冬月朔日，忌大寒，有虎灾，喜小寒，为瑞。是日，以井水洗蚕子，曰"饮蚕"。(《古今图书集成》)

驱傩　十二月朔日，傩于街市，饰为鬼神，揭竹枝，鸣锣跃舞。至二十四日止。(《松江府志》)

饮食　十二月初一日起，便家家买猪腌肉。吃灌肠，吃油渣、卤煮猪头、烩羊头、爆煠羊肚、煤铁脚小雀加鸡子、清蒸牛白、酒糟蚶、糟蟹、炸银鱼等鱼、醋溜鲜鲫鱼鲤鱼。钦赏腊八杂果粥米。是月也，进暖洞薰开牡丹等花。(《酌中志》)

放鳌山灯　(宋徽宗)宣和五年(1123)，令都城自腊月初一日放鳌山灯，至次年正月十五日夜，谓之"预赏元宵"。徽宗至日出观之，时有谑词，末句云："奈吾皇不待元宵景色来到，恐后月阴晴未保。"(《天中记》)

妆钟馗　十二月初一日，乞人始偶男女，傅粉墨，妆为钟馗、灶王，持竿剑望门歌舞以乞，亦傩之遗意云。(《常昭合志》)

市卖　腊月朔，街前卖粥果者成市。更有卖核桃、柿饼、枣、栗、干菱角米者，肩挑筐贮，叫而卖之。其次则肥野鸡、关东鱼、野猫、野鹜、豚腊肉、铁雀儿、徽架果罩、大佛花、斗光千张、楼子庄元宝。(《帝京岁时纪胜》)

———

承天节　真宗以十二月二日为承天节。其仪：帝御长春殿，诸王上寿，次枢密

岁华纪胜·大傩

使副、宣徽、三司使，次使相，次管军节度使、两使留后、观察使，次节度使至观察使，次皇亲任观察使以下，各上寿，仍以金酒器、银香合、马、袖表为献。既毕，咸赴崇德殿叙班，宰相率百官上寿，赐酒三行，皆用教坊乐，赐衣一袭，文武群臣、方镇州军皆有贡礼。前一月，百官、内职、<u>牧伯</u>各就佛寺修斋祝寿，罢日以香赐之，仍各设会，赐上尊酒及诸果，百官兼赐教坊乐。（《宋史》）

头牙　十二月初二日，祭土神，谓之"头牙"。（《厦门志》）

饭后换班，赏给饭食　雍正五年十二月初二日上谕：紫禁城内该班之章京兵丁等，俱系饭后换班，著每日赏给一次饭食，将此饭食务令洁净温暖，丰盛适口，于一次饭食之分例，再加半分置办。其监管及造饭人等，如有从中侵蚀者，著严行稽察，重加惩治。特谕。（《钦定八旗通志》）

诗咏：赏红梅　唤渡近衡门，信步南村。薄绵今日觉微温，梅染胭脂先破腊，伴佛黄昏。冷淡许谁论，<u>菜甲</u>篁孙。逢僧闲话半无根，斜日一帘当户卷，曝取<u>朝暾</u>。（清·曹尔堪《浪淘沙·其一·戊寅十二月二日，过智月禅院，时冬燠，红梅盛开》）

◎牧伯，州郡长官。◎菜甲，菜初生的叶芽。◎朝暾，早晨的阳光。

十二月 ◆

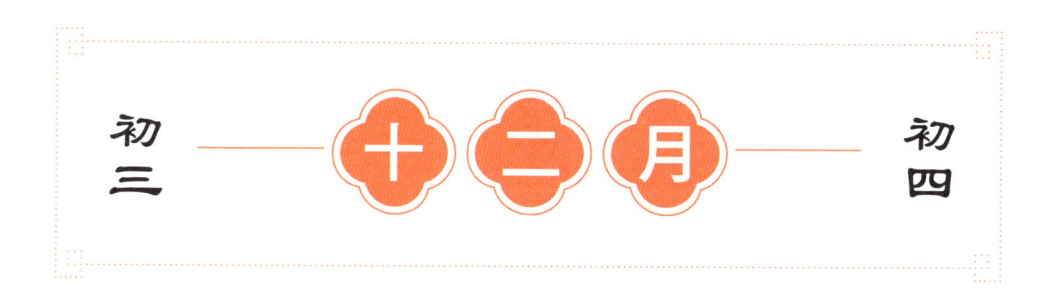

初三 —— 十二月 —— 初四

防火 康熙十八年（1679）十二月初三日，上谕：宫内各处灯火最为紧要，凡有火之处，必着人看守，不许一时少人总管，不时巡察。（《国朝宫史》）

逸事：赐绫袍 （唐）贞元八年（792）十二月三日，赐文武常参官绫袍。（《唐会要》）

诗咏：狮子林听雨 自是城中寺，却忘身在城。俄然万松子，吹作四檐声。我欲远尘世，僧多留客情。聊因佛灯下，听雨到天明。[明王彝《癸丑岁（1373）十二月初四夜宿狮子林听雨有作》]

诗咏：消寒会 严寒风雪成高会，千古江山萃秀灵。往事重提同幻梦，旧游今聚几晨星。大苏入社头俱白，小阮窥人眼自青。江上题襟盛裙屐，儗将佳什写云屏。（清·祝廷华《壬申十二月四日，陶社消寒第一集，分呈众览二十首·其一·缘起》）

◎绫袍，用单色纹绫制成的长衣，唐代官服，以袍色及花纹辨别等级。

十二月 初五 / 初六

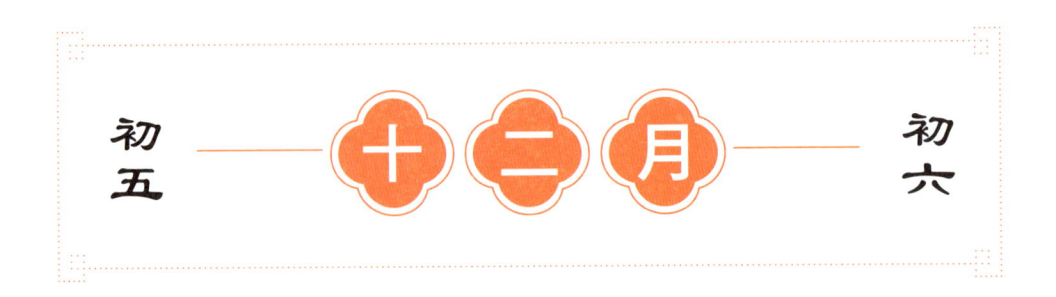

煮五豆粥 十二月五日，和煮稻、黍、果、豆为粥，曰"五豆粥"。八日煮之，曰"腊八"。(《泽州府志》)

食五色煮豆 腊月五日，食五色煮豆。豆者，毒也，食之已五毒。(《朝邑县志》)

诗咏：雪晴 日光玉洁千峰立，快雪晴时一气凝。当昼垆亭摧扫巷，犯寒渔榜借收冰。松皮石裂号饥鼠，窗隙尘消触冻蝇。青茁菜芽浑可爱，倩谁春馐捲红绫。(元·张雨《十二月五日雪晴》)

逸事：临王羲之《至洛帖》 "桓公至洛后有笺。上当书未及还师老。恐有后患也。便可即以问到汝。自度其济否。"（自识）羲之《至洛帖》端雅古劲，盖其暮年更妙，字比《快晴帖》益有胜趣。先臣芾晚岁手临，绍兴丙辰十二月初五日，臣友仁审定。

逸事：契丹来贺 景德二年（1005）十二月五日，宴尚书省五品、诸军都指挥以上、契丹使于崇德殿。时契丹初来贺承天节，择膳夫五人，赍本国异味，就尚食局造食。诏赐膳夫衣服、银带、器帛。(《宋史》)

天仓开日 入山采药，宜天仓、地仓开日。正月一日、二月二十五、三月二十、四月十六、五月十一、六月六、七月二、八月二十五、九月二十一、十月十六、十一月十一、十二月六，此是天仓开日。正月子、二月丑、三月寅、四月卯、五月辰、六月巳、七月午、八月未、九月申、十月酉、十一月戌、十二月亥，此是地仓开日。(《臞仙肘后经》)

十二月 ◆

　　逸事：王羲之家信　　十二月六日告姜道等：岁忽终，感叹情深，念汝不可往。得去十月书，知姜等平安。寿故不平，复悬心。顷异寒。（王羲之《平安帖》帖文）

　　逸事：荐福寺祈福　　（中宗景龙二年，708年）十二月六日，上幸荐福寺，郑愔诗先成，"旧邸三乘辟"是也。宋之问后进，"驾象法王归"是也。（《唐诗纪事》）

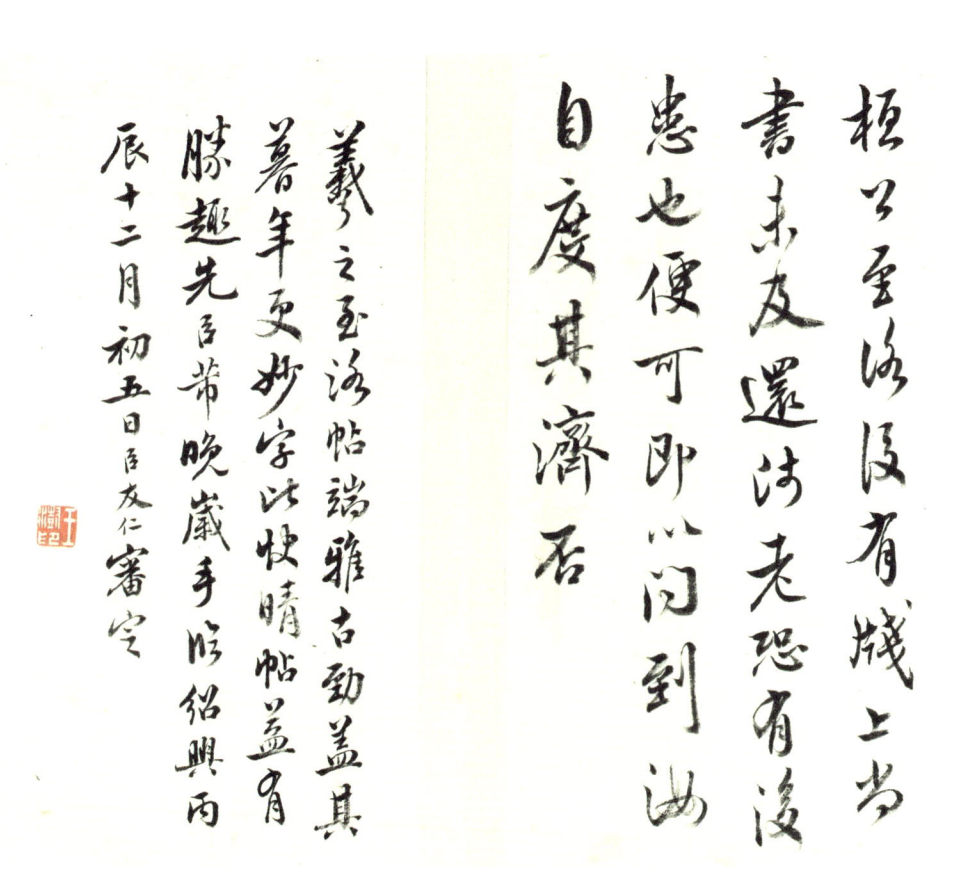

清　王澍书积书岩帖　临米临王羲之至洛帖

◎荐福寺，位于长安城内开化坊。初为萧瑀西园。后瑀子娶襄城公主，乃为公主宅院。文明元年（684）高宗死后百日，宗室贵族于其地建寺，初名大献福寺。天授元年（690）改称大荐福寺。中宗时，大加营饰，成为译经场，义净曾在此译经。日本求法僧圆仁曾访此寺。

367

初七 —— 十二月 —— 初八

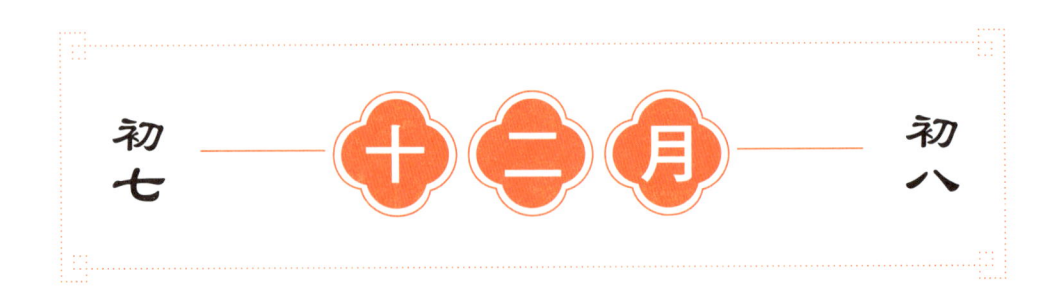

大傩逐疫　十二月先腊一日，大傩逐疫。谚云："腊鼓鸣，春草生。"村人并击细腰鼓，作金刚力士形以逐之。(《祁阳县志》)

逸事：池冰如玉　黄之西南二十里山涧，有观名"延真宫"。唐冲禧卢真君煮药登仙之地也。观有池，绍圣四年十二月初七日，夜大寒。池冰凝合。黎旦视之，冰中有色累累如贯珠玉，皆成物形，细碎不可殚数，其间层级隐映，为佛塔、为香炉者，状殊明察。(《登州府志》)

——

佛成道日　十二月八日，乃释迦佛成道日，家作腊八粥，好善者施粥于通衢。(《淄川县志》)

法会　十二月初八日，寺僧多建法会，以杂蔬果作糜粥，要诸檀施饮之。(《怀宁县志》)

报赛蜡神　腊八日，民间报赛蜡神。(《博兴县志》)

嘉平日　(武昌府崇阳县)十二月八日，俗称"嘉平日"。寺僧以果入糜粥，邀檀越食之，谓之"腊八粥"。俗亦效之，是日食素。(《古今图书集成》)

牛本命　(十二月八日)蜡祭，报先农，献谷果肴菜，以告成功，俗以纸画百神焚之，谓之"纸马"，亦索而享之也……是日，为牛本命，陈牲酒祭其神，即为犒牧人。耕牛少者补，病者易，预为春耕之计。(《节序同风录》)

腊八粥　腊八粥者，用黄米、白米、江米、小米、菱角米、栗子、红江豆、去皮枣泥等，合水煮熟，外用染红桃仁、杏仁、瓜子、花生、榛穰、松子，及白糖、红糖、琐琐葡萄，以作点染。切不可用莲子、扁豆、薏米、桂元，用则伤味。每至腊七日，则剥果涤器，终夜经营，至天明时则粥熟矣。除祀先供佛外，分馈亲友，不得过午。并用红枣、桃仁等制成狮子、小儿等类，以见巧思。（《燕京岁时记》）

不歇枝 （腊月）八日，煮肉糜荐祖先、送邻舍、抛糜花木，俗谓"不歇枝"。（《咸宁县志》）

蒸粉鳖手 （句容县）十二月八日，食腊粥，酿腊酒，蒸粉为假鳖手，拌肉修蜡祭，致秋报。祭毕，颁胙于乡党姻戚。（《古今图书集成》）

作石冻春酒 （十二月）八日，肉果作粥，名"腊八粥"，是日作酒，曰"腊脚"，石冻春此日造。（《富平县志》）

剃头穿耳 十二月，以井水饮蚕子。八日，童男剃头，童女钤耳。（《丰润县志》）

窖冰 腊八日，御河起冰贮窖，通河运冰贮内窖，太液池起冰贮雪池冰窖，开谚门运之。各门护城河打冰，于河边修土窖贮之，夏日出易甚便。（《帝京岁时纪胜》）

太平腊鼓

◎细腰鼓，亦名腰鼓，鼓首大而腰细。汉魏时用之，大者用瓦制，小者用木制。
◎谚门，古代冰室的门。

十二月　初九 — 初十

逸事：置漳州　漳州，垂拱二年（686）十二月九日置。天宝元年（742），改为漳浦郡。旧属岭南道，天宝割属江南东道。乾元元年（758），复为漳州。（《旧唐书》）

逸事：修蒲津桥　（唐玄宗）开元九年（721）十二月九日，增修蒲津桥，组以竹䈽，引以铁牛，命兵部尚书张说刻石为颂。（《唐会要》）

逸事：神光立雪　时有僧神光者，旷达之士也。久居伊洛，博览群书，善谈玄理。每叹曰："孔老之教，礼术风规，《庄》《易》之书，未尽妙理。近闻达磨大士住止少林，至人不遥，当造玄境。"乃往彼晨夕参承。师常端坐面墙，莫闻诲励。光自惟曰："昔人求道，敲骨取髓、刺血济饥、布发掩泥、投崖饲虎。古尚若此，我又何人？"其年十二月九日夜，天大雨雪。光坚立不动，迟明积雪过膝。师悯而问曰："汝久立雪中，当求何事？"光悲泪曰："惟愿和尚慈悲，开甘露门，广度群品。"（《景德传灯录》）

诗咏：小雪　夜来急雪打船窗，今夜推窗月满江。堪恨无情一枝橹，水禽惊起不成双。（宋·陆游《十二月十日暮小雪即止二首·其一》）

◎蒲津桥，战国秦昭襄王五十年（前257）初作河桥于蒲津，其后西魏、隋、唐皆在此连舟为浮梁。《新唐书》记："铸八牛，牛有一人策之，牛下有山，皆铁也，夹岸以维浮梁。"唐以前称河桥，唐始称蒲津桥。◎伊洛，伊水与洛水。两水汇流，多连称。这里指伊水、洛水之间。◎达磨大士，菩提达磨，又称菩提达摩。佛传禅宗第二十八祖，中国禅宗始祖。◎至人，达到无我境界的人。◎甘露门，如来之教法。甘露，涅盘之譬喻。◎群品，佛教语，指众生。

十二月

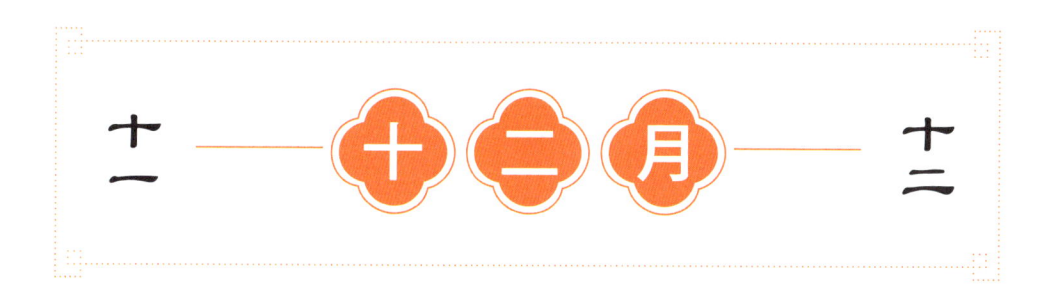

市卖 （腊月）初十外则卖卫画、门神、挂钱、金银箔、锞子黄钱、销金倒西、马子烧纸、玻璃镜、窗户眼。请十八佛天地百分。钱店银号兑换压岁金银小梅花海棠元宝。(《帝京岁时纪胜》)

逸事：雪天暂乘车轿 故事，百官入朝，并乘马，政和三年（1113）十二月十一日，以雪滑，特许暂乘车轿，不得入宫门，候路通，依常制。(《云麓漫钞》)

百福日 十二月十二日，太素三元君朝真，谓之"百福日"。(《道经》)

蚕生日 （十二月）十二日，名"蚕生日"，浴蚕种。(《武康县志》)

蚕花忏、送蚕花 俗于腊月十二日、二月十二日，礼拜经忏，谓之"蚕花忏"。僧人亦以五色纸花施送，谓之"送蚕花"。(《吴兴蚕书》)

茧圆 腊月十二俗传为蚕生日，作粉饵祀灶，呼曰"茧圆"。(《濮院志》)

秣圆祀灶 十二日，俗谓之"蚕生日"。家家浴蚕种，屑秣为圆以祀灶。(《归安县志》)

藏蚕子 腊月十二日，养蚕之家，各以盐卤、茄灰薰揉蚕子，藏之谷壳中，至二十四日，则出之浴于川，以待春至。(《海宁县志》)

蚕浴 凡蚕用浴法，唯嘉、湖两郡，湖多用天露石灰，嘉多用盐卤水。每蚕纸一张，用盐仓走出卤水二升，参水浸于盂内，纸浮其面，石灰仿此。逢腊月十二即浸浴至二十四日，计十二日周，即漉起，用微火炡烘，从此珍重箱匣中，半点风湿不受，直待清明抱产。(《天工开物》)

浴蚕

十二月

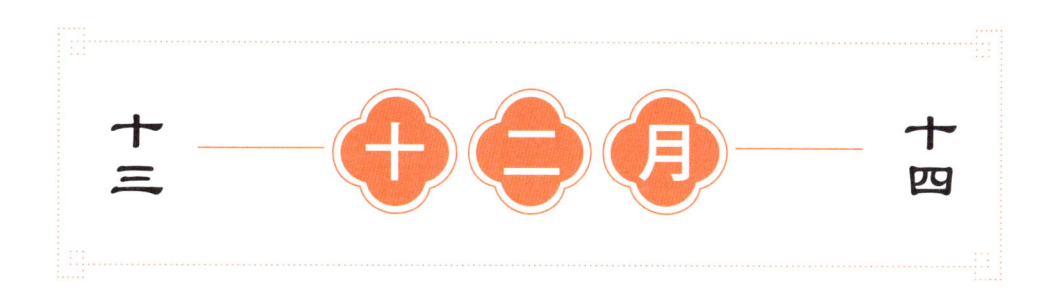

十三 — 十二月 — 十四

逸事：八旗无依孤女，给与钱粮米石 乾隆四十三年（1778）十二月十三日，上谕：昨据副都统纳木扎尔奏请八旗无依孤女，照养赡孤寡例给与钱粮。养赡一事，已交八旗大臣议奏矣。朕思八旗孤寡并无依倚，甚属可悯，是以从前俱加恩给与钱粮，以为养赡。是孤女即寓于孤子内，自应一体办给。今所有孤女并未入于孤子之内给与钱粮者，系八旗大臣原办时遗漏，著不必交八旗王大臣议奏。嗣后八旗所有无依孤女，即照孤子一体给与钱粮米石，俟出嫁后裁汰。（《钦定八旗通志》）

诗咏：宋真宗赐宴 向夕同云布海涯，丰年呈瑞在京华。相如赋就梁王苑，穆满歌传阿母家，农亩三冬偏积润，朝衣六出旋成花。天恩锡宴醉归处，几里香街覆玉沙。（宋·杨亿《十二月十四日大雪就赐近臣宴饮即事》）

逸事：月食 后梁太祖开平四年（910），十二月十四日夜，先是，司天奏："是日月食，不宜用兵。"时王景仁方总大军北伐，追之不及。至五年（911）正月二日，果为后唐庄宗大败于柏乡。（《旧五代史》）

逸事：和岘献议 （乾德三年，965）是岁十二月十四日戊戌腊，有司以七日辛卯蜡百神，岘献议正之。（《宋史》）

◎和岘（933—977），河南开封人，宋初文学家。

十二月 十五 十六

散学 每年以正月二十日开学,至小暑节散学,为第一学期。立秋后六日开学,至十二月十五日散学,为第二学期。学生赏罚,由教员、监学摘出,监督核定。赏分三种:曰语言奖励,曰名誉奖励,曰实物奖励。罚分三种:曰记过,曰禁假,曰出堂。学生以端饬品行为第一要义,监督、监学及教员随时稽察,详定分数,与科学分数合算。(《清史稿》)

祭厕姑 十二月十六日,妇女祭厕姑,男子不得至。(《吴郡志》)

入安居 诸僧徒以十二月十六日入安居,三月十五日解安居,斯乃据其多雨,亦是设教随时也。(《大唐西域记》)

做尾牙 十二月十六日,各铺户商业及人家皆备牲醴以供神,名曰"做尾牙"。凡商业雇工,任其豪饮尽醉。计一年之间,二月二日、八月中秋、十二月十六日三次而已。自是日起,各庙宇中门皆闭而不开,谓神已于十五封印不莅事。至明年正月初一日始开庙门。(《安平县杂记》)

饮尾压酒 腊月既望,各市廛竞餍酒肉,曰"尾压"。秋成报赛,曰"做年",亦曰"做田"。禾稼登场,佣工者无以自食,多去而为盗。故每岁十月后,尤重巡防。至腊月望日,饮尾压酒,乃无事也。(《台湾杂咏合刻》)

中腊、星回节、祭鲁班 是日(十二月十六)为"中腊",合享始祖、未毁庙之主及高曾祖父,曰"袷祭",又曰"索享"。取雉兔野味献之,曰"星回节",俗名"腥荤节",言得肉食也。工匠祭鲁班,曰"请祖师",修理工作器皿。午食腊团,蒸麦、荞、黍、粱、糯五面,合为玳瑁团,以五果五菜为馅,祀神,毕,合家

十二月

食之。合宗族享祭余。设五素五氆，宴宗族。五素曰凉粉、豆腐、面筋、腐皮、粉皮，五氆曰鹿、豕、獾、狸、兔，素合一器，氆合一器。正午浴身，曰"消魔障"。结伴连骑，挟弓矢火具，戎服盛威，大猎。医家配合药剂，以虎头丹、八神丸、敷于散、屠苏散、辟瘟丹、苍术、商陆等，封以绛囊馈各家，谓之"腊药"，收者酬以节食。巫道送赤灵符及拜年疏，亦酬以节食。散家人口脂、面药、头膏、香皂、香粉、沤浆，盛以碧盒、牙筒、翠管、银罂。傍晚令童子六人敲细腰鼓，戴狐女头，及扮金刚力士，以逐祟，曰"嗔拳笑面"，中傩也。悬猪脂油于厕，则夏月无蝇，悬鳜鱼效同。(《节序同风录》)

鲁班

◎入安居，佛教语。古印度在每年五月至八月雨期内，禁僧尼外出，谓外出易伤草木虫蚁，应居在寺内坐禅讲经，安受供奉，即入安居，又称结夏。雨季不同，入安居时间不同。◎封印，封存官印，表示停止办公，为古代官署的年假。清代官署延为一个月，自十二月下旬至次年正月下旬，一个月中为各单位停止办公的时期。

十二月 十七 十八

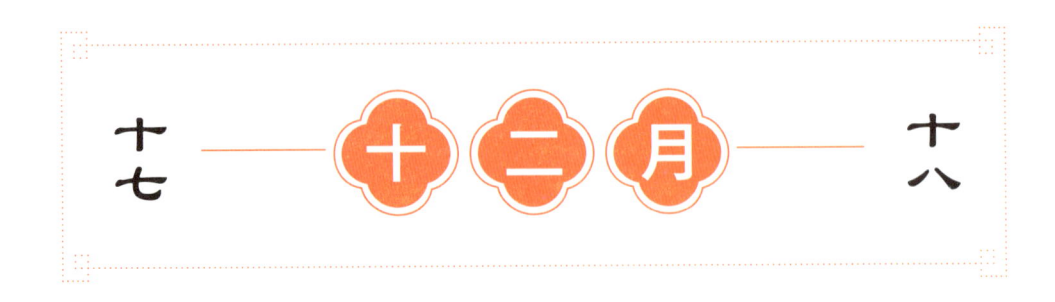

脱旧灾，迎新福 每岁十二月十六日以后，选日，用白黑羊毛为线，帝后及太子自顶至手足，皆用羊毛线缠系之，坐于寝殿。蒙古巫觋念咒语，奉银槽贮火，置米糠于其中，沃以酥油，以其烟熏帝之身，断所系毛线，纳诸槽内，又以红帛长数寸，帝手裂碎之，唾之者三，并投火中。即解所服衣帽付巫觋，谓之"脱旧灾，迎新福"云。(《元史》)

呼累朝御名而祭 每岁九月内及十二月十六日以后，于烧饭院中，用马一、羊三、马湩、酒醴、红织金币及里绢各三匹，命蒙古达官一员，偕蒙古巫觋，掘地为坎以燎肉，仍以酒醴、马湩杂烧之。巫觋以国语呼累朝御名而祭焉。(《元史》)

诗咏：赏山茶 追趁新晴管物华，马蹄松快帽檐斜。天南腊尽风曦雪，冰下春来水漱沙。已报主林催市柳，仍从掌故问山茶。丰年自是驩声沸，更著牙前画鼓挝。[宋·范成大《(1175年)十二月十八日海云赏山茶》]

山茶

◎驩声，欢呼的声音。驩，通欢。

十二月

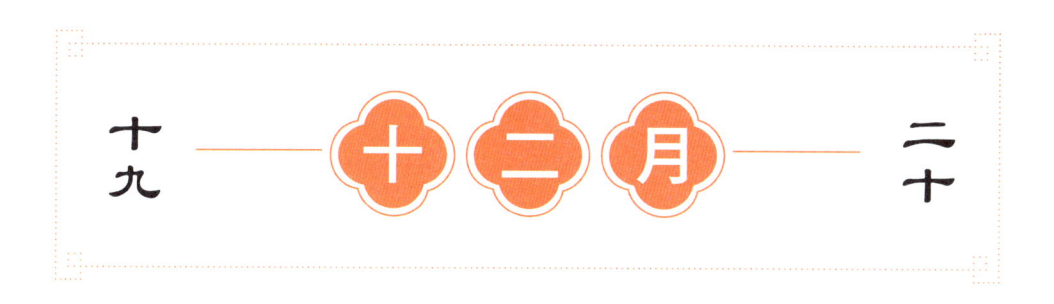

十九 —— 十二月 —— 二十

封印　每至十二月，于十九、二十、二十一、二十二四日之内，由钦天监选择吉期，照例封印，颁示天下，一体遵行。封印之日，各部院掌印司员必应邀请同僚欢聚畅饮，以酬一岁之劳。故每当封印已毕，万骑齐发，前门一带，拥挤非常，园馆居楼，均无隙地矣。印封之后，乞丐无赖攫货于市肆之间，毫无顾忌，盖谓官不办事也。（《燕京岁时记》）

逸事：苏东坡生日　元丰五年（1082）十二月十九日，东坡生日也。置酒赤壁矶下，踞高峰，俯鹊巢。酒酣，笛声起于江上，客有郭、石二生，颇知音。谓坡曰："笛声有新意，非俗工也。"使人问之，则进士李委闻坡生日，作新曲曰《鹤南飞》以献。呼之使前，则青巾紫裘、要笛而已。既奏新曲，又快作数弄，嘹然有穿云裂石之声，坐客皆引满醉倒。委袖出佳纸一幅，曰："吾无求于公，得一绝句足矣。"坡笑而从之："山头孤鹤向南飞，载我南游到九疑。下界何人也吹笛，可怜时复犯龟兹。"（《苏轼诗集》）

逸事：作生日会　毕秋帆先生自陕西巡抚移镇河南，署中筑嵩阳吟馆，以为宴客之所。先生于古人中最服苏文忠，每到十二月十九日，辄为文忠作生日会。悬明人陈洪绶所画文忠小像于堂上，命伶人吹玉箫铁笛，自制《迎神》《送神》之曲，率领幕中诸名士及属吏门生，衣冠趋拜，为文忠公寿。拜罢，张宴设乐，即席赋诗者数百家，当时称为盛事。（《清代名人逸事·风趣类》）

送神　十二月二十日，俗传百神以是日登天，凡宫庙人家，各备茶果牲醴以祭，是之谓"送神"。（《台湾县志》）

诗咏：卢姊生辰　谈围曾蔽青绫帐。林下中年敦素尚。烟波偶趁一帆风，却锁云肩来就养。自从悟得空无相。身把虚空来作样。大千沙界抹为尘，未比无生真寿量。（宋·葛胜仲《木兰花·十二月二十日卢姊生辰》）

陈洪绶绘苏轼浣书

◎毕沅（1730—1797），江苏镇洋人，字缥蘅，一字秋帆，小字潮生，自号灵岩山人。乾隆二十五年（1760）一甲一名进士，授修撰，官至湖广总督。通经史小学金石地理之学，无所不通。续司马光书，成《续资治通鉴》。又有《传经表》《经典辨正》《灵岩山人诗文集》等。

十二月

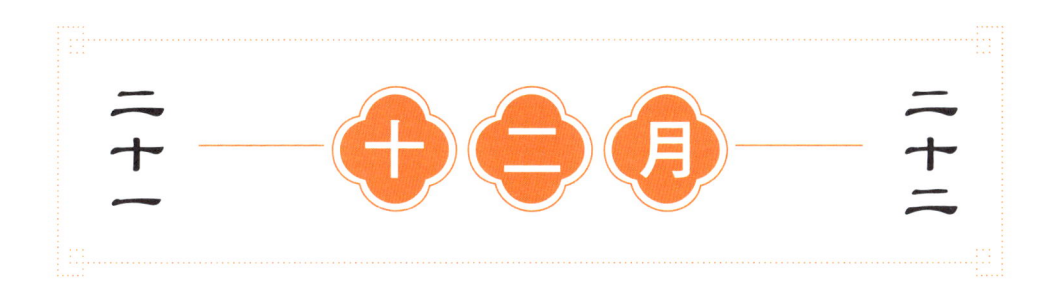

二十一 — 十二月 — 二十二

市卖 （腊月）廿日外则卖糖瓜、糖饼、江米竹节糕、关东糖。糟草炒豆，乃廿三日送灶饷神马之具也。又有卖窑器者，铜银换瓷碗，京烧之香炉烛台；闷葫芦，小儿藉以存钱；支熰瓦，灶口用为助爨。（《帝京岁时纪胜》）

行岁暮致祭礼 十二月二十一日，行岁暮致祭礼（因斋戒改期）。陈羊酒馔筵、楮帛，如数齐集，读文致祭，仪与冬至同。（《钦定大清会典则例》）

诗咏：雪中早朝 海风水群飞，中夜满城雪。闻鸡倒衣起，犹谓庭下月。出门望天地，高下同莹洁。念非汗漫期，驱马正迷辙。我本江湖人，云端想华阙。今来恍自失，旅唱空愁绝。（宋·刘敞《十二月二十一日雪中早朝》）

挂春联 一是腊月二十二日必需把春联挂好。不说贴春却说挂春联，因为王府的春联是裱糊在一个长条形有方格子的框架上的成物，每年用时，往固定的位置一挂就行了。但在二十二日悬挂之前，必需经过一番整理。所谓整理，亦无非是修修补补，费工不多。（《王府生活实录》）

逸事：甜羹润笔 （宋徽宗）政和元年（1111）十二月二十二日，积雪初霁，希韩、德循携茶相期于天宁圆若虚首座之天竺轩。希韩出此纸见邀作字，辄以是应之。既终，二君又作山药、芋头、萝卜、晚菘，号"甜羹"为润笔，真一段佳事。（宋·李之仪《姑溪居士前集》）

◎倒衣，因急促外出而倒穿衣裳。◎汗漫，漫无边际。
◎晚菘，秋末冬初的大白菜。

十二月 二十三 二十四

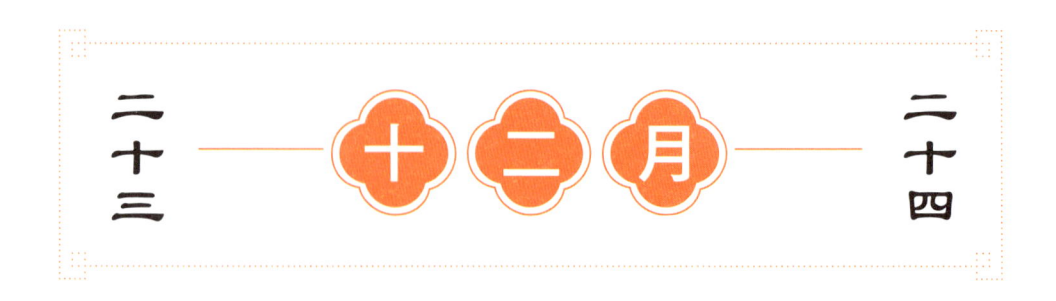

小年 腊月廿四，俗呼为"小年"，至夕具糖饴祀灶，亦有二十三日者。年终亲友互相馈遗，曰"送年"。母家以果饼之类遗女家，谓之"逻年"。(《上高县志》)

祀灶 （十二月）二十三日夜，供茶果、饼饵、草豆以祀灶。祭毕，焚之，燃灶灯，俗谓"焚馀"。饼饵与襁褓小儿食之，谓"压惊"。(《钟祥县志》)

辞灶 腊月二十三日，辞灶，盖沿汉殷子春祠灶之讹，子春以腊日祠灶，灶神见，遂致巨富，而"祠""辞"同音，因于是，夕具荤豆为灶神，秣马以饯神。朝上帝而又必用饴糖，云以胶神唇口，使见帝不言人家是非，虽士大夫家，皆然。(《寿光县志》)

赶阑岁 （腊月）二十三日晚祭灶神，曰"辞灶"，必用糖瓜黏糕。自是至除夕，涓吉扫舍，人多乘时婚娶，曰"赶阑岁"。(《吴桥县志》)

打埃尘 腊将残，择宪书宜扫舍宇日，去庭户尘秽。或有在二十三日、二十四日及二十七日者，俗呼"打埃尘"。蔡云《吴歈》云："茅舍春回事事欢，屋尘收拾号除残。太平甲子非容易，新历颁来仔细看。"(《清嘉录》)

小除夕 十二月二十四日，为小除夕，祀灶用巫。自此至除夕，家集少长欢饮，谓之"团年"。放炮击鼓，谓之"闹年鼓"。(《大冶县志》)

交年 十二月二十四日，谓之"交年"。民间祀灶以胶牙饧、糯米、花糖、豆糖团为献。丐者涂抹变形，装成鬼判，叫跳驱傩，索乞利物。人家各换桃符、门神、春帖、钟馗、福禄、虎头、和合诸图，粘贴房壁。买苍术、贯众、辟瘟丹、柏枝、彩花以为除夕之用。自此街坊箫鼓之声，铿锵不绝矣。僧道作交年疏、仙米汤，以

十二月 ◆

黄羊祀灶

土锉酬神

381

送檀越。医人亦送屠苏袋、同心结及诸品汤剂于常所往来者。(《西湖志》)

祭灶　（十二月）廿四日，以糖剂饼、黍糕、枣栗、胡桃、炒豆祀灶君。以槽草秣灶君马，谓灶君翌日朝天去，白家间一岁事。祝曰："好多说，不好少说。"《（礼）记》称灶老妇之祭，今男子祭，禁不令妇女见之。祀馀糖果，禁幼女不令得啖，曰啖灶馀，则食肥腻时口圈黑也。(《帝京景物略》)

跳灶王　十二月二十四日，谓之"交年"。是日扫屋尘，名曰"除残"。丐者涂抹变形，装成男女鬼判，嗷跳驱傩，索乞钱财，俗呼"跳灶王"。又有敲金瓶之祝，皆以逐疫鬼。是夕祀灶，品用荤及糕、豆、饧饼，以为灶神言人过于天帝，故祷之，兼取胶牙之意。祭毕，则以燕火炉于门外，杂楮钱焚之，谓之"送灶"。是夕早寝，以为行瘟，故安静以避之。(《嘉定县志》)

贴窗花　（十二月二十四）裁明瓦、琉璃、云母片、画作五色花鸟，嵌之卧室窗棂，内能见外，外不能窥内，曰"花户油窗"。巧女剪花贴窗，曰"窗花儿"。(《节序同风录》)

照田蚕　（十二月）二十四日，扫屋尘，曰"除残"。至夕，田间燃长炬，名曰"照田蚕"。各家祀灶，以灯篝为灶神之座，积薪焚之，火光如昼。群集子游墓上眺望，云看万家烟火。(《常昭合志》)

红饭祀床　（腊月）二十四日……各家作玛瑙团祀灶，云"送灶"……燃火炉，好事者或登高望之，云看万家烟火也。或持斋作红饭，以祀床，燃苍术以解疫。(《无锡县志》)

乱丝　十二月二十四日，扫舍宇，凡有所为，不择宪书，多嫁娶，谓之"乱丝"。(《清嘉录》)

放炮　乾清宫丹墀内，自（腊月）二十四日起至次年正月十七日止，每日昼间放炮，遇风大，暂止一日半日。其安放鳌山灯扎烟火。凡遇圣驾升座，伺候花炮。圣驾回宫，亦放大花。前导皆内官监职掌。其前导摆对之滚灯，则御用监灯作所备者也。(《酌中志》)

◎殷子春，应为阴子方，《后汉书·阴识传》："宣帝时，阴子方者至孝有仁恩。腊日晨炊，而灶神形见，子方再拜受庆；家有黄羊，因以祀之。自是已后，暴至巨富。至识三世，而遂繁昌，故后常以腊日祀灶而荐黄羊焉。"

十二月 ◆

苇棚卖画

花簇油窗

十二月 二十五 / 二十六

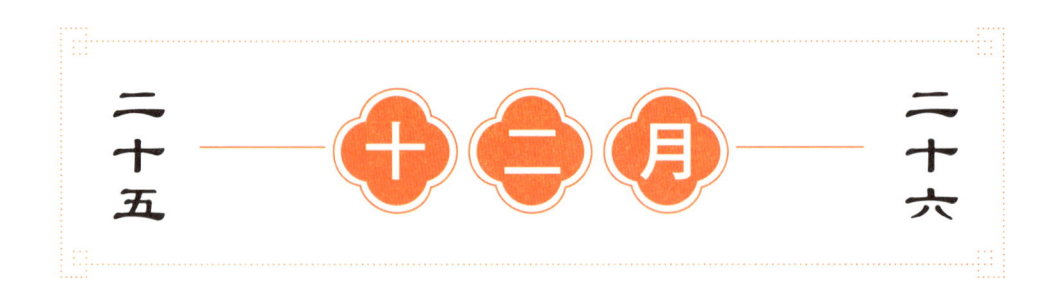

接玉皇 十二月二十五日……是日夙兴，持斋诵经，烧烛拈香。俗传天帝降世，察人善恶，故以此迎之，谓之"接玉皇"。(《嘉定县志》)

燃火炉 （十二月）二十五日，家户多持清斋，云为玉皇下降日。门外燃火炉，焰高者喜，古谓之"粞盆"。(《常昭合志》)

荐菜花 （沾化县）十二月二十五日，亲友互为岁馈，盘榼相望。聘女家加帛或鲜衣，荐菜花数十枝，曰"送花"。(《古今图书集成》)

年头禁 （永康县）十二月二十五日，谓之"年头禁"，是日不出财。以赤豆和米煮粥，曰"蚕花粥"，云食之利养蚕。自此连日为酒食相邀饮，曰"分岁"。洒扫沐浴，用被不祥。选日具牲，命僧道或师巫祀神于中堂，曰"送年"。(《古今图书集成》)

乱岁日 （十二月）廿五日，俗传为上帝下界之辰。因廿三日送灶上天，奏人间一年之善恶，故上帝于廿五日下界，稽查臧否，降之祸福。故世人于是日谨起居，慎言语，戒饬小儿毋得詈骂恶言，恐招不祥……廿五日至除夕，传为"乱岁日"，因灶神已上天，除夕方旋驾，诸凶煞俱不用事，多于此五日内婚嫁，谓之"百无禁忌"。(《帝京岁时纪胜》)

人口粥 （十二月）二十五日，士庶家煮赤豆粥祀食神，名曰"人口粥"，有猫狗者亦与焉。不知出于何典。考之此月，虽无节序，而豪贵之家，如天降瑞雪，则开筵饮宴。塑雪狮、装雪山以会亲朋，浅斟低唱，倚玉偎香。或乘骑出湖边，看湖山雪景，瑶林琼树，翠峰似玉，画亦不如。诗人才子遇此景，则以腊雪煎茶，吟诗咏曲，更唱迭和。或遇晴明，则邀朋约友，夜游天街，观舞队以预赏元夕。岁旦在迩，席铺百货，画门神桃符、迎春牌儿，纸马铺印钟馗、财马、回头马等，馈与主顾。更以苍术、小枣、辟瘟丹相遗。如宫观羽流,以交年疏、仙术汤等送檀施家。医师亦馈屠苏袋,以五色线结成四金鱼同心结子,或百事吉结子,并以诸品汤剂送与主顾第宅,受之悬于额上,以辟邪气。街市扑买锡打春幡胜、百事吉斛儿,以备元旦悬于门首,为新岁吉兆。其各坊巷叫卖苍术、小枣不绝。又有市爆杖、成架烟火之类。(《梦粱录》)

十二宫悬宫训图　皎洁春联玉版铺,神荼郁垒换新符。千门万户皆春色,十二宫悬宫训图。岁十二月二十六日,张挂春联门神,用白色玉版宣裱成,南齐翰林所书。同日,十二宫悬宫训图:景仁宫《燕姞梦兰》,承乾宫《徐妃直谏》,钟粹宫《许后奉案》,延禧宫《曹后重农》,永和宫《樊姬谏猎》,景阳宫《马后练衣》,永春宫《班姬辞辇》,翊坤宫《昭容赋诗》,储秀宫《西陵教蚕》,启祥宫《姜后脱簪》,长春宫《太姒诲子》,咸福宫《婕妤当熊》。(《清宫词》)

冯媛当熊(局部)

十二月 二十七 二十八

斋沐 岁暮斋沐，多于廿七、八日。谚云："二十七，洗疢疾；二十八，洗邋遢。"(《帝京岁时纪胜》)

跳布扎、打鬼 十二月二十九或二十七、八等日，中正殿前殿设供献，并设冠袍带履诸物。圣驾御小金殿，喇嘛一百八十四人，手执五色纸旗，旋转唪《护法经》。又有喇嘛扮二十八宿神及十二生相。又扮一鹿，众神获而分之，当是得禄之义。殿侧束草为偶，佛事毕，众喇嘛以草偶出，至神武门外送之，盖即古者大傩逐厉之义。清语谓之"跳布扎"，俗谓之"打鬼"。或云以面为人，非草也。(《养吉斋丛录》)

逸事：赐福 江西甘庄恪公汝来，以吏部主事，蒙宪皇帝特旨，擢广西太平府知府，十二月二十七日请训。是日，上赐九卿"福"字，随同九卿传进，以次赐毕，呼甘进案前，连书二"福"字，谕令带赐粤西总、提督各一，又书一"福"字赐甘。(《清代名人轶事》)

唪迎新年喜经 又(十二月)二十八日、二十九日、三十日，以三十六人在(中正)殿前唪迎新年喜经。(《养吉斋丛录》)

逸事：进奉 (南宋)淳熙七年(1180)十二月二十八日，南内遣御药并后苑官管押进奉两宫守岁合食、则剧、金银钱、消夜岁轴果儿、锦历、钟馗、爆仗、羔儿、法酒、春牛、花朵等。(《武林旧事》)

◎南内，南宋皇帝居住的地方。◎则剧，供作玩赏的什物。◎法酒，宫廷宴饮时所饮的酒。

十二月

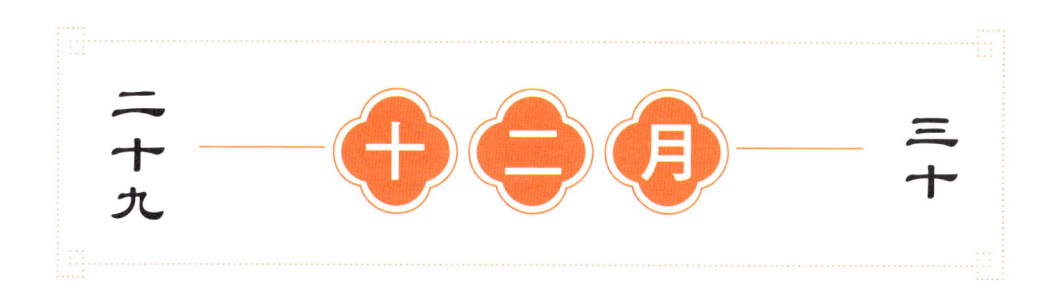

二十九 — 十二月 — 三十

剥鬼皮 十二月二十九或三十，各家盛举辞年，奉祀祖先。吃毛芋头，谓之"剥鬼皮"。（《普宁县志略》）

岳飞忌日 （绍兴十一年，1141年）十二月二十九日癸巳，岳飞死于大理寺狱中。（《三朝北盟会编》）

祭岳飞 忠烈庙在栖霞岭下，俗称岳王庙，《万历杭州府志》祀宋少保岳武穆王飞……洪武四年（1371），正祀典称宋少保武穆岳鄂王，即寺址复建，祭以岁十二月二十九日。（《西湖志纂》）

年炉 除夜，换挑符、易门神，祀神及祠堂，束爆竹、松薪之类，焚于中庭，谓之"年炉"。（《嘉善县志》）

祀祖 除夕祀祖，家人聚饮，曰"团年酒"，围坐达旦，曰"守岁"。相遗以物，曰"馈岁"。易桃符，小儿卖痴呆。此粤俗大较也。（《广东通志》）

卖痴呆 吴人自相呼为"呆子"，又谓之"苏州呆"。每岁除夕，群儿绕街呼叫云："卖痴呆！千贯卖汝痴，万贯卖汝呆。见卖尽多送，要赊随我来。"（《古今谭概》）

卖懒 除夕祀先祠，食蚬，小儿啖熟鸭卵，掷其壳于门外，群唱曰"卖懒"。（《东莞县志》）

进傩 岁除日，进傩，皆作鬼神状。内二老儿，傩公、傩母。（《秦中岁时记》）

辞岁 凡除夕，蟒袍补褂走谒亲友者，谓之"辞岁"。家人叩谒尊长，亦曰"辞岁"。新婚者必至岳家辞岁，否则为不恭。（《燕京岁时记》）

上灯 除夕除旧物，易桃符，凿黄纸为钱，用红纸书春联，贴大门、堂室。蒸

春帖偹书

围炉守岁

米为岁饭，盛馔荐先祀灶，谓之"辞年"。放爆竹以避寒迎燠，老幼围炉守岁，房厨灯烛，彻夜不断，谓之"上灯"。(《封域志》)

聒厅 至除夕，则比屋以五色纸钱、酒果，以迎送六神于门。至夜，烛糁盆，红映霄汉，爆竹鼓吹之声，喧阗彻夜，谓之"聒厅"。小儿女终夕博戏不寐，谓之"守岁"。又明灯床下，谓之"照虚耗"。(《武林旧事》)

跐岁 除夕自户庭以至大门，凡行走之处，遍以芝麻秸撒之，谓之"跐岁"。(《燕京岁时记》)

分岁 岁节祭馂用，除夜祭毕，则复爆竹，焚苍术及辟瘟丹。家人酌酒，名"分岁"。食物有胶牙饧、守岁盘。夜分祭瘟神，易门神、桃符之属。夜向明，则持杖击灰积，有祝词，谓之"打灰堆"。盖彭蠡庙中如愿故事，吴中独传。(《吴郡志》)

焚纸人 纸画代人，未知起于何时，今世祷禳者用之。板刻印染，肖男女之形，而无口。北方之俗，岁暮则人画一枚，于腊月廿四夜佩之于身，除夕焚之。(《通俗编》)

灶卦 永安岁除夕，妇人置盐米灶上，以碗覆之，视盐米之聚散，以卜丰歉，名曰"祝灶"。男子则置水釜旁，粘"东""西""南""北"字，中浮小木，视木端所向，以适其方，又审何声气，以卜休咎，名曰"灶卦"。(《南越笔记》)

守岁 除日，禁中呈大傩仪，并用皇城亲事官、诸班直，戴假面，绣画色衣，执金枪、龙旗。教坊使孟景初，身品魁伟，贯全副金镀铜甲，装将军。用镇殿将军二人，亦介胄，装门神。教坊南河炭，丑恶魁肥，装判官。又装钟馗、小妹、土地、灶神之类，共千余人，自禁中驱祟出南熏门外，转龙弯，谓之"埋祟"而罢。是夜，禁中爆竹山呼，声闻于外。士庶之家，围炉团坐，达旦不寐，谓之"守岁"。(《东京梦华录》)

拒瘟 除夕，易桃符，贴春联，剪红纸葫芦于牖户，曰"拒瘟"。爆竹彻夜，焚松柏枝，令烟满院宇，曰"怄祟"。拜祖父遗像或木主，荐以时食。祭毕，卑幼拜长老，曰"辞岁"。具酒食，阖家聚饮，曰"守岁"。(《直隶遵化州志》)

粜盆 除夕，各家于街心烧火，杂以爆竹，谓之"粜盆"。视其火色明暗，以卜来岁祲祥。(《夜航船》)

喂鼠饭 (武进县)岁除，喂鼠饭，饭一盂，益以鱼肉，置之奥窨处，而祝之曰："鼠食此，毋耗吾家。"(《古今图书集成》)

祭长恩　司书鬼名曰"长恩",除夕呼其名而祭之,鼠不敢啮,蠹鱼不生。(《夜航船》)

杀黑鸭、烧纸虎　除夕,杀黑鸭以祭神,谓其压除一岁凶事。为纸虎,口内实以鸭血或猪血、生肉,于门外烧之,以禳除不祥。(《绩修台湾府志》)

隔年菜、隔年饭　除夕,煮芥菜一盂,置几上,曰"隔年菜"。饭一碗,插以红草花,置案头,曰"过年饭"。蒸糕,曰"年糕"。是夕,张灯祀事,饮酒,放爆竹,曰"辞年"。先期以物相馈,曰"送年"。(《淡水厅志》)

黄纸朱书"天行已过"　又云:除夜有行瘟使者降于人间,以黄纸朱书"天行已过"四字,贴于门额,吉。(《遵生八笺》)

丢百病　岁暮,将一年食馀、药饵,抛弃门外,并将所集药方,拣而焚之,名"丢百病"。(《帝京岁时纪胜》)

祭诗文　贾岛常于岁除,取一年所作诗文,以酒脯祭之,曰:"劳吾精神,以此补之。"(《夜航船》)

贮秋虫　除夕及新正,宫廷筵宴,以绣笼贮秋虫,置于筵侧,盖自康熙时始也。时奉宸苑之北小花园,内监以秋虫之子育之温室,如唐花然,遇筵宴则以之承应。自后遂循行之,为恒制。(《养吉斋丛录》)

富贵唐花

◎比屋,家家户户。◎休咎,吉与凶,善与恶。

十二月 ◆

村社迎年

芳村贺岁

后 记

我之前从来没想过会出一本书，我称不上是本书的著者，充其量是个编者。经历几年增删修改，前前后后和编辑沟通对接，如今终于完成，我们都松了一口气。当然最感到轻松的是我，这是我的初次出版体验，在此之前，我虽然知道，但从未有如此深刻的体会：出版一本书是如此耗时耗力。

我也曾幻想过把书做成一本资料合集，内容全面，厚得吓人，拿在手里沉甸甸的，像一块"板砖"。但一方面，资料是找不完的，年年找年年新；另一方面，考虑到成书篇幅等诸多因素，实在难以实现。

再加上这些民俗本来就摘自古籍记载，全是文言文这一点，就能"劝退"很多人，所以考虑把这本书做得更"好看"，让读者对传统民俗感兴趣。当然，这一点是否做到，只有各位读者评判了。

我作为一个普通人，很荣幸受到现代出版社的信任和邀请，非常感谢未曾谋面却为此书付出辛勤劳动的出版社所有伙伴，鼓励和支持我的朋友们，以及每一位读者。我们因此书结缘，花时间精力去呈现、去阅读，愿我们都能在这个过程中得到快乐，有所收获。

关注传统民俗一直是我的兴趣，其实和我的工作没有太多联系。都说"物我同修"，也许这本书和我一直坚持分享的社交平台，都是我的"物"，我不知道这份兴趣会持续多久，也不知道日后是否还会有如此充实的、不断进行搜集整理的时光，人生毕竟是难以预料的。但"修"不会停止，每次获得一个知识点，那种快乐是难以言喻的。

希望每一位朋友都能拥有自己的兴趣，找到自己的"物"，不断向下扎根，向上生长。此刻，我们来到此书的最后一页，即将合上书回到彼此的时空里，祝大家工作顺利、生活愉快、一切都好！

是为记。